für Ria

Impressum | Imprint

Herausgeber | Editor: Johanna Wimmer | Salzburg
Copyright 2023 bei Robert Wimmer

Das Werk ist urheberrechtlich geschützt. Die dadurch begründeten Rechte, insbesondere die der Übersetzung, des Nachdruckes, der Entnahme von Abbildungen, der Funksendung, der Wiedergabe auf fotomechanischem oder ähnlichem Wege und der Speicherung in Datenverarbeitungsanlagen, bleiben, auch bei nur auszugsweiser Verwertung, vorbehalten.
Produkthaftung: Die Wiedergabe von Gebrauchsnamen, Handelsnamen, Warenbezeichnungen usw. In diesem Buch berechtigt auch ohne besondere Kennzeichnung nicht zu der Annahme, dass solche Namen im Sinne der Warenzeichen- und Markenschutz-Gesetzgebung als frei zu betrachten wären und daher von jedermann benutzt werden dürfe.

This work is subject to copyright. All rights are reserved, whether the whole or part of the material is concerned, specifically those of translation, reprinting, re-use of illustrations, broadcasting, reproduction of photocopying machines or similar means, and storage in data banks.
Product Liability: The use of registered names, trademarks, etc. in this publication does not imply, even in the absence of specific statement, that such names are exempt from the relevant protective laws and regulations and therefore free for general use.

Grafische Gestaltung und Inhalt | Graphic Design and Contents	Robert Wimmer
Lektorat | Copy Editing	Claudia Arbeithuber | Johanna Wimmer
Texte Projekte | Project Texts	Herbert Landertinger
Texte Möbeldesign | Interior Design Texts	Konstanze Wimmer
Übersetzung | Translation	Claudia Arbeithuber
Bildbearbeitung | Picture Editing	Rima Jurgutiene
EDV Unterstützung | IT Support	Reinhard Wimmer-Schaffer
Druck | Printing	Aumayer Druck und Verlag GmbH | Munderfing
ISBN 978-3-9519964-4-8	Artbook Verlag

Robert Wimmer | Architekt

Bauten und Projekte 1982-2022
Buildings and Projects 1982-2022

Inhaltsverzeichnis | Table of Contents

7   Robert Wimmer Architekt
Robert Wimmer Architect

Johanna Wimmer

8   Mit den Augen des Architekten sehen lernen. Unterwegs mit Robert Wimmer.
Learning to See with the Eyes of an Architect. Out and About with Robert Wimmer.

Karl-Markus Gauß

12   Akademie der Künste Berlin, Kunstpreis Baukunst 1995
Academy of Arts Berlin, Art Award Architecture 1995

Max Bill, Christoph Hackelsberger, Hans Kammerer

14   Robert Wimmer – Ein Salzburger Architekt und der Kontext des Bauens in Salzburg
Robert Wimmer – A Salzburg Architect and the Context of Building in Salzburg

Adolph Stiller

21   Bauten und Projekte 1982 – 2022 | *Buildings and Projects 1982 - 2022*

Texte | *Texts* : Herbert Landertinger

299   Möbeldesign 1985 - 2022 | *Interior Design 1985 - 2022*

Texte | *Texts* : Konstanze Wimmer

308   Werkverzeichnis | *Catalogue of Works*

316   Biografien | *Biographies*

319   Quellenverzeichnis, Fotonachweise und Sonstiges
List of Sources, Photo Credits and Other

Dankworte | *Words of Thanks*

Robert Wimmer
Architekt

Johanna Wimmer

Robert Wimmer ist Architekt. Dies ist nun keine Neuigkeit und es liegt mir fern, die Leser*innen dieses Buches im Weiteren darüber aufklären zu wollen, was es mit diesem „Architekt sein" im generellen Sinn auf sich hat, beziehungsweise wie Robert Wimmers Architektur zu verstehen ist. Ich möchte mir allerdings erlauben, einige Aspekte zu erwähnen, die Aufschluss darüber geben können, was „Robert Wimmer ist Architekt" über die Architektur hinaus, in Hinblick auf die Person hinter der Architektur bedeuten kann.

Robert Wimmer ist Architekt heißt, sich als eines seiner drei Kinder insgeheim immer gefreut zu haben, wenn man als Kind krank war, weil das bedeutete, dass er den Zeichentisch abends früher verließ, um auf der Bettkante des kranken Kindes lebendige, abenteuerliche Geschichten aus seiner eigenen Kindheit in Oberösterreich am Land, als Sohn eines Baumeisters, der alle Ideen seines Sohnes stets mit „zeichnest es erst mal auf" entgegnete, zu erzählen. (Dabei waren die Indianerspiele, Streiche und hündischen Gefährten für die Zuhörerin besonders faszinierend, Architektur dabei zugegebenerweise eher nebensächlich.)

Robert Wimmer ist Architekt kann bedeuten, ihn bei Stadtspaziergängen im Familienurlaub immer etwa 50 Meter hinter seiner Familie her schlendernd zu finden, den Blick auf die umliegenden Häuser gerichtet, mit Strohhut und Sonnenbrille etwas touristisch wirkend, aber immer dunkel gekleidet (wie das Architekten angeblich gerne tun) und so irgendwie ein wenig zu lässig, um tatsächlich fremd zu sein.

Robert Wimmer ist Architekt bedeutet, dass er bei den Versuchen, seinen Kindern beim Mathematiklernen unter die Arme zu greifen, zwar den Rechengang nicht so begreifbar machen konnte, wie es später bei der Schularbeit gefragt war, seine Kinder aber immerhin bereits in recht zartem Alter freihändig eine gerade Linie zeichnen konnten und den einwandfreien Umgang mit Lineal, Geodreieck und Zirkel erlernten.

Robert Wimmer ist Architekt beinhaltet, dass ihm Nahestehende wissen, dass unter einer „Lederhose" nicht nur die österreichische Landestracht zu verstehen ist. Es bedeutet, ihn lange Nächte und noch längere Tage im Büro verbringend zu wissen, wo er – oft mit Liedzeilen der Beatles auf den Lippen – mit Einfallsreichtum, Kreativität und viel Biss architektonische Entwürfe und Lösungen erfindet, die nicht nur eine mühelose Leichtigkeit ausstrahlen, sondern sich im entstandenen Werk auch unbeschwert arbeiten, wohnen und leben lässt.

Robert Wimmer ist Architekt kann beinhalten, auf seine Bauwerke angesprochen zu werden. Oft gibt es dabei Zuspruch, ab und zu jedoch auch wütende Beschimpfungen auf offener Straße. So geschehen im Fall meiner Mutter, Roberts Frau Ria, die ihn vom Zeitpunkt an, als sie sich im zarten Teenageralter ineinander verliebten, ihr ganzes Leben lang beruflich und privat unterstützte, Gefährtin, Muse und manchmal auch Stimme der Vernunft war, und die wir schmerzlich vermissen.

Zweifellos ließen sich noch unzählige weitere Punkte finden, die mit „Robert Wimmer ist Architekt" zusammengefasst werden können.

Vielleicht fällt Ihnen, liebe Leser*innen, beim Blättern in diesem Buch auch so einiges ein, was „Robert Wimmer ist Architekt" für Sie bedeutet.

Und wenn nicht, so betrachten Sie einfach die Bilder von Robert Wimmers Architektur.

Viel Vergnügen!

Robert Wimmer
Architect

Johanna Wimmer

Robert Wimmer is an architect. This is not news and far be it from me to explain to the readers of this book what "being an architect" means in a general sense, or how Robert Wimmer's architecture is to be understood. Nevertheless, I would like to take the liberty of mentioning a few aspects which might shed light on what "Robert Wimmer is an architect" possibly means beyond architecture, regarding the person behind the architecture.

Robert Wimmer is an architect means that, being one of his three children, as a child one was always secretly happy when sick, because it meant that he left the drawing table early in the evening in order to sit on the edge of the sick child's bed telling lively, adventurous stories from his own childhood in the countryside of Upper Austria, as the son of a master builder, who always countered all his son's ideas with "draw it up first". (Of particular fascination for the listeners were playing Indians, pranks and doggy companions, architecture, however, admittedly rather incidental.

Robert Wimmer is an architect may mean finding him strolling about 50 metres behind his family on city walks during family holidays, his gaze directed towards the surrounding houses, looking a bit touristy with straw hat and sunglasses, but always dressed darkly (something architects supposedly like to do) and thus somehow a bit too casual to actually be foreign.

Robert Wimmer is an architect means that, when he tried to help his children with mathematics, he may not have been able to make the arithmetic process as comprehensible as it was later required in the test, his children, however, were capable of drawing a straight line freehand at a fairly tender age and learnt how to use a ruler, a geometry triangle, and compasses perfectly at a fairly tender age after all.

Robert Wimmer is an architect implies that those close to him know that the term "lederhosen" does not merely describe the Austrian national costume. It means knowing that he spends long nights and even longer days in the office – often with Beatles' lyrics on his lips –, where with inventiveness, creativity, and a lot of determination he drafts architectural designs and solutions which not only radiate an effortless lightness, but also allow for easy working, residing, and living in the created building.

Robert Wimmer is an architect may imply being addressed about his works. Often there is encouragement, but occasionally there is also angry abuse in the open street. This is what happened to my mother, Robert's wife Ria, who from the time they fell in love in their tender teens supported him professionally and privately throughout her life, was companion, muse, and sometimes voice of reason, and whom we sorely miss.

Doubtlessly countless further points could be found which would summarise "Robert Wimmer is an architect".

Leafing through this book you, dear reader, might think of a few aspects of your own of what "Robert Wimmer is an architect" means.

If not, however, just contemplate the pictures of Robert Wimmer's architecture.

Enjoy yourselves!

Mit den Augen des Architekten sehen lernen.
Unterwegs mit Robert Wimmer.

Karl-Markus Gauß

Jasenovac

Wer mit einem Architekten auf Reisen geht, wird mitunter verwunderliche Erfahrungen machen. Ein Architekt hält den Wagen abrupt an, fährt ein Stück zurück und steigt aus. Ein Haus, ein Schuppen, eine Garage, nennen wir es neutral ein Gebäude, an dem nichts außergewöhnlich zu sein scheint, ist ihm aufgefallen; er schaut es sich minutenlang an, geht um das Haus herum, macht sich Notizen oder Skizzen und weiß auch auf beharrliches Nachfragen nicht einleuchtend zu erklären, was gerade an diesem Gebäude so Besonderes ist, dass man deswegen die Fahrt übers Land oder die Stadterkundung zu Fuß unterbrechen musste.

Handelt es sich bei dem Architekten um Robert Wimmer und bei seinem Begleiter um mich, pflegt sich die Situation periodisch zu verschärfen. Denn Wimmer ist der Charakterzug eingeboren, dass sein Interesse durch Verbote erst so richtig geweckt wird und an den Hindernissen wächst, die sich ihm in den Weg stellen. Wir waren in Tirana unterwegs und standen vor einem offenbar unbewohnten, einst aber repräsentativen Haus, das mit Stacheldraht umzäunt war. Natürlich suchte Wimmer sogleich die Lücke im Zaun, um nicht juvenil über den Zaun klettern zu müssen und sich trotzdem über den verwilderten Garten der Villa eines hohen Parteifunktionärs von vorgestern nähern zu können. Mir, der ich nicht zu stolz bin, mich in solchen Situationen als Angsthase zu präsentieren, fällt dabei die Rolle zu, Schmiere zu stehen.

Ein anderes Mal hatten wir endlich den südlichsten Punkt der Republik Moldau erreicht, dort, wo das Land einen 500 Meter langen Zugang zur Donau hat, die sich hier träge dem nicht mehr allzu fernen Schwarzen Meer entgegenwälzt. In Giurgiulești war in den Jahren davor ein hochmoderner, von internationalen Investoren betriebener Frachthafen errichtet worden, auf dessen Zäunen meterhohe Verbotstafeln mit Schrift und Bild davor warnten, das Gelände zu betreten. Kaum dass wir angekommen waren und die Schilder zur Kenntnis genommen hatten, machte sich Wimmer natürlich auf, die Verbotszone zu erkunden. Wie aus dem Nichts hatten sich plötzlich zwei Uniformierte mit umgehängten Maschinenpistolen vor dem Architekten aufgepflanzt und herrschten ihn an, worauf er sogleich seine berühmte gleichmütige Miene aufsetzte, die ratlos zu fragen scheint: Was, zum Teufel, geht das mich an? So war es wieder an mir, den Sicherheitskräften mit meinen rudimentären Kenntnissen ihrer Sprache zuzurufen: „Er will nicht spionieren und auch nichts stehlen! Er will nur spielen. Beziehungsweise schauen!" Warum er den Hafen unbedingt in Augenschein nehmen wollte? Plante er sich beim Wettbewerb zur Erweiterung des Hafens von Rotterdam zu beteiligen? Keineswegs. Aber interessant sind die Bauwerke, die zusammen eine Hafenanlage ergeben, für einen Architekten jedenfalls, und vor allem, wenn sie mit Befestigungen geschützt werden, muss Wimmer sie genauer inspizieren.

Learning to See with the Eyes of an Architect.
Out and About with Robert Wimmer.

Karl-Markus Gauß

Anyone who goes on a journey with an architect will sometimes have some astonishing experiences. An architect stops the car abruptly, backs up a little and gets out. A house, a shed, a garage, let us neutrally call it a building, seemingly not being out of the ordinary in any respect, has caught his eye; he looks at it for a few minutes, walks around the house, makes notes or sketches and, even when asked persistently, is unable to explain in a plausible way what is so special about this building that one had to interrupt the drive across the country or the exploration of the city on foot because of it.

If the architect is Robert Wimmer and his companion is me, the situation tends to intensify periodically. For Wimmer is born with the trait that his interest is only really aroused by prohibitions and grows with the obstacles standing in his way. We were travelling in Tirana and standing in front of an apparently uninhabited but once prestigious house fenced in with barbed wire. Of course, Wimmer was looking for the gap in the fence immediately so as not to have to climb over it juvenilely while still being able to approach the villa of a high party official from the day before yesterday via the overgrown garden. I, who am not too proud to present myself as a coward in such situations, have the role of keeping watch.

Another time, we had finally reached the southernmost point of the Republic of Moldova, where the country has a 500-metre-long entrance to the Danube rolling lazily towards the not-too-distant Black Sea. In Giurgiulești, an ultra-modern cargo port run by international investors had been built in the years before, on the fences of which metre-high prohibition signs with writing and pictures warned against entering the area. As soon as we had arrived and had taken note of the signs, Wimmer naturally set out to explore the prohibited zone. As if coming from nowhere, two uniformed men with machine guns had suddenly planted themselves in front of the architect and bawled him out, whereupon he immediately put on his famous indifferent expression seemingly asking perplexedly: What the hell do you want from me? So again it was up to me to shout to the security forces with my rudimentary knowledge of their language, "He doesn't want to spy or steal anything! He just wants to play. Or rather have a look!" Why was he so keen on examining the port? Was he planning to take part in the competition of expanding the port of Rotterdam? Not at all. However, the structures making up a harbour complex together are surely interesting, for an architect anyway, and especially if they are protected with fortifications, Wimmer has to inspect them even more closely.

Beograd

Zagreb

Brünn

Zlin

Es ist oft lehrreich, unterhaltsam, überraschend, fremde Länder und Städte mit einem Architekten zu erkunden, und sich gleichsam seinen Blick auf die Landschaften und, mehr noch, auf die Stadtschaften zu borgen. Früher taten wir das in Tschechien, Kroatien und Serbien, in Italien, Norwegen und der Schweiz zu viert, damals war noch die wunderbare Ria dabei, die ihren Mann zu seinen unorthodoxen Eskapaden zu ermuntern schien, indem sie ihn allenfalls ermahnte, vorsichtig zu sein. Seit Roberts Frau viel zu früh verstorben ist, waren wir, mit Ria als imaginärer Begleiterin, in Bulgarien, Albanien, Slowenien und der Republik Moldau zu dritt unterwegs, Robert, meine Frau Maresi und ich, und dabei kommt schon einiges für das Archiv der Erinnerungen eines jeden von uns zusammen.

Bei Robert Wimmer konnte ich studieren, dass ein Architekt sich Kulturen erschließt, indem er untersucht, wie die Menschen wohnen und wie sie sich baulich ihren Lebensraum gestalten oder zerstören, zerstören lassen, wie also das Soziale und das Ästhetische gegeneinander oder füreinander wirken. Indem er registriert, was baulich gelungen und was misslungen ist, den Menschen in ihren Bedürfnissen gerecht wird oder diesen Hohn spricht, beschäftigt sich der Architekt unentwegt damit, die Dinge anders, besser zu entwerfen, andere Blickwinkel, Sichtweisen zu erproben – zunächst in einer Art von Selbstgespräch, einem stillen Umbauen, Neugestalten, Entwerfen in der Phantasie und der eigenen Vorstellungswelt. Später geht er mitunter zum eigenhändigen Zeichnen und konkreten Planen über. Ob es schließlich zum Bauen kommt, hat zwar auch mit ihm zu tun, aber ebenso sehr mit jenen, die als Bauherrn, zumal als öffentliche Bauherrn auftreten und oft keinen Zweifel daran lassen, dass sie dieses Wort gerne auf der zweiten Silbe betont haben möchten.

Oslo

Exploring foreign countries and cities with an architect and borrowing, as it were, his view on the landscapes and, even more so, on the cityscapes is often instructive, entertaining, and surprising. We used to do this in the Czech Republic, Croatia and Serbia, in Italy, Norway, and Switzerland as a foursome, at that time still being accompanied by wonderful Ria, who seemed to encourage her husband in his unorthodox escapades by admonishing him to be careful at best. Since Robert's wife had passed away much too soon, the three of us, Robert, my wife Maresi and I, with Ria as our imaginary companion, have been travelling in Bulgaria, Albania, Slovenia, and the Republic of Moldova with quite a bit having come together for the archive of memories of each of us.

With Robert Wimmer, I was able to study an architect discovering cultures by examining how people live and how they structurally design or destroy their living spaces, or let them be destroyed, how the social and the aesthetic work against or for each other. By incorporating what has been structurally successful and what has failed, what meets people's needs or makes a mockery of them, the architect constantly concerns himself with designing things differently, better, trying out other perspectives and ways of seeing things – at first in a kind of soliloquy quietly rebuilding, redesigning, drafting in his imagination and his own world of ideas. Later, he might move on to drawing on his own and definite planning. Whether it finally comes to building of course has also got to do with him, but just as much with those who act as building owners, especially as public building owners, and often leave no doubt that they would like to have this expression stressed on the second part.

Robert Wimmer has built many and very different objects, including single-family houses, apartment blocks, entire housing estates, office complexes, department stores, old people's homes; and he has renovated, extended and modernised old houses, especially in zones sensitive to urban planning – and has received encouragement and recognition for all this. But just as the work of a writer also includes the books he has not written, the work of an architect also includes the buildings he or she has not built, as he or she has not found the means, the financing or the clients. And so Wimmer's work also includes many excellent complexes that he was not commissioned to build, even if the judgement of expert commissions had demanded or suggested it.

Most clients, especially those of the big firms, do not distinguish between good and bad, but rather between easy and hard to handle architects. Wimmer is a very good architect but rather hard to handle. Although he seriously and gladly picks up the ideas of the future residents, he does not like to let the financial captains of the large residential construction and development companies interfere with his design once it has been accepted. Naturally, whoever opposes the suggestions and instructions of public building owners during the construction period is usually told in drastic terms that he, as the architect, is on the short end of the stick and that his defiance is going to be remembered. So Wimmer has sometimes fallen out with those who first gave him a commission, then signed off on his plans and yet wanted to force him into making changes in the end. I once happened to be sitting with a very successful architect, who complained to me in a downright angry way how sad it made him that this Robert Wimmer was harming himself through his stubbornness again and again. However, according to Wimmer, an architect is a person who draws, drafts and designs houses and buildings, and yet sometimes has to abstain from building them.

Plovdiv

Byala

Veliko Tarnovo

Robert Wimmer hat viel und ganz Verschiedenes gebaut, Einfamilienhäuser, Wohnblocks, ganze Siedlungen, Bürokomplexe, Kaufhäuser, Altersheime; und er hat gerade in stadtplanerisch sensiblen Zonen alte Häuser renoviert, erweitert, modernisiert – und für all das Zuspruch, Anerkennung erhalten. Aber wie zum Werk eines Schriftstellers auch jene Bücher gehören, die er nicht geschrieben hat, so gehören zum Werk einer Architektin oder eines Architekten auch jene Bauten, die sie nicht errichtet haben, die zu errichten sie nicht die Mittel, die Finanzierung, die Bauherrn gefunden haben. Und so gehören zum Werk Wimmers auch viele exzellente Komplexe, die zu bauen er nicht den Auftrag erhielt, selbst wenn das Urteil von Expertenkommissionen das verlangt haben oder nahegelegt hätten.

Die meisten Bauherrn, gerade jene der großen Firmen, unterscheiden nicht zwischen guten und schlechten, sondern zwischen braven und schlimmen Architekten. Wimmer ist ein sehr guter, aber ziemlich schlimmer Architekt. Nimmt er die Ideen der künftigen Bewohner zwar ernst und gerne auf, lässt er sich in seinen einmal akzeptierten Entwurf von den Finanzkapitänen der großen Wohnbaufirmen und Siedlungswerke nicht gerne nachträglich hineinpfuschen. Wer sich während der Bauzeit den Vorschlägen und Anweisungen öffentlicher Bauherrn widersetzt, dem wird freilich meist drastisch vermittelt, dass er als Architekt am kürzeren Ast sitzt und man sich seine Renitenz schon merken werde. So hat sich Wimmer mitunter mit jenen überworfen, die ihm zuerst einen Auftrag erteilten, dann seine Pläne absegneten und ihn schließlich doch zu Veränderungen nötigen wollten. Ich bin einmal zufällig mit einem übrigens sehr erfolgreichen Architekten zusammen gesessen, der mir geradezu erbost geklagt hat, wie traurig es ihn mache, dass sich dieser Robert Wimmer durch seine Sturheit immer wieder selber schade. Ein Architekt, so hingegen Wimmer, ist ein Mensch, der Häuser und Bauwerke zeichnet, entwirft, konzipiert und doch manchmal darauf zu verzichten hat, sie zu bauen.

Einmal geriet diese Tatsache dem Architekten zum enormen, im weiteren Berufsleben fortwirkenden Schaden und den Auftraggebern zum moralischen Desaster. Wimmer hatte 2001 mit drei Partnern den Wettbewerb für den Bau des „Hauses für Mozart", dem früher so genannten Kleinen Festspielhaus, nicht nur einmal, sondern zweimal gewonnen und wurde dann in einem dritten Durchgang doch ausgebootet. Dass im Revier der Hochkultur der zweifache Sieger nicht bauen durfte, weil es eine im Vorhinein ausgemachte Sache war, wer diesen prestigeträchtigen Auftrag erhalten werde, hat die lokale Öffentlichkeit empört und eine verheerende Resonanz in der internationalen Presse hervorgerufen. Dass Wimmers Entwurf der weitaus originellere und überlegtere war und das Haus für Mozart nach seinen Plänen in jederlei Hinsicht den Festspielen und deren Besuchern besser getan hätte, das leugnen heute auch die Verantwortlichen von damals und die Leidtragenden von heute nicht mehr, sofern man ihnen verspricht, sie nicht zu nennen. Aber es bleibt doch dabei, dass einem aufstrebenden Architekten sein Projekt entrissen wurde, damit es jener bauen konnte, dessen Konzept gegenüber dem von Wimmer bei der verächtlich düpierten Sachverständigenkommission mit 9 zu 0 Stimmen unterlegen war.

Wer den Architekten Robert Wimmer würdigen wollte, müsste also auch über zermürbende Winkelzüge, miserable Manipulationen sprechen. So kann es gehen, wenn man sich den Ruf erworben hat, nicht zu den braven Architekten zu zählen. Gerade ein sehr guter, ziemlich schlimmer Architekt könnte darüber verzweifeln oder verbittern. Wimmer weiß dieser Verlockung dank seines sarkastischen Witzes zu widerstehen, mit dem er übrigens gerne die unglaublichsten Geschichten aus dem Baugewerbe erzählt, um darüber sein großes Gelächter anzustimmen; und mit dem Wissen, dass es in diesem Gewerbe um strukturelle Gegebenheiten geht und der einzelne Architekt nicht sich selbst vorzuwerfen hat, zu renitent aufgetreten zu sein. So zeichnet er und entwirft er, für sich und auf Auftrag, weiterhin Häuser, die seinen künftigen Bewohnern zu Freude gereichen werden, und Bauten, an denen zu tüfteln ihm selber Freude bereitet und die er, auch wenn sie nicht verwirklicht werden, zu seinem Werk zählt. Schließlich ist Schauen, Zeichnen, Entwerfen die ihm gemäße Form, auf die Welt, die er sieht, zu reagieren und sich vorzustellen, wie man ihr dies und das nicht zu ihrem Schaden, sondern ihrem sozialen Nutzen und ästhetischen Reichtum hinzufügen könnte.

Chisinau

Tirana

On one occasion, this fact caused enormous damage to the architect, which continued to have an effect on his professional life, and a moral disaster for the initiators. In 2001, Wimmer and three partners had won the architectural competition for the construction of the "House for Mozart", formerly known as the "Kleines Festspielhaus", not only once but twice, only to be booted out in a third round. The fact that in the precinct of high culture the two-time winner was not allowed to build, as it had been a prearranged matter who would receive this prestigious commission, outraged the local public and provoked a devastating response in the international press. The fact that Wimmer's draft had been the more original and better thought-out one by far and that the House for Mozart according to his plans would have been better for the Festival and its visitors in every respect is something that even those responsible at the time and those suffering today no longer deny, as long as they are promised not to be named. However, it remains a fact that an up-and-coming architect had been deprived of his project so that it could be built by someone whose concept had been defeated by Wimmer's in the scornfully snubbed expert commission by 9 votes to 0.

Anyone who wanted to pay tribute to the architect Robert Wimmer would therefore also have to talk about gruelling dodges, ghastly manipulations. This is how things might go, if somebody has earned a reputation for not being one of the easy to handle architects. Especially a very good, rather hard to handle architect might despair or embitter over this. Wimmer, however, knows how to resist this temptation thanks to his sarcastic wit, with which, by the way, he likes to tell the most unbelievable stories about the building trade in order to raise his big laugh about them; and thanks to the knowledge that this trade is about structural realities and that the individual architect does not have to blame himself for having acted too rebelliously. Therefore, he continues to draw and design, for himself and on commission, houses that will bring joy to their future inhabitants, and buildings that he himself enjoys tinkering with and which, even if they are not realised, he counts among his works. After all, observing, drawing, designing is his way of reacting to the world he sees and imagining how this and that could be added to it, not to their detriment but to their social benefit and aesthetic richness.

Akademie der Künste Berlin
Kunstpreis Baukunst 1995

Max Bill | Schweiz
Christoph Hackelsberger | Deutschland
Hans Kammerer | Deutschland

Bekannt wurde Robert Wimmer einer breiteren Fachöffentlichkeit durch seinen Wettbewerbserfolg in Ingolstadt. Für die „Schwinge", ein Büro-, Wohn- und Geschäftshaus am Audi-Ring im Neubaugebiet „Hollerstauden", erhielt er 1993 den ersten Preis.

Im Wettbewerb Österreichisches Kulturinstitut, New York, konnte er sich im Oktober 1992 gut plazieren. Fertiggestellt wurde kürzlich der Salzburger „Blumenhof", eine expressive Halle mit Blumenbörse und Markt für Gärtnereibedarf, deren schalungsrauhe Betonwände mit wohlproportionierten, feingesprossten Glasflächen wechseln. Die Interpretation des Themas Gewerbebau ist poetisch überhöht und weist neue Wege.

Dachbegrünung und sich entwickelnder Bewuchs der geschlossenen Wandflächen werden die große Anlage am Salzburger Flughafen, ein wichtiges Beispiel versuchter Integration, in die umgebende Landschaft einbinden.

Weitere Arbeiten, Geschäftshäuser und Wohnbauten, darunter besonders bemerkenswert die Einfügung eines kleinen Wohngebäudes zwischen historischem Bestand und der Felswand des Salzburger Mönchsbergs, zeigen, daß Robert Wimmer keiner herrschenden Mode verfällt, sondern jede Bauaufgabe ebenso sorgfältig wie ernsthaft und der Situation angemessen als Herausforderung für originelle architektonische Lösungen versteht.

Besonders bemerkenswert sind auch seine Versuche, Architektur durch starke Farbigkeit zu akzentuieren und Farbe wieder in die Skala der Gestaltungsmittel einzubringen.

Insgesamt entsteht in Auseinandersetzung mit der Normalität des Architektenalltages in einer durch den „genius loci" vorgeprägten Situation, die es nahelegen würde, gängige Gestaltelemente gefällig zu arrangieren, handwerkliche Originalität, Eigenständiges, bisweilen geradezu Eigensinniges.

Die Arbeit Robert Wimmers beinhaltet unter anderem die freimütig artikulierte Aufforderung, sich mit dem Hausbau vorbehaltlos und doch angemessen auseinanderzusetzen und den gängigen Klischees mit jenem kreativen Optimismus zu antworten, ohne den Architektur sprachlos bleibt.

Academy of Arts Berlin
Art Award Architecture 1995

Max Bill | Switzerland
Christoph Hackelsberger | Germany
Hans Kammerer | Germany

Robert Wimmer became known to a wider professional public through his competition success in Ingolstadt. In 1993, he was awarded the first prize for the "Swing", an office, residential, and commercial building on the Audi-Ring in the "Hollerstauden" development area.
In October 1992, he placed well in the competition for the Austrian Cultural Institute, New York. The "Blumenhof" in Salzburg has recently been completed, an expressive hall with a flower exchange and market for gardening supplies, its rough concrete walls alternating with well-proportioned glass surfaces with delicate glazing bars. Thus the interpretation of the theme of commercial buildings is poetically exaggerated and points in new directions.
Green roofs and developing vegetation on the closed wall surfaces are going to integrate the large complex at Salzburg Airport into the surrounding landscape.
Other pieces of work, both commercial and domestic architecture, among them the particularly remarkable insertion of a small residential house between historical buildings and the rock face of the Mönchsberg in Salzburg, show that Robert Wimmer does not fall prey to any prevailing fashion, but understands each building task – handling them carefully, seriously and appropriately to the situation – as a challenge for original architectural solutions.
Particularly noteworthy are his attempts to accentuate architecture with strong colours and to reintroduce colour into the scale of design means.
All in all, in a situation shaped by the "genius loci" and the normality of an architect's everyday life, which would suggest arranging common design elements in a pleasing way, the results are handcrafted originality, stand-alone and sometimes downright stubborn creations.
Among other things Robert Wimmer's work contains the frankly articulated call to deal with house building unreservedly and yet appropriately and to answer the common clichés with the creative optimism architecture remains speechless without.

Christoph Hackelsberger, Robert Wimmer und Renzo Piano bei der Preisverleihung in Berlin
Christoph Hackelsberger, Robert Wimmer, and Renzo Piano at the award ceremony in Berlin

Robert Wimmer – Ein Salzburger Architekt und der Kontext des Bauens in Salzburg

Adolph Stiller

Vor rund 40 Jahren trat in der als Geburtsort Mozarts berühmten Musikstadt Salzburg ein Umstand ein, der unerwartet kam und für Architekten, aber auch für die Bewohner der Stadt selbst glückliche Folgen zeitigte. Für kurze Zeit war es tatsächlich die Architektur, die Salzburg in den Fokus internationaler Fachdiskussionen rückte. Diese Aufmerksamkeit wurde der Stadt durch das Salzburgprojekt beschert. Gerade damals kehrte ein junger Architekt, der in Wien sein Studium beendet hatte, in seine Heimatstadt Salzburg zurück.

Was war geschehen? Es war die Zeit des beginnenden öffentlichen Interesses an der baulich-gestalterischen Entwicklung der Stadt, die zwar eine beachtliche Substanz an historisch wertvollen Gebäuden auf einem mitgewachsenen und ihrer Größe angepassten städtebaulichen Gerüst aufweist, deren Weiterentwicklung in stadtgestalterischen ebenso wie architektonischen Fragen – vorsichtig ausgedrückt – einer engagierten Bevölkerungsschicht jedoch immer gefährdeter erschien.
Politisch hatte sich das vorerst im Erfolg einer neuen Partei manifestiert. 1982 übernahm die Salzburger Bürgerliste in der Person von Stadtrat Johannes Voggenhuber das Ressort für Altstadtsanierung, Stadtplanung, Verkehr und Umwelt und behielt es bis 1987. Das brachte ein Umdenken in Gang. Sämtliche an die Baubehörde eingereichten Projekte mussten einem neu eingerichteten Gestaltungsbeirat vorgelegt werden, der mit namhaften, auch internationalen Fachleuten besetzt war. Dieser tagte regelmäßig, diskutierte die Vorlagen, befand über die architektonische Qualität ebenso wie er die Angemessenheit am Ort überprüfte und mittels Empfehlungen diverse Änderungen vorschlug.
Bemerkenswert und nicht überraschend ist: Die Phasen des Gestaltungsbeirates, dessen Mitglieder regelmäßig wechselten, lassen sich bei genauerer Kenntnis des Baugeschehens bis heute ablesen. Dass diese Einrichtung und vor allem ihre Empfehlungen bzw. sogar Vorschläge mit den Jahren verwässerten und heute bisweilen die Verwaltung trotz wenig Kompetenzen sogar selbst gestalterisch eingreift, steht auf einem anderen Blatt.

Das *Salzburgprojekt* wurde vom Stadtrat persönlich in der als engagierteste und kritischste Institution bekannten Österreichischen Gesellschaft für Architektur in Wien vorgestellt, und zwar in Anwesenheit aller damals bekannten Proponenten des Architekturdiskurses, und es wurde mit Beifall aufgenommen. Diese Bewusstseinsänderung im Bereich Bauen und Stadtgestaltung war nicht nur eine Reaktion auf die oben angesprochene, massive und oft rücksichtslose und spekulative Bautätigkeit, deren Auswirkungen immer stärker sichtbar wurden. Es steht zu vermuten, dass nicht zuletzt das Erscheinen des ersten Bandes des Architekturführers von Friedrich Achleitner „Architektur im 20. Jahrhundert – Tirol, Vorarlberg, Salzburg" (1980) mit dessen Auflistung sowie textlicher und fotografischer Analyse inklusive historischer Dokumente zahlreiche architektonische Schätze während ihrer voranschreitenden Zerstörung plötzlich nicht nur gesammelt nebeneinander standen, sondern auch von einer großen Öffentlichkeit wahrgenommen wurden und die Politik zwangsläufig damit konfrontiert war und reagieren musste bzw. im Fall der Bürgerliste sich das zur dezidierten Aufgabe machte.

Robert Wimmer – A Salzburg Architect and the Context of Building in Salzburg

Adolph Stiller

About 40 years ago, a circumstance occurred in Salzburg, famous as the birthplace of Mozart, which came unexpectedly and had fortunate consequences for the architects but also for the inhabitants of the city itself. For a short time, it was indeed architecture that brought Salzburg into the focus of international professional discussions. This attention was bestowed upon the city by the Salzburg Project. It was precisely at the time, when a young architect, who had finished his studies in Vienna, returned to his hometown of Salzburg.

What had happened? It was the time of the beginning of public interest in the architectural development of the city, which, although it had a considerable substance of historically valuable buildings on an urban framework having grown along with it and adapted to its size, its further development in urban design as well as architectural questions – to put it cautiously – seemed increasingly endangered to a committed section of the population.
Politically, this had initially manifested itself in the success of a new party. In 1982, the Salzburg Citizens' List in the person of town councillor Johannes Voggenhuber took over the department for the renovation of the old town, urban planning, transport, and environment, keeping it until 1987. This brought about a change in thinking. All projects submitted to the building authority had to be submitted to a newly established Architectural Committee being made up of renowned, also international experts. This committee met regularly, discussed the submissions, decided on the architectural quality as well as the appropriateness for the location and proposed various changes by means of recommendations.
Remarkably yet not surprisingly, the respective phases of this architectural advisory board, whose members changed regularly, with a sound knowledge of the building process can still be traced today. The fact that this institution and, above all, its recommendations or even proposals have become watered down over the years and that today the city administration, despite having little competence, sometimes even intervenes in questions of design, is another matter.
In the presence of all the well-known proponents of architectural discourse at the time the *Salzburg Project* was presented to the Austrian Society for Architecture in Vienna, known as the most committed and most critical institution, and was received with applause. This change of consciousness in the field of building and urban design was not only a reaction to the massive and often reckless and speculative building activity mentioned above, the effects of which were becoming increasingly visible. Assumedly not least the publication of the first volume of Friedrich Achleitner's architectural guide "Architecture in the 20th Century – Tyrol, Vorarlberg, Salzburg" (1980) with its listing of textual and photographic analysis including historical documents of the architectural treasures in their progressing state of destruction were suddenly not only collected side by side but were also perceived by a large public, so that politics was inevitably confronted with it and had to react or, in the case of the Citizens' List, made it their determined task.

Zeitliche Koinzidenz mit der Rückkehr nach Salzburg

Es geht hier nicht um eine historische Abhandlung der Situation in Salzburg in den letzten beiden Jahrzehnten des 20. Jahrhunderts. Aber es ist doch angebracht, den einigermaßen aktiv-kritischen, gleichermaßen in politisch-personellem wie in inhaltlichem Umbruch befindlichen Kontext des Architekturgeschehens zu skizzieren, den Robert Wimmer nach seinem Studium an der Wiener Akademie der bildenden Künste in der Meisterschule Gustav Peichl in seiner Heimatstadt vorfand.

Zurückgekommen ist der junge Absolvent nicht nur mit dem frischen Diplom, sondern auch mit Idealen, die an der Meisterschule gepflegt worden waren: Bei jeder Zwischen- oder Abgabekritik eines Studienprojektes, welches Peichl meist im Beisein zahlreicher Studentenschaft, die auch zu Meinungen bzw. kritischen Stellungnahmen aufgefordert wurde, immer persönlich vornahm, ging es um Maßstab, Kontext, Lage im Stadtgefüge, ruhig-sachliche Präsenz eines klaren Baukörpers, funktionelle Grundrisse, Befolgen der Funktions- oder Lebensabläufe in den jeweils vorgeschlagenen Bauaufgaben, richtige Anordnung und Größe der Öffnungen, Lichtführung etc. bis hin zur adäquaten Materialität. Mit einem Wort: um die klassischen Themen der funktionalistischen Architektur der Moderne. Wohl am wichtigsten waren dem Meister dabei stets Maßstab, Angemessenheit und reibungsloses Funktionieren der Abläufe ohne Störung der NutzerInnen oder AnwohnerInnen.

Bei fortschreitender Bautätigkeit hat sich in Wimmers Arbeiten der Kern, sozusagen der Gehalt dieser Thematiken immer stärker verdichtet, er blieb aber der Formensprache der Moderne in positiver Assoziation und den zitierten Idealen verbunden. Seien das nun zum Beispiel die grundsätzliche Positionierung am Grundstück, das Erleben des Zugangsbereiches, grundrissliche Klarheit, Komposition der Baumassen, farbliche Akzente oder einfach die Tatsache, dass sich Fassaden aus dem Inneren quasi „ergeben". In diesem Zusammenhang ist besonders für die Ausführungsqualität und das handwerkliche Verständnis nicht zu unterschätzen, dass Robert Wimmer vor dem Hochschulstudium die fünfjährige höhere technische Lehranstalt absolviert hatte. Beweggründe dafür sind sicher in seinem Aufwachsen im elterlichen Baubetrieb zu suchen. Letzteres hat ihm auch schon sehr früh den Umgang mit Ausführungsfirmen nähergebracht, nicht unwesentlich für das Gelingen des Umsetzens von Entwürfen. Dazu kommen noch einige Praxisjahre im Büro Garstenauer, dessen Bauten – obwohl lange als Geheimtipp gehandelt – von unbestechlicher Entwurfskraft sprechen.

Spektakuläre, laute Gesten sind jedenfalls Robert Wimmers Sache nie gewesen. Als im Stadtbild der Peripherie auffallender Baukörper soll jedoch „Karl am Sterneck" erwähnt sein. Ein leicht aus dem Orthogonalen verzogener Baukörper mit deutlicher roter Farbgebung, Betonung der Abschluss-Ecksituation durch eine abgerundete Hofseite, markante und einheitliche Fensterformate an der Hauptfassade.

Die fallweise ins Auge springenden, architektonisch „sonderbaren" Dinge an einigen Bauten wie z.B. eine dunkle Laubengangverglasung im Wohnbau „Gartenstadt Aigen Erweiterung" sind nachweislich den Interventionen der Bauherrnschaft zuzuschreiben, denen sich der Architekt unterzuordnen hatte. Andere „merkwürdige" Dinge sind manches Mal durch die Überredungskunst der ausführenden Firmen gegenüber dem Bauträger zustande gekommen.

Angesprochen werden solche Dinge hier explizit, um das heutige Umfeld von Architekturschaffenden, vor allem aber das Schwinden des Gewichts ihrer Aussagen, darzulegen. Nicht immer gelingt der künstlerischen Oberleitung, die der Architekt trotz einer fortschreitenden Bedeutungs- und Zuständigkeitserosion immerhin behalten hat, ein Ausgleich zwischen den Interessen bzw. wirtschaftlichen Absichten der Beteiligten, wiewohl die Letztverantwortung dann bei ihm hängenbleibt.

Temporal Coincidence with the Return to Salzburg

This is not a historical treatise on the situation in Salzburg over the last two decades of the 20th century. However, it is appropriate to outline the somewhat active-critical context of the architectural scene being in a state of political-personal as well as content-related change, which Robert Wimmer found in his hometown after his studies at the Gustav Peichl Master School at the Vienna Academy of Fine Arts.

Not only did the young graduate return with a fresh diploma but also with ideals having been cultivated at the master school: In every interim or submission critique of a study project, which Peichl always carried out personally and usually in the presence of numerous students, who were also invited to express opinions or critical statements, the issues were scale, context, location within the urban structure, the calmly objective presence of a clear building body, functional floor plans, following the functional or life processes in the respective proposed building tasks, the correct arrangement and size of openings, light guidance, etc., all the way to adequate materiality. In a word: the classic topics of functionalist architecture of the modern age. Probably most important to the master always were scale, appropriateness, and smooth functioning of the processes without disturbing the users or residents.

As his building activity progressed, the core, the content, so to speak, of these topics became increasingly condensed in Wimmer's work, but he remained positively associated with the formal language of modernism and the ideals cited. Be it, for example, the fundamental positioning on the site, the experience of the access area, the clarity of the ground plan, the composition of the building masses, colour accents, or simply the fact that façades quasi "result" from the interior, as it were. In this context it should not be underestimated, especially in terms of quality of execution and an understanding of craftsmanship, that Robert Wimmer had graduated from a five-year technical college before his university studies. The incentive for this surely may also be found in his growing up in his parents' construction business, also teaching him about how to deal with contractors at a very early stage, a significant ability for successfully carrying out designs and drafts. In addition, he had spent several years working in Garstenauer's office, whose buildings - although having been considered an insider's tip for a long time – emanate an unerring power of design.

Spectacular, loud gestures have never been Robert Wimmer's style. However, "Karl am Sterneck" is to be mentioned as a building which stands out in the cityscape of the periphery. A building slightly distorted from the orthogonal with a strong red colouring, accentuating the finishing-corner-situation with a rounded courtyard side, and striking and uniform window formats on the main façade.

The occasionally eye-catching, architecturally "strange" details of some buildings, such as for the dark arcade glazing in the residential housing estate "Gartenstadt Aigen Extension", are verifiably attributed to the interventions of the building owners, whom the architect had to subordinate himself to. Other times seemingly "odd" things have come about through the persuasiveness of the executing companys towards the property developers.

Such processes are explicitly mentioned here in order to illustrate the contemporary environment of architectural creators and putting the dwindling weight of their statements on display. The artistic direction, which architects have retained despite a progressive erosion of importance and responsibility, does not always succeed in balancing out the interests or economic intentions of those involved, although the ultimate responsibility still remains with them.

Bei einer Besichtigungstour des Autors hat sich augenscheinlich erwiesen, wie klug Wimmer sich schon vor Jahrzehnten für Bepflanzungen entschieden hat, die er bereits im Entwurfsprozess mitbedacht hat und die oft erst jetzt, nach langer Bewuchsdauer, so recht sichtbar sind und in ihrem ästhetischen wie ökologischen Wert erkannt werden können. Dass solche Anliegen der Begrünung manches Mal von den Bauträgern, Behörden, Genossenschaften etc. nicht gepflegt oder – schlimmsten Falles – wegen der zu erwartenden Kosten gar nicht ausgeführt wurden, ist nicht gerade erfreulich.

Bewährte Entwurfskriterien

Erwähnenswert scheinen die aufgezählten innerarchitektonischen Thematiken (immerhin das Credo einiger Generationen seit den 1920er Jahren) nicht nur, weil sie Robert Wimmer in seinen Arbeiten (wie wir weiter unten sehen werden) konsequent anwendet und angepasst an die Erfordernisse oder lokal-kleinräumlichen Gegebenheiten produktiv weiterentwickelt. Ein weiterer Aspekt, solche für einen qualitätsvollen Entwurf eigentlich grundlegenden Dinge hier dezidiert anzuführen, liegt in der Tatsache, dass sich im Bauwesen nach und nach eine andere Auffassung von Architektur immer breiter machte, bei welcher es offensichtlich nicht mehr so sehr um die Einfügung in den Ort und um Bedürfnisse der NutzerInnen geht als um den äußeren und oft oberflächlichen Eindruck eines Objektes. Durch diese Entwicklung ist es auch immer schwerer geworden, sich z.B. in Wettbewerben mit architektonisch bescheideneren, leiseren und unaufdringlicheren, sachlich aber vollkommen stimmigen Lösungen durchzusetzen.
Dies festzustellen, hat nichts mit Nostalgie zu tun, vielmehr geht es um den größeren Zusammenhang des Bauens in unserer Zeit. Gerade heute, da der Langlebigkeit und Verträglichkeit des Bauens im Hinblick auf Ziele des Umweltschutzes oder im weiteren Zusammenhang mit dem Klimawandel (um nicht den abgegriffenen, unscharfen Begriff „nachhaltig" zu verwenden) immer größere Bedeutung zukommt, sollte Architektur auch nach solchen Kriterien betrachtet werden.
Da spielen Umbauten oder Neunutzungen, möglich gemacht durch intelligente Entwurfsansätze von Architekten, eine wichtige Rolle. Die Maßnahmen am Gebäude Innerer Stein an der Imbergstraße (Substanz aus dem 17. Jahrhundert) oder, etwas jünger, im ehemaligen Magistratsgebäude in der Franz-Josef-Straße 3 im Kernbereich des Stadtviertels über der Salzach (Neustadt) aus der Gründerzeit des 19. Jahrhunderts wären ein gutes Beispiel dafür.

Unweit davon in derselben Straße entstand einige Jahre später ein Seniorenwohnheim. Zu beachten ist auch das darin im Erdgeschoß untergebrachte Café, eine Art Transferierung eines klassischen Wiener Cafés, das als Treffpunkt konzipiert wurde, an dem einander die sonst möglicherweise vom alltäglichen Leben abgeschotteten Bewohner des Heimes mit den Stadtbewohnern und Passanten begegnen können. Mit seiner gut getroffenen Atmosphäre – erreicht unter anderem mittels eigens entworfener Vitrinen für die in eigener Produktion hergestellten Mehlspeisen inklusive Theke – wurde es gut angenommen und funktioniert seit Jahren vorbildlich.

Exemplarische Projekte im Detail

Schlussendlich noch einige konkrete, über die Jahrzehnte verstreute Realisierungen von Robert Wimmer in Salzburg im Detail, mit denen anhand des oben Beschriebenen das Individuelle seiner Architektur umrissen werden soll.

A tour of the building sites has evidently shown to the author how cleverly Wimmer opted for plantings decades ago, taking them into account in the design process already so that now, often after a long period of vegetation, they have become visible and can be recognised in their aesthetic and ecological value. The fact that such greening efforts have sometimes not been of great concern to the developers, authorities, cooperatives, etc., or – in the worst case – have not been carried out at all because of the expected costs, is not exactly pleasing.

Proven Design Criteria

The listed inner-architectural themes above (the credo of several generations since the 1920s, after all) seem worth mentioning not only because Robert Wimmer consistently applies them in his work (as we will see further down below) but also productively develops them by adapting them to the requirements or local-small-scale conditions. Mentioning these things, which are actually fundamental for a high-quality design, is also necessary because a different conception of architecture has gradually become more widespread in the building industry, in which it is obviously no longer so much a question of fitting a building into the site and serving the needs of the users in the best possible way than of achieving an optimum yet often superficial external impression of an object. As a result of this development, it has also become increasingly difficult, for example, to prevail in competitions with architecturally more modest, quieter and more unobtrusive, but factually completely coherent solutions.

Stating this has got nothing to do with nostalgia but the larger context of building in our time. Especially today, with durability and compatibility of building regarding protective environmental goals or in the broader context of climate change (in order not to use the worn-out, fuzzy term "sustainable") becoming increasingly important, architecture should also be considered according to these criteria.
This is why conversions or new usages enabled by intelligent architectural design approaches play an important role. The architectural measures at the "Innerer Stein"-building on Imbergstraße (substance from the 17th century) or, somewhat more recently, at the former magistrate's building at Franz-Josef-Straße 3 in the core area of the district above the Salzach (Neustadt) from the 19th century "Gründerzeit"- period may be picked out as good examples.

A few years later, not far away, in the same street, a retirement home for the elderly was built. Also worthy of note is the café housed in it on the ground floor, kind of transferring the classic Viennese café to Salzburg, conceived as a meeting place where the residents of the home, who might otherwise be isolated from everyday life, could meet city dwellers and passers-by. With its well-timed atmosphere – achieved, among other things, by means of specially designed showcases and a counter for the pastries produced in-house – it was well received and has been working wonderfully for years.

Exemplary Projects in Detail

Rounding up what has been said above a few specific realisations by Robert Wimmer in Salzburg, scattered over the decades, are being described in detail, outlining the individuality of his architecture.

Casino Bad Ischl

Eine frühe Arbeit aus der ersten Phase der Selbständigkeit. In der Freihand-Skizze – noch organisch – werden Funktionen, Erschließung und Bewegungsszenarien der Nutzer im Gebäude ausgelotet, die fertige Zeichnung ist dann streng geometrisch. Mit feiner Linie zeigt sie ein würfelartiges, hermetisches Bauvolumen, in den Öffnungen ist ein Tribut an die aktuelle, bereits im Abklingen begriffene Architekturströmung des Rationalismus spürbar. Die in der Schnitt-Perspektive dargestellten linearen Oberlicht-Sheds verweisen auf einen Industriebau, das Tageslicht wird über eine lichtdurchlässige Zwischendecke bis ins 1. Obergeschoß geleitet. Ein weithin sichtbares Zeichen bildet die vertikale Erschließung durch die über den Baukörper hinausragende, rückseitig platzierte und freistehende Wendeltreppe, deren Endpunkt auch als Aussichtsplattform dienen kann. Bei aller Strenge bleibt doch auch ein wenig das theatralisch-festliche Moment, das einem Casino durch die nicht zuletzt aus der Literatur bekannten Szenen im Allgemeinen anhaftet.

Salzburger Blumenhof

Optisch in der Art eines nüchternen Industriebaues gehalten, schalreiner Beton, wobei neben der markanten, an einen Schiffsbug erinnernden Spitzform des Grundrisses mit freistehender „Bugstütze" als zweites „Dekor", alle einzelnen Bretter durch vorheriges Aufrauen in ihrer Holzstruktur deutlich werden. Kontrolliertes Anordnen der Schalungsankerlöcher, klare, dauerhafte, lichtdurchlässige Fassade mittels der früher aus Gartenbaubetrieben bekannten Glashausprofile verstärken den Eindruck des roh Belassenen. Bis dato in mäßiger, angenehmer Patina gut gealtert.

Wohnen im Hof und Dachgeschoß

Erhalt und Sanierung sowie Ergänzung bzw. Verdichtung waren u. a. auch im Projekt der Haydnstraße im Salzburger Bezirk Neustadt die wesentlichen Themen des Entwurfes: Ein in einer Zeile stehendes (Altstadtschutzzone 2), aus der Gründerzeit stammendes, mehrgeschoßiges Wohnhaus mit Mietwohnungen (errichtet 1876) wurde durch ein Dachgeschoß und eine Hofbebauung erweitert.
Unter Beibehaltung der gesamten, in ihrem schlichten Dekor angenehmen Fassade ersetzt das straßenseitig über dem Hauptgesimse als durchgehendes, gerahmtes Volumen ablesbar aufgesetzte Geschoß die vorherige Dachfläche.
Hofseitig erweitern mehrere raumhoch verglaste Kuben durch eine Auskragung zusätzlich ihre Grundfläche. In den ergänzten Bauteilen im Hof kommt der Entwurfsgedanke unabhängiger Volumina, geschichtet zu einer plastischen Gesamtform inklusive einiger Terrassen, zur Anwendung. Die Aufwertung des Gebäudes, dessen Großzügigkeit zuvor nur im erhaltenen Stiegenhaus spürbar gewesen war, wird insbesondere im Dachgeschoß mit seinem neu geschaffenen großzügigen Wohnangebot erlebbar.
Das Problem des „Liftturmes", der bei solchen Sanierungen unumgänglich ist und oft zu einem hermetischen, unmaßstäblich massiven Volumen gerät, wird mit einer humoristischen Geste integriert: Über die Oberfläche unregelmäßig verteilte, vertiefte Rillen, mutwilligen Kratzern nicht unähnlich, die dadurch an eine Haut anspielen und in ihrem Grunde golden schimmern, verleihen der Liftummantelung eine überraschende Plastizität und durch die mögliche Wahrnehmung als Kunstwerk dem Hof eine an einen Skulpturenhof erinnernde Atmosphäre. Das strahlende Gold der Rillen verdrängt das Grau der früheren Hinterhofstimmung.

Casino Bad Ischl

An early work from the first phase of independence. In the freehand sketch – still organic – functions, access, and movement scenarios of the users in the building are explored, the finished drawing is then strictly geometric. With fine lines, it shows a cube-like, hermetic building volume. In the openings, a tribute to the current yet already subsiding architectural trend of rationalism, can be perceived. The linear skylight sheds shown in the sectional perspective refer to an industrial building, daylight being conducted to the first floor via a translucent intermediate ceiling. The vertical access through the free-standing spiral staircase projecting beyond the building is a visible sign from afar, the end point of which can also serve as a viewing platform. Apart from all its austerity, the casino still keeps a certain theatrical and festive element, which is generally associated with the scenes not least familiar from literature.

Salzburger Blumenhof

Visually kept in the style of a sober industrial building, executed in raw concrete. In addition to the strikingly pointed shape of the ground plan, reminiscent of a ship's bow with a free-standing "bow support" as its second "means of decoration", the wooden structure of each individual shuttering board becomes apparent through prior roughening. Controlled arrangement of the formwork anchor holes, clear, durable, translucent façade by means of glasshouse profiles formerly familiar from horticultural businesses reinforce the impression of being left raw. Well-aged to date in a moderate, pleasant patina.

Living in the Yard and Loft

Preservation and redevelopment as well as extensions and urban densification were the main themes of the design for the Haydnstraße project in the Neustadt district of Salzburg: A multi-storey residential building with rented flats (built in 1876) standing in a row of houses (preservation zone 2 of the old city of Salzburg) dating from the Gründerzeit, was extended by an attic storey and a courtyard development.
While retaining the entire façade, pleasant in its simple décor, the previous roof area is replaced by a storey superimposed as a continuous, framed volume on the street side above the main cornice.
On the courtyard side, several room-high glazed cubes additionally extend their floor space by means of cantilevers. In the supplemented components in the courtyard the design idea of independent volumes, layered into a sculptural overall form including several terraces, is carried out. The upgrading of the building, the generosity of which had only been perceptible in the preserved staircase beforehand, may be specifically experienced in the attic due to its newly created generous living space.
The problem of the "lift tower", which is unavoidable in such renovations and often turns into a hermetic, massive, out-of-scale volume, is integrated with a humorous gesture: Irregularly distributed, deepened grooves on the surface, not unlike wanton scratches thus alluding to a skin and shimmering golden at their base, give a surprising plasticity to the lift sheathing and, due to its possible perception as a piece of art, present the courtyard in an atmosphere reminiscent of a sculpture court. The radiant gold of the grooves displaces the grey of the former backyard atmosphere.

Gartenstadt Aigen und Erweiterung

Mehrere Entwurfsentscheidungen verdienen Beachtung an dieser mit Laubengangerschließung angelegten Wohnbebauung: Die verschränkte Anordnung der an der Straßenseite platzierten Betonwände (dienen hauptsächlich als Lärmschutz) erzeugen beim Zugehen vom Parkplatz oder der begrünten Garage bzw. Hineingehen als Bewohner eine gewisse Hofwirkung. Zusammen mit den behindertengerechten Rampen entsteht auf diese Art ein Rhythmus, der etwas mehr von gelassener Bedächtigkeit des Schrittes vermittelt als ein dringliches Hineineilen, oder die an als geschichtete Lamellen ausgebildete und an Jalousien erinnernde Verglasung der Stiegenhäuser.

Es ist ergiebig, auf einige im Laufe der Zeit entstandene Arbeiten hinzuweisen, die möglicherweise durch besonderes Engagement der Bauherrschaft bzw. eine günstige Gesamtkonstellation offensichtlich einen größeren Spielraum für die gelungene Umsetzung eines adäquaten Entwurfes ermöglichen und so die individuelle Architektursprache quasi spielerisch in Fingerübungen am besten zur Geltung bringen:

Bürogebäude Moosstraße

An erster Stelle ist dabei das als Umbau mit Erweiterung durch Neuteile entstandene Privatgebäude in der Moosstraße anzuführen. Vom Konzept her sollte ein unscheinbarer, in der Tat sogar heruntergekommener Bau gewerblicher Nutzung durch verschiedene strategische Maßnahmen mehreren neuen Nutzungen zugeführt werden: Zuvorderst – und vermutlich für den Architekten selbst von größter Bedeutung – stand die Unterbringung seines eigenen Büros (Robert Wimmers engagierte, alle Instanzen aufrecht durchgestandene Bauherrschaft ist heute noch legendär). Neben dem Eigenbedarf wurden vermietbare Büros und Wohnungen untergebracht.
Alles wurde in vorbildlicher Weise mittels der Komposition einiger deutlich – nicht nur in der Farbgebung – differenzierter Volumina gelöst. Das oberste Geschoß ist in ablesbarer Leichtbauweise aufgesetzt. In Summe eine mustergültige Art, wie einerseits einer ganzen Liegenschaft durch intelligentes Umgehen mit vorhandener Substanz neues Leben eingehaucht werden kann, andererseits durch maßvolles Hinzufügen ästhetisch hochwertigen Bauens und im Spiel mit geschichteten, teilweise ausgehöhlten Kuben, zu welchen auch die einer zwanglosen, für eine eher besinnliche Nutzung bestimmten, abgesenkten und eingefriedeten Höfe gehören, Assoziationen zur Formensprache bekannter Beispiele aus dem Kanon der Moderne wach werden.
Das wird besonders deutlich in den Einschnitten im Baukörper und den dadurch geschaffenen wechselnden Schattenwirkungen, den mit ausgewogenen Proportionen verteilten Öffnungen in den Flächen sowie insbesondere durch die südseitige Zwei-Geschoßigkeit. Sie liegt zwischen einer rationalen, die Hauptlast tragenden Betonstützenreihe und der dann als eigentliche, transparente, leichte Fassade davorgestellten verglasten Haut (deren Leichtigkeit besonders des Nachts bei innerer Beleuchtung zur Geltung kommt). Eine leichte metallene Wendeltreppe verbindet die beiden Ebenen des Architekturbüroteils und ergänzt die angesprochenen Assoziationsbilder durch ihre luftige Dynamik.
Mehr als zwei Jahrzehnte später wurde das Gebäude durch Einbau eines Liftes behindertengerecht adaptiert. Sogar die Zugänglichkeit der Terrasse für eine Krankenbett wurde durch das Einsetzen großer Schiebefenster-Elemente gewährleistet.

Gartenstadt Aigen and Extension

In this residential housing estate with its arcade access several design decisions deserve attention: The interlocking arrangement of the concrete walls placed on the street side (serving mainly as noise protection) create a certain courtyard effect when approaching from the car park or the greened garage or entering as a resident. Together with the ramps suitable for the disabled, this creates a rhythm conveying more of a calm deliberateness of step than an urgent hurrying, or the glazing of the stairwells, designed as layered slats and reminiscent of blinds.

Pointing out some of the works having been created over time, which – maybe due to special commitment on the part of the client or a favourable overall constellation – obviously have allowed for a larger breathing space in order to successfully realise an adequate design und thus bring out the individual architectural language perfectly, in the so-to-say playful manner of finger exercises, proves quite profitable:

Office Building Moosstraße

First and foremost, the private building in Moosstraße, which was converted and extended with new construction parts, is to be mentioned. In terms of the concept, an inconspicuous, in fact even run-down building of commercial use was to be repurposed through various strategic measures: First of all – and presumably of greatest importance to the architect himself – was the accommodation of his own office (Robert Wimmer's steadfast and unfaltering dedication through all the instances of the building authorities, is still legendary today). In addition to his own needs, offices and flats for rent were accommodated.
In an exemplary manner everything was solved by means of the composition of several, not only in terms of colour clearly differentiated volumes. The upper storey is superimposed in a visible lightweight construction. All in all, this is an immaculate way of breathing new life into an entire property by intelligently dealing with the existing substance, while at the same time moderately adding aesthetically high-quality construction. Playing with layered, partially hollowed-out cubes, which also include the lowered and enclosed courtyards intended for a more contemplative use, evokes associations with the formal language of well-known examples from the Canon of the Modern.
This becomes particularly clear in the incisions in the structure and the changing shadow effects therefore created, the openings distributed in the surfaces with balanced proportions, and especially in the two-storey structure on the south side. It lies between a rational row of concrete columns bearing the main load and the glazed skin being placed in front of it as an actual, transparent, light façade (the lightness of which is particularly effective at night with internal lighting). A light metal spiral staircase connects the two levels of the architectural office section and accentuates the associative images mentioned before with its airy dynamism.
More than two decades later, by installing a lift the building was adapted for the disabled. Even making the terrace accessible for a hospital bed was ensured by inserting large sliding window elements.

„Seien wir realistisch, versuchen wir das Unmögliche."
Ernesto „Che" Guevara

"Let's be realistic, let's try the impossible."
Ernesto "Che" Guevara

Bauten und Projekte 1982 – 2022
Buildings and Projects 1982 – 2022

Casino Bad Ischl

Planen in der Kaiserstadt Bad Ischl ist nicht nichts. Im Gegenteil, viel Verantwortung lastet auf den Schultern des Planers. Es gilt dem Kitsch auszuweichen, es gilt einen „Eyecatcher", wie es neudeutsch heißt, zu entwickeln, ohne ins Erratische oder ins Monumentale abzugleiten.

Bei der Planung des Projektes war ein bewusstes Benützen des Casinos durch den Besucher im Mittelpunkt der Überlegung. Ein langer Weg und zwei Rampen hin zum Eingang geben Zeit für Überlegungen, Betrachtungen, Zeit, um den Sinn der eigenen Glücksuche zu hinterfragen. Eine Zeitbrücke, um die Grenze vom Realen ins Irreale zu überschreiten.

Ein Steg, luftig und leicht seine Konstruktion, führt hin zum Restaurant und konfrontiert den Betrachter mit dem Spiel, dem Glück, der Verheißung.

Ein geschlossener Baukörper, wesentlich in seiner Konzentriertheit um Spiel und Spannung, erhöht durch seine „Stiege ohne Ausweg", welche einen Ausblick ins imaginäre Nirgendwo bietet, ein Haus der Rätsel und Sehnsüchte, eine vielfach gestellte Frage nach dem Glück im Leben soll diese architektonische Umsetzung beherbergen und transportieren.

„Als ich den Spielsaal betrat (zum ersten Mal in meinem Leben), konnte ich mich einige Zeit gar nicht entschließen zu spielen. Wäre ich aber auch allein gewesen, ich glaube, ich wäre eher wieder weggegangen, als daß ich zu spielen begonnen hätte. Ich gestehe, mir pochte das Herz, und ich war nicht kaltblütig."

„Rouge" rief der Croupier – und ich atmete auf. Es kribbelte mir am ganzen Körper.

„Ich will nicht am Leben bleiben – wenn ich nicht alles zurückgewinne..."

Fjodor Michailowitsch Dostojewskij

"When I entered the game room (for the first time in my life), I could not instantly decide to play. But if I had been alone, I think I would have left rather than started to play. I confess my heart was pounding, and I was not cold-blooded."

"Rouge, the croupier called - and I breathed a sigh of relief. My whole body was tingling."

"I don't want to stay alive - if I don't win it all back..."

Fjodor Michailowitsch Dostojewskij

Planning in the imperial city of Bad Ischl is not to be taken easily. On the contrary, a lot of responsibility rests on the shoulders of the planner. The task is to avoid kitsch, to develop an "eye-catcher" without slipping into the erratic or the monumental.

When planning the project, the focus was on the conscious use of the casino by the visitor. A long path and two ramps leading to the entrance provide time for reflection, contemplation, time, to question the meaning of one's own search for happiness. A time bridge to cross the border from the real to the unreal.

A footbridge, airy and light in its construction, leads to the restaurant and confronts the viewer with play, happiness and promise.

A closed structure, essential in its concentration on play and tension, heightened by its "staircase without a way out", which offers a view into the imaginary nowhere, a house of riddles and longings, a frequently asked question about happiness in life, is to house and transport this architectural realisation.

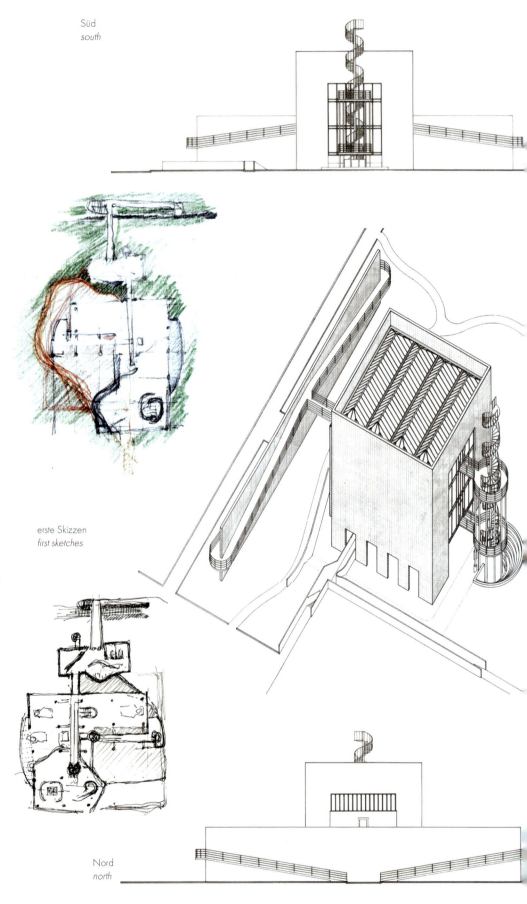

Süd / *south*

erste Skizzen / *first sketches*

Nord / *north*

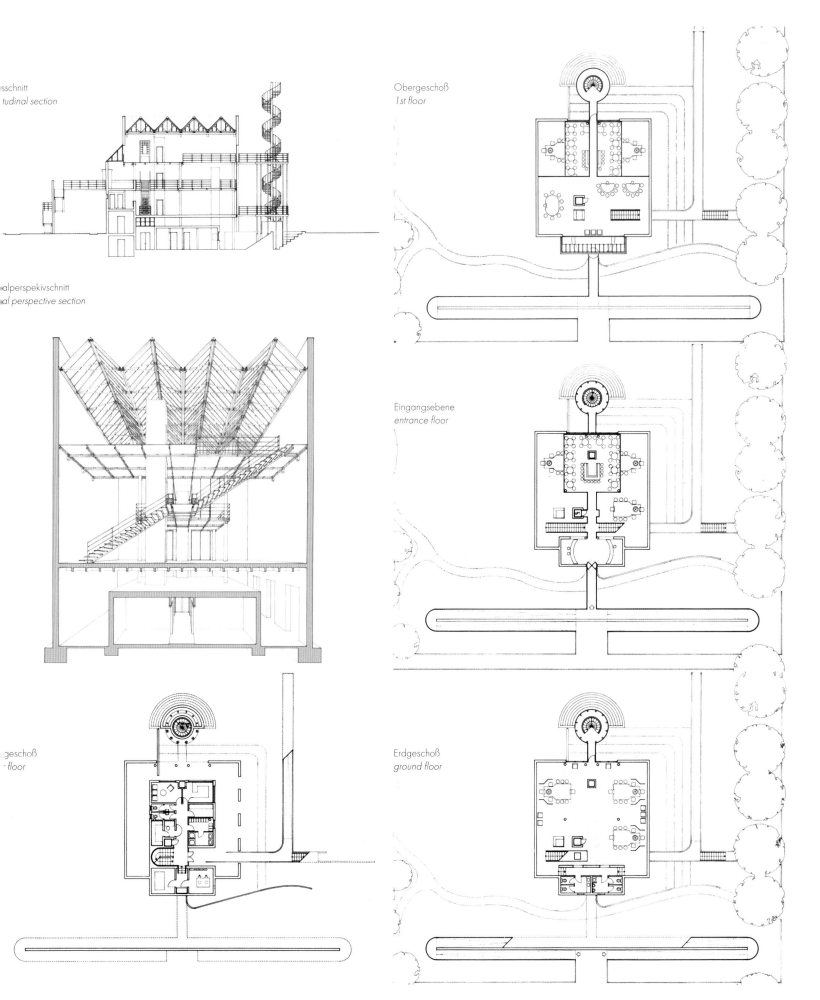

Haus für Kinder | Leopoldskron

Ein Schiff. Eine Burg. Eine Pirateninsel. Ein Märchenturm. Ein Irrgarten. Ein Einhorn. Ein Wolkenberg. Alles, alles darf und soll ein Haus für Kinder sein. Keine Aufbewahrungsstätte für „kleine Monster", sondern eine Stätte der Achtsamkeit, der Förderung der Kreativität und des Selbstwertes.

Bauen, Basteln, Malen, Modellieren, Musizieren, Lärmen, Toben. Kinder verwandeln scheinbar nutzlose „Abfallprodukte" (Rohre, Schaumgummi, Fetzen, Reifen, etc.) in sinnvolles Spielzeug. Und dazu braucht es den passenden Rahmen.

Der Architekt hat hier eine Wunderwelt erschaffen, welche der Phantasie keine Grenzen setzt. Es bedarf natürlich der üblichen Struktur wie sanitäre Einrichtungen, Küche, Ruheräume für die Kleinen, auch der Haustechnik wurde genügend Platz eingeräumt. Aber der große Teil des Raumkonzeptes und der Außenanlage gehört den Themen Spiel und Freude durch Form, Gestaltung und phantasievollem Umgang mit den Gegebenheiten, um die Fortentwicklung der Kinder zu fördern und zu pflegen.

Freiraum – Räume der Freiheit

„Raum ist für uns nichts Abgeschlossenes, nicht vorgegeben Definiertes, sondern etwas, zu dem wir das Unsere hinzutun oder in den wir etwas von uns einbringen. Nur dann ist es unser Raum, nur dann können wir uns mit ihm identifizieren. Zu stark vorgeprägte und überdimensionierte Räume werden als hemmend empfunden."

Herbert Muck

Westen
west

Osten
east

Süden
south

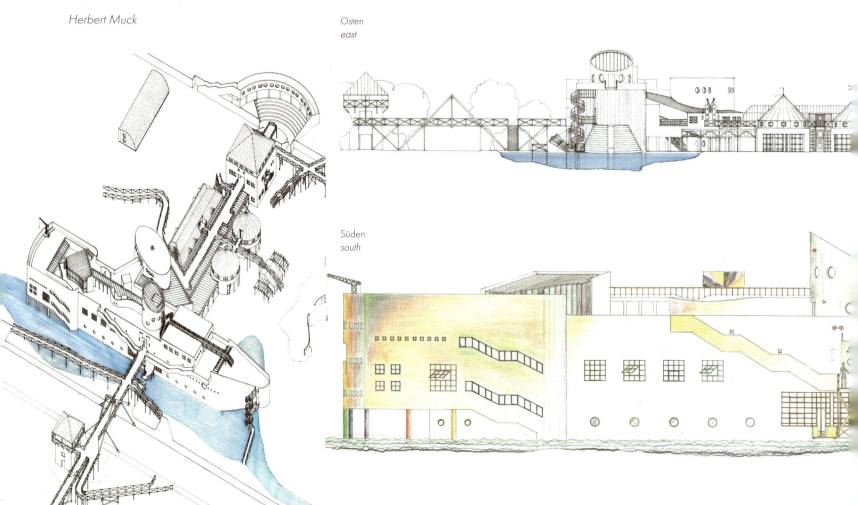

Kleineren Maßstabes – aus architektonischer Sicht aber keineswegs unbedeutend – seien insbesondere erwähnt:

Ein *Einkaufsmarkt in Windischgarsten*. Dass viele unserer Dörfer von innen heraus sterben, ist leider eine Tatsache. Dieser Bau hält dagegen und bietet zuvorderst mit der großen Terrasse und dem auskragenden Dach sowie mit dem hauptsächlich darin untergebrachten Nahversorger genau jenen Mix an Funktionen und Angebot, der mit der Zugänglichkeit und der selbstverständlichen Architektursprache dem entgegenwirken wird.

Weiters das *Haus K. in Henndorf*, das nicht nur mit seiner Farbgebung sondern vor allem durch seine Baukörper und die Fassadenkomposition besticht.

Ein *Kommunikationsforum in der Altstadt* von Salzburg.

Das durch architektonische Maßnahmen nicht nur völlig erneuerte sondern auch in seiner Atmosphäre der Zeit angepasste *Wohnhaus Spitzer*, das einmal mehr aufzeigt, dass Umbau und Neustrukturierung Sinn machen.

Und das *Haus für Musik | Kunst | Literatur*, das für die beruflichen Belange eines verständigen Kunstliebhabers errichtet wurde.

Wie viel dieses „an einem gemeinsamen Strang ziehen" im günstigsten Falle ausmachen kann, beweist die architektonische Qualität ebenso wie die in diesen Projekten gelungene Atmosphäre.

Of smaller scale – but by no means less significant from an architectural point of view – the following projects should be mentioned in particular:

A *Shopping Market in Windischgarsten*. It is an unfortunate fact that many of our villages are dying from the inside out. This building stands up to it and with the clear architectural language of a large terrace, the projecting roof and the provided accessibility as well as just the right mix of functions and offers, the local grocer mainly accommodated in it, counteracts this development.

Furthermore, *House K. in Henndorf*, which captivates not only with its colour scheme but above all with its building structure and façade composition.

A *Communication Forum* in the old town of Salzburg.

The *Spitzer Residential Building*, which has not only been completely renovated by applying architectural measures but also adapted to the atmosphere of the time, demonstrating once again that conversion and restructuring make sense.

And the *House for Music | Art | Literature*, which was built for the professional needs of a discerning art lover.

In their architectural quality and atmosphere these projects successfully demonstrate the value of "pulling together".

A ship. A castle. A pirate island. A fairy-tale tower. A maze. A unicorn. A mountain of clouds. A house for children can and should be everything - not a repository for "little monsters", but a place of mindfulness, the promotion of creativity, and self-esteem.

Building, crafting, painting, modelling, making music, making noise, frolicking. Children transform seemingly useless "waste products" (pipes, foam rubber, scraps, tyres, etc.) into meaningful toys, this requiring the right setting.

The architect has created a wonder world setting no limits to the imagination. Of course, the usual structure is needed, such as sanitary facilities, kitchen, rest rooms for the little ones, and enough space has also been given to domestic engineering. But the major part of the room concept and the outdoor facilities belongs to the topics of play and joy through form, design, and imaginative handling of the circumstances in order to promote and nurture the further development of children.

Free Space – Spaces of Freedom

"For us, space is not something closed off, not predefined, but something to which we add our own or which we bring something of ourselves into. Only then it is our space, only then we can identify ourselves with it. Spaces which are heavily predefined and oversized are perceived as inhibiting."

Herbert Muck

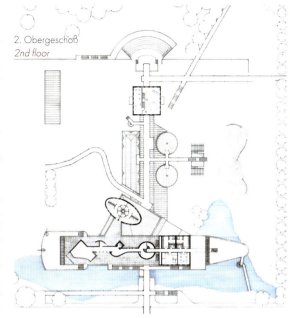

2. Obergeschoß
2nd floor

1. Obergeschoß
1st floor

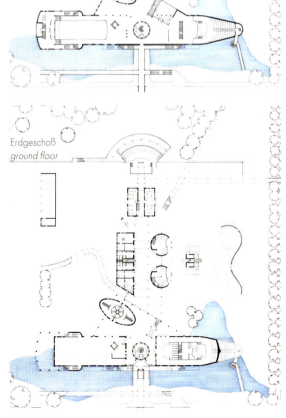

Erdgeschoß
ground floor

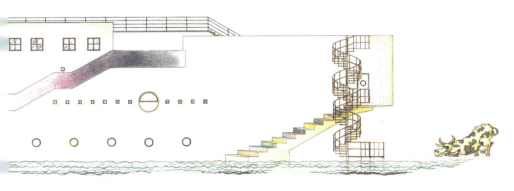

Wohnanlage Moos

Junge Familien finden zusammen und denken über eine sinnvolle Wohnform nach. Optimale Ausnutzung des vorgegebenen Grundstückes und individuelle Vorstellung sollen zu einer kompakten Lebenssituation geformt werden.

Wie es gelingen kann? Am Beispiel des Hauses „E" wird aufgezeigt, wie fröhliche Kinder ihren Platz zum Austoben und Wege zu einem gepflegten Miteinander finden. Zugleich wurde durch das Raumprogramm ein Wohnstil aus Funktionalität und Behaglichkeit entwickelt.

Die Situierung der Wohnräume hin zum Grünbereich folgt der planerischen Idee, im Alltag sinnliche Reize zu wecken und Freude zu ermöglichen.

Young families come together and think about a sensible form of living. Optimum use of the given plot of land and individual ideas are to be formed into a compact living situation.

How can this be achieved? House "E" exemplarily shows, how cheerful children can both find a place to let off steam and a cultivated coexistence. At the same time, a living style of functionality and comfort was developed through the room programme.

Positioning the living spaces towards the green area consequently follows the planning idea of awakening sensual stimuli and providing joyful moments in everyday life.

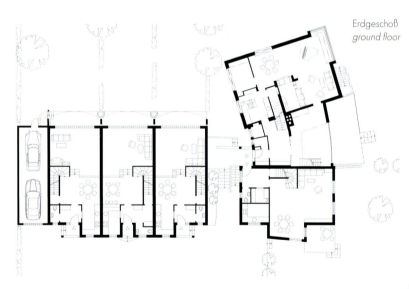

Erdgeschoß
ground floor

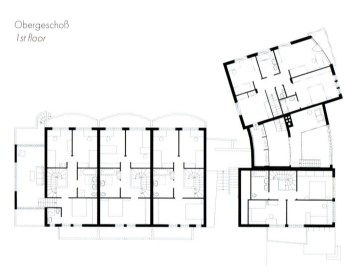

Obergeschoß
1st floor

Raum zum Feiern
room for celebrations

Um- und Ausbau Innerer Stein

Einem Diamanten eine neue, stilsichere Fassung zu verleihen, ist kein leichtes Unterfangen.

Der Entwurf für ein Bürgerhaus in Salzburgs Altstadt reagiert auf die strukturellen Zusammenhänge der angrenzenden Bebauung und fügt sich in das Stadtbild der Häuser entlang der Imbergstraße ein.
Durch die sensible Umgestaltung der alten Struktur gewinnt die Liegenschaft an Wohnqualität und erhält im Gesamtbild der Häuserstruktur an diesem optisch überaus sensiblen Punkt der Altstadt von Salzburg eine neue sichtbare Bedeutung.

Giving a diamond a new, stylish setting is no easy task.

The draft for a bourgeois townhouse in the historic part of Salzburg responds to the structural relationships of the adjacent buildings and blends into the townscape of the houses along Imbergstraße.
Due to the sensitive redesign of the old structure, the property gains in residential quality and acquires a new visible meaning within the overall housing structure at this extremely sensitive point in Salzburg's old town.

„Qualität ist kein selbständiges Phänomen; sie bezieht sich auf etwas. Im Fall der Errichtung eines modernen Kontrastgebäudes im Bereich alter Bebauung muß die neu entstehende Qualität ihren Bezug im Bestand haben. Je sensibler der optische Erlebnisraum erfaßt wird, je gestalthafter und kräftiger der historische Bestand ist, desto chancenreicher ist das Unternehmen, im Kontrast zu bauen...Nicht formale Nähe, sondern innerer Gehalt, Proportion, Gestaltwert und Plastizität, Ruhe und Bewegung, das immanente Prinzip der Gestaltung ist entscheidend."
Christoph Hackelsberger, 1977

"Quality is no autonomous phenomenon, it relates to something. In the case of constructing a modern building rich in contrast in the area of an old development, the new quality must have its reference in the existing structure. The more sensitively the visual experience space is captured, the more richly designed and powerful the historical inventory is, the more chances the venture of building in contrast has... Not formal proximity, but inner content, proportion, design value and plasticity, stillness and movement, the immanent principle of design is decisive."
Christoph Hackelsberger, 1977

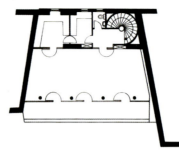

Dachgeschoß
top floor

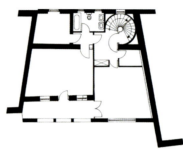

3. Obergeschoß
3rd floor

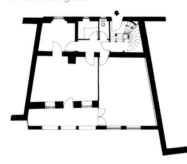

Zugang Steingasse
entrance Steingasse

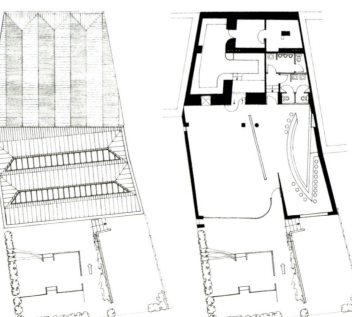

Zugang Imbergstraße
entrance Imbergstraße

Dachaufsicht
top view on roof

Planung, Ansicht Steingasse
draft, view from Steingasse

Bestandsgebäude Imbergstraße
existing building on Imbergstraße

Planung, Ansicht Imbergstraße
draft, view from Imbergstraße

Büro und Lagergebäude Wals

Zwei Freunde, Schulfreunde, die alle Höhen und Tiefen des Schülerlebens teilen, Freunde fürs Leben. Einer heißt Paul, der andere Robert. Ihre Väter sind beide Baumeister.
Paul tritt in die Fußstapfen seines Vaters, er wird Bau- und Zimmermeister. Robert studiert Architektur.
Paul denkt über ein neues Firmengebäude mit Lagerhalle nach. Für einen Baumeister ist es eine leichte Übung, alle geforderten Gegebenheiten unter einem Dach unterzubringen. Paul möchte aber kein Mehrzweckgebäude, sondern eine formale Lösung, welche die Qualität seiner Vorhaben auch nach außen transportiert. Und erinnert sich an seinen Freund Robert, mit dem er schon zur Schulzeit viele Ideen abseits des Konventionellen entwickelt hat.
Und Robert, mittlerweile Architekt, legt Paul einen Entwurf auf den Tisch, der den handwerklichen Anspruch seiner Gewerke darstellt. Gerundetes Mauerwerk mit raumbildendem, gebogenem Vordach an der Straßenseite und vordachlosem, putzbündig schräg ansteigendem Ortgang an der Hofseite.
Paul ist begeistert.

Two friends, schoolmates who share all the ups and downs of student life, friends for life. One is called Paul, the other one is called Robert. Their fathers are both master builders.
Paul follows in his father's footsteps also becoming a master builder and carpenter. Robert studies architecture.
Paul is thinking about a new company building with a warehouse. For a master builder, it is an easy exercise to accommodate all the required conditions under one roof. However, Paul does not want a multi-purpose building but a formal solution which conveys the quality of his plans to the outside world.
And he remembers his friend Robert, with whom he has already developed many ideas beyond the conventional back in their school days.
And Robert, an architect by now, puts a draft on Paul's table which represents the craftsmanship of his trades. Rounded brickwork with a spacious, curved projecting roof on the street side and a roofless, flush with the plaster, sloping verge on the courtyard side.
Paul is delighted.

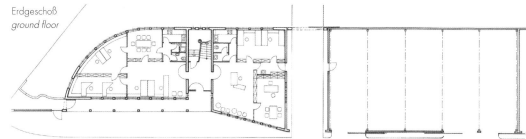

Erdgeschoß
ground floor

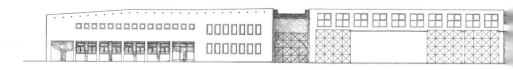

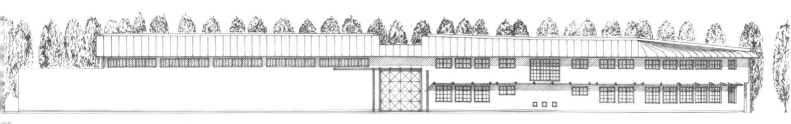

Wohnhaus Meikl
An- und Umbau

Der Zubau zwischen Bestand und Felswand des Mönchsberges überrascht sowohl durch seine Form als auch seine Funktion. Die Arbeit mit der ihm eigenen Formsprache trägt dem Architekten eine Belobigung seitens der Landeshauptstadt Salzburg ein.

The extension between the building in existence and the rock wall of the Mönchsberg is surprising both in form and function. The architect's work with his own formal language earned him a commendation from the provincial capital of Salzburg for outstandingly designing and merging the old historic building fabric with modern architecture.

Entwurf
draft

genehmigte Umsetzung
approved realisation

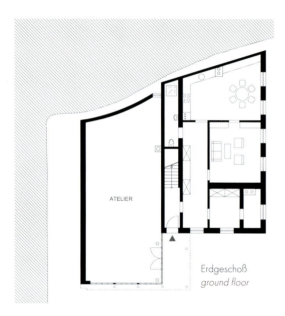

Erdgeschoß
ground floor

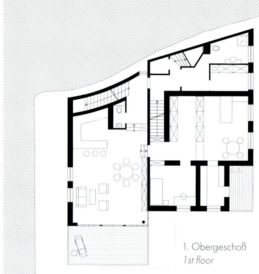

1. Obergeschoß
1st floor

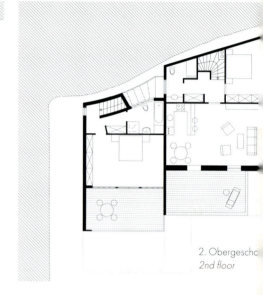

2. Obergeschoß
2nd floor

„Lieber Robert! [...] Fotos zur Erinnerung an die Überreichung der Belobigung für den gelungenen Um- und Zubau des Hauses Augustinergasse [...] das Projekt ist wirklich sehr schön geworden."

Heinz Schaden

"Dear Robert, [...] photos in memory of the award ceremony of the commendation for the successful conversion and extension of the house at Augustinergasse [...] the project has really turned out beautifully."

Heinz Schaden

Pressezentrum Salzburg

Der Einfluss der Medien auf die gesellschaftliche Entwicklung verlangt Transparenz, Klarheit und faktenbasierte Information. Diese Parameter waren für den Architekten Ansporn und zugleich Botschaft, mit dem dreischiffigen Baukörper der geforderten Verpflichtung gerecht zu werden.

Die einladende Transparenz und luzide Durchsichtigkeit des städtebaulich wesentlichen Kopfbaukörpers, welcher die drei Bürotrakte aufnimmt und ihnen eine elegante Geschlossenheit vermittelt, regt sowohl Phantasie als auch Kommunikation an.

Die drei im Glaskörper des Kopfgebäudes vereinten Bürotrakte, welche unter anderem die drei Zeitungen Salzburger Nachrichten, Krone und Kurier darstellen sollen, werden zur leichteren Orientierung farblich unterschiedlich (schwarz, rot, blau) gestaltet und ruhen auf einem grünen Sockelgeschoß.

The influence of the media on social development demands transparency, clarity, and fact-based information. These parameters were both an incentive and a message for the architect to fulfil the required obligation with the three-aisled building.

The inviting transparency and translucency of the head structure, which is essential for urban development, accommodates the three office wings and gives them an elegant unity, stimulating both imagination and communication.

The three office wings united in the glass body of the head building, which – among others – are to represent the three newspapers Salzburger Nachrichten, Krone, and Kurier, are designed in different colours (black, red, blue) for easier orientation and rest on a green pedestal storey.

Norden
north

Süden
south

Erdgeschoß
ground floor

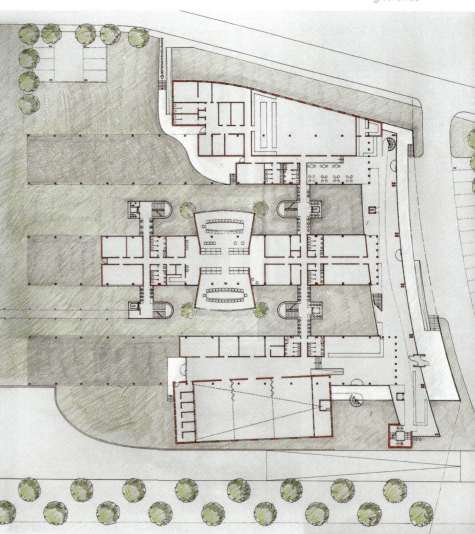

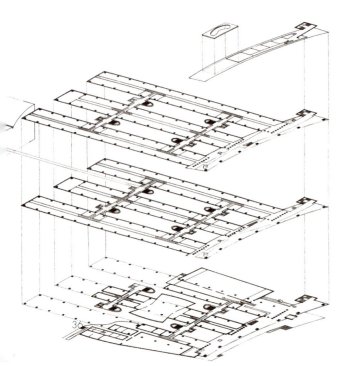

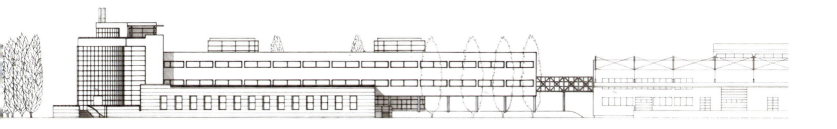

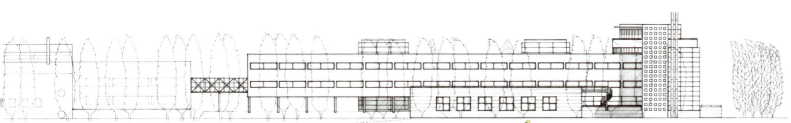

2. Obergeschoß
2nd floor

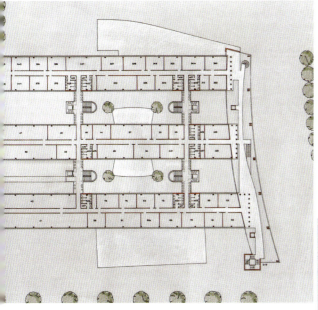

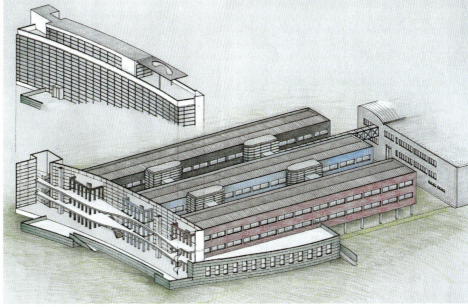

Wohngebäude Aigen

Das Projekt fügt sich städtebaulich in die vorhandene Umgebungsstruktur ein. Die Anordnung des Baukörpers in L-Form ermöglicht eine Orientierung sämtlicher Wohnbereiche nach Südwesten. Und ermöglicht dadurch eine logische Anordnung der Wohn- und der Ruhebereiche der einzelnen Wohnungen.
Elegant geschwungene Fensterformen gepaart mit einer klaren, stringent umgesetzten Ausformung der Baukörper ergeben einen optischen Klangkörper, der gemäß dem Satz „Architektur ist in Stein gemeißelte Musik" eine geradezu musikalische Qualität hat.

In terms of urban development, the project fits into the existing surrounding structure. The L-shaped arrangement of the building allows all living areas to face southwest. It also allows for a logical arrangement of the living and resting areas of the individual flats.
The shapes of elegantly curved windows paired with a clear, stringent design of the building structure result in a visual sound body, which – following the saying that "architecture is music carved in stone" – presents itself in a downright musical quality.

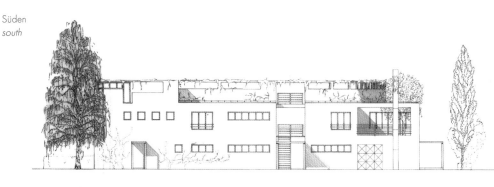

Süden / south

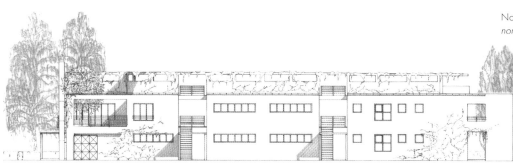

Norden / north

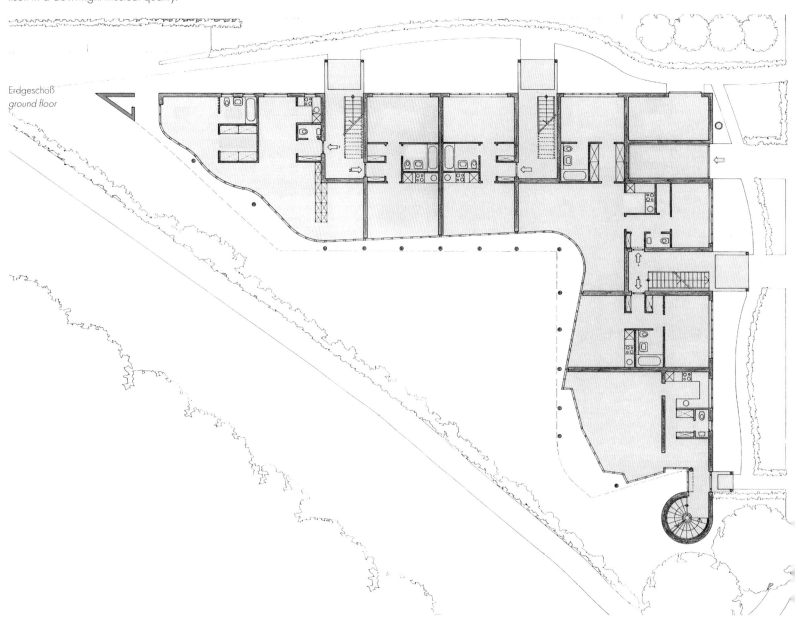

Erdgeschoß / ground floor

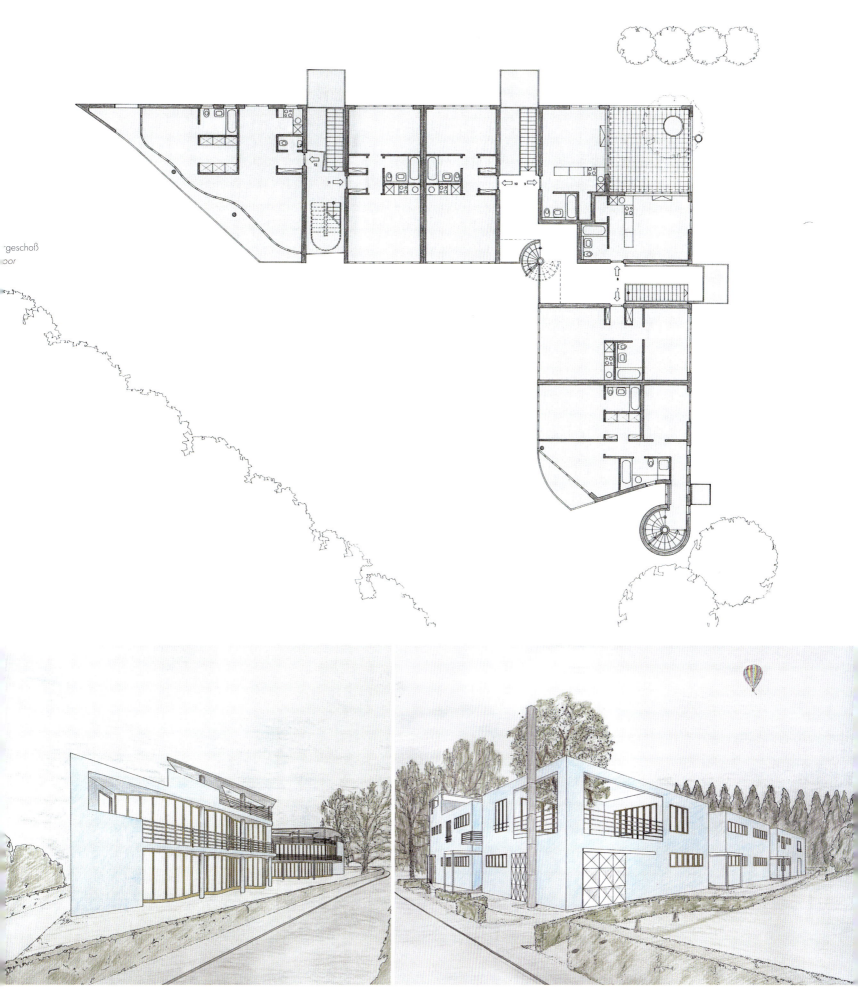

Revitalisierung und Dachgeschoßausbau | Andräviertel

Das Gebäude im Andräviertel, einem großteils aus der Gründerzeit stammenden Bauensemble, hat eine lange Geschichte geschrieben. 1875 im Auftrag eines Industriellen namens Faber errichtet, haben verschiedene Zeitabschnitte ihre Spuren hinterlassen: Erwähnt sei der Treffer durch eine Fliegerbombe im zweiten Weltkrieg mit der daraus resultierenden Zerstörung des gesamten Stiegenhausbereiches, aber auch die darauf folgenden Renovierungsarbeiten in den Nachkriegsjahren, bei denen dem Gebäude in seiner Gesamtheit ein Stück weit geschadet wurde.

Bei der Revitalisierung des Gebäudes soll auf seine Ursprünglichkeit geachtet werden. Überdimensionale Schaufensteröffnungen wurden auf ein modifiziertes Maß zurückgeführt.

Wie selbstverständlich findet jedoch auch Modernes, Zeitgemäßes seinen Platz bei der Wiederherstellung des Gebäudes. Die Feinheiten stechen im Detail ins Auge, funktionelle Anforderungen, wie die Erschließung eines Gebäudes, werden zum Raumerlebnis.

Besonderes Augenmerk verdient der Ausbau des Dachraumes, dem eine zusätzliche, galerieartige Ebene eingefügt wurde. Die groß angelegten Dachflächenfenster, die den Einfall von Licht vermehren, die Stimmigkeit der Gestaltung, die Konzeption der Raumebenen, der Ausblick auf die Stadtberge – das alles schafft einen Arbeitsplatz von geradezu humanistischem Anspruch.

Dachgesch
top floor

The building in the Andräviertel, an ensemble of buildings largely dating from the "Gründerzeit", has a long history. Built in 1875 on behalf of an industrialist by the name of Faber, various periods have left their marks: Worth mentioning is the hit by an aerial bomb in the Second World War with the resulting destruction of the entire staircase area, but also the subsequent renovation in the post-war years, during which the whole building suffered damages to some extent.

When revitalising the building, attention had to be paid to its originality. Therefore, oversized shop window openings were reduced to a modified size.

However, modern, contemporary elements naturally also find their place in the restoration of the building. Elegance catches the eye in the details, functional requirements, such as the enclosure of a building, become a spatial experience.

The conversion of the attic deserves special attention as an additional gallery-like level has been added. The large roof windows multiplying the incidence of light, the coherence of the design, the overall conception of the room levels, the view on Salzburg's city mountains – all of this creates a workplace of almost humanistic aspiration.

Dachgeschoß
top floor

enn wir nicht blindlings restaurieren wollen, wie
blindlings aufgebaut haben, sondern eine Phase
Besinnung einlegen wollen, so sind wir verpflich-
abzuwägen zwischen den unbestrittenen Leistun-
der modernen Architektur und ihrem Versagen,
schen einer sinnvollen Erhaltung alter Substanz
einer nostalgisch-fanatischen Restauration um
n Preis."

ns Kammerer

e do not want to restore as blindly as we have
, but want to enter a phase of reflection, we are
ged to balance between the undisputed achieve-
ts of modern architecture and its failures, between
sible preservation of old substance and nostalgic
atical restoration at all costs."

ns Kammerer

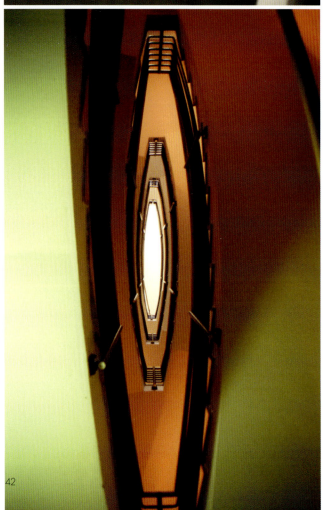
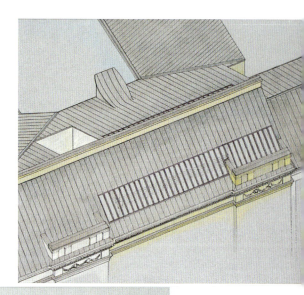
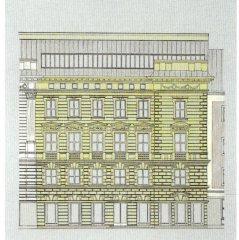
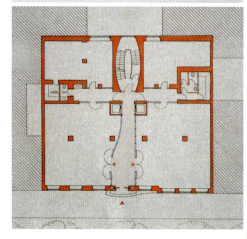

Erdgeschoß
ground floor

Sitzungssaal für den Gestaltungsbeirat der Stadt Salzburg
conference room of the Architectural Committee of the city of Salzburg

Wohnanlage Aigen

Die Wohnanlage in Salzburg Aigen – inmitten einer Wohnbebauung der späten siebziger Jahre gelegen – spricht eine Sprache, welche sich in reduzierten, streng zweieinhalb-geschoßig gehaltenen Baukörpern mit Flachdächern widerspiegelt.

Ursprünglich war eine dreigeschoßige Bebauung geplant, dies wurde jedoch von den Anrainern beeinsprucht. Daher wurde der Weg zu einer zweieinhalb-geschoßigen Bebauung und auf der Suche nach einer ausbaufähigen, architektonisch spannenden Dachform das Tonnendach gewählt.

Abgesehen von der weichen Form des Daches blieb der Architekt seinem Konzept der klaren, nüchternen Baukörper treu. Dies gilt sowohl für die Einzelhäuser als auch für den Wohnblock. Darüber hinaus wird für jede Wohnung der Anspruch erhoben, ein hohes Maß an Raumerlebnis zu erreichen. Durchblicke und Ausblicke bilden die wesentlichen Parameter dafür.

Die Tonnendächer ermöglichen ein interessantes Spiel der Formen, eine spannende, abwechslungsreiche Dachlandschaft. Dachrücksprünge, Ausschnitte und Freiflächen stehen selbstbewusst neben- und miteinander. Die weichen Formen der Dächer und die klar formulierten Baukörper – streng, kantig und weiß – treten in ein Zwiegespräch.

The residential complex in Salzburg Aigen – located in the middle of a residential area from the late 1970s – speaks a language which is reflected in the reduced, strictly two-and-a-half-storey structures with flat roofs.

Originally, a three-storey building had been planned, but it had been objected to by the neighbouring residents. Therefore a two-and-a-half-storey construction and, in search of an expandable, architecturally exciting roof form, the barrel roof was chosen.

Apart from the soft shape of the roof, the architect remained true to his concept of clear, sober building structures. This applies to both the individual houses and the apartment block. In addition, each flat aims to achieve a high degree of spatial experience, views and vistas forming its essential parameters.

Barrel roofs allow for an interesting interplay of forms and an exciting, varied rooftop landscape. Roof recesses, cut-outs and open spaces stand confidently side by side. The soft shapes of the roofs and the clearly formulated building structures – austere, angular, and white – enter into an architectural dialogue.

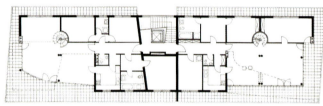

Dachgeschoß
top floor

Erdgeschoß
ground floor

Süden
south

Norden
north

Hotel Kobenzl
Umbau und Erweiterung

Das Objekt befindet sich weithin sichtbar an einem der schönsten Plätze am Gaisberg, einem der Hausberge Salzburgs, welcher die Stadt nach Osten hin begrenzt, und wird bereits seit Jahrzehnten als Hotel der Exklusivkategorie (5 Sterne) geführt. Im Volksmund wird diese romantische Lage als „der Balkon Salzburgs" bezeichnet. Richtig wäre allerdings „der Balkon mit Blickrichtung zur Stadt Salzburg".

Aufgrund der im Laufe der Zeit sich ändernden Ansprüche und Anforderungen wird ein Umbau immer unumgänglicher. Im Zuge dessen wird auch versucht, dem gesamten Gebäudekomplex nunmehr einen einheitlichen Ensemblecharakter zu verleihen, weg vom Stückwerk früherer Um- und Anbauten, welche sich teilweise in ihrer Formensprache widersprechen.

Die Erschließung des Gebäudes erfolgt zentral über eine neue Hotelhalle und einen neu zu errichtenden Lift. Durch eine Neusituierung der Anlieferung wird nunmehr der Lieferantenverkehr vom Hauptgebäude ferngehalten. Auch die Situierung der Terrassen wird geändert und so eine harmonische Anpassung an das bestehende Gelände erreicht.

Hinsichtlich der Materialwahl wird eine weitgehende Anlehnung an die natürliche Umgebung erzielt.

The property on one of the most beautiful locations of Salzburg's local mountains, the Gaisberg, is visible from afar and has been run as an exclusive 5 star-hotel for decades. This romantic location is popularly known as "Salzburg's balcony". However, the correct term should rather be "the balcony facing the city of Salzburg".

Due to the changing demands and requirements over the course of time, reconstructing the hotel was becoming more and more inevitable. In the course of this an attempt is also being made to give the entire building complex a uniform ensemble character, away from the piecemeal nature of earlier conversions and extensions, which were sometimes contradicting each other in their formal languages.

The building is accessed centrally via a new hotel lobby and a new lift. By repositioning the delivery area this traffic is now kept away from the main building. The location of the terraces is also changed, thus achieving a harmonious adaptation to the existing terrain.

The choice of materials is largely in keeping with the natural surroundings.

Westen
west

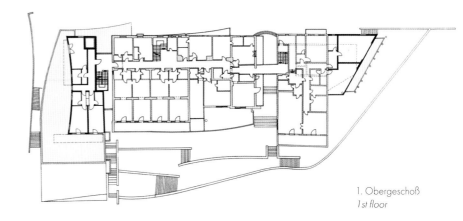

1. Obergeschoß
1st floor

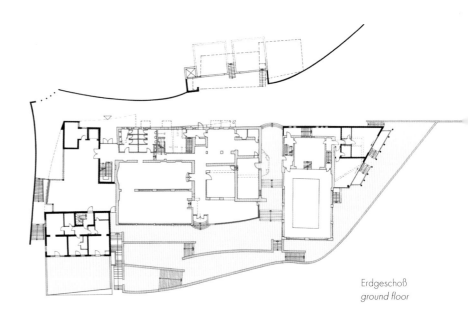

Erdgeschoß
ground floor

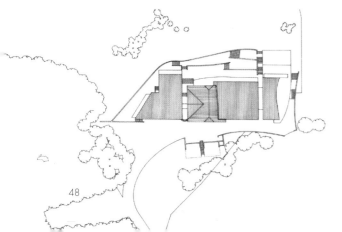

Osten
east

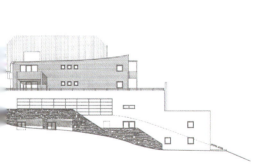

Sanatorium am Rainberg
Privatkrankenhaus

Schlank und elegant, gleich einem Schiff am Pier, schmiegt sich das Sanatorium an die Westflanke des Rainberges, eines der ersten frühgeschichtlichen Siedlungsgebiete in Salzburg.
Die Zimmer sind nach Westen orientiert. Dies ergibt sich logischerweise schon durch die Situierung des Baukörpers. Von der Rückseite des Gebäudes gelangt man über Brücken an den Hang, wo den Patienten Spazierwege zur Verfügung stehen und so die Aussicht nach Westen Richtung Bayern und in den Süden hin zum Schloss Leopoldskron mit seinem Weiher und den romantischen Inseln.

„Liebe ist der höchste Grad der Arznei."

Theophrastus Bombastus von Hohenheim, „Paracelsus"

"Love is the highest grade of medicine."

Theophrastus Bombastus von Hohenheim, "Paracelsus"

Slim and elegant, like a ship on a pier, the sanatorium nestles on the western flank of the Rainberg, one of the first early historical settlement areas in Salzburg.
The rooms are oriented towards the west, this being a logical consequence of the building's location. From the back of the building, bridges lead into the hillside, where patients can take walks and enjoy the view to the west towards Bavaria and to the south towards Leopoldskron Castle with its pond and romantic islands.

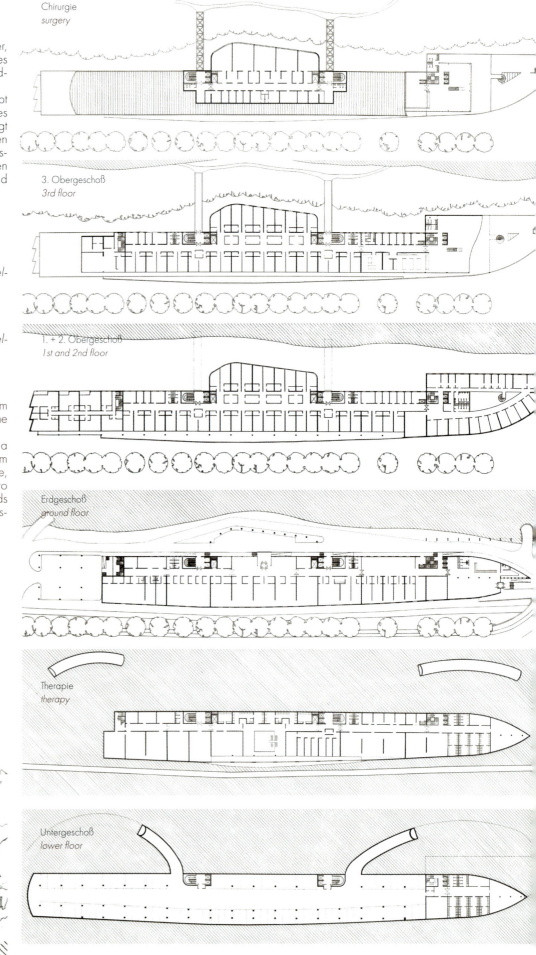

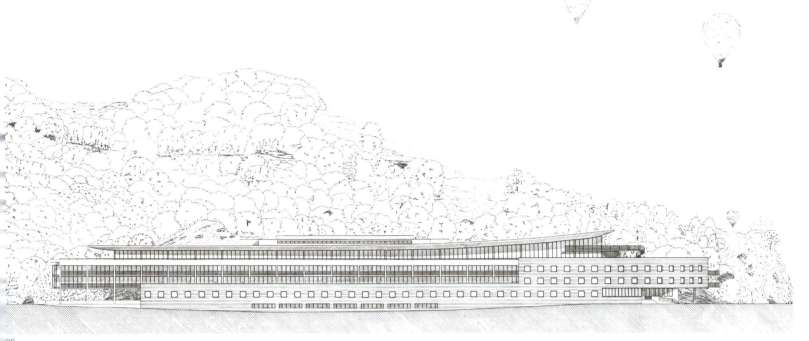
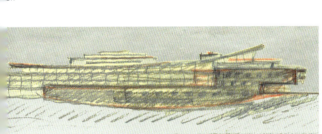

Bebauung am Audiring | Ingolstadt

Die Idee war es, einen Baukörper zu entwickeln, der an die historischen Großformen am Rande des ersten Grüngürtels wie Reduit Tilly, Turm Triva etc. anschließt und so am Rande des zweiten Grüngürtels ein Zeichen, einen markanten Ort mit eigener Identität formuliert.

So war es notwendig, den Baukörper um den Verkehrskreisel über die Levelingstraße hin zur Neuburgerstraße zu verlängern, um an die Formensprache der bereits erwähnten Bauten zu erinnern. Aufgrund der Vergrößerung des Kreisels aber auch, um der Anforderung, den im Süden liegenden Wohngebieten den erforderlichen Lärmschutz zu bieten, gerecht zu werden, erscheint es notwendig, die Baukörper sechsgeschoßig bzw. an der Levelingstraße fünf-geschoßig zu konzipieren.

Um das künftig angrenzende Gewerbegebiet abzuschirmen, wird eine dichte Bepflanzung vorgeschlagen, die durch eine stark geometrische Anordnung ein zusätzliches Spannungsfeld erzeugt. Auch ist es notwendig, den Kreisel selbst mittels Wasserbecken aufzuwerten. So entsteht auf dem sonst starren Platz Bewegung, die durch zusätzliche Wasserfontänen verstärkt und so zum Erlebnisraum wird.

Die Architektur reagiert auf die Stimmung des Ortes, stellt Assoziationen zu den historischen Bauten her. Durch Dynamik an der Neuburgerstraße, kühle Transparenz im Kreisel sowie Mächtigkeit und Wehrhaftigkeit außerhalb des Kreisels wird das gewählte Erscheinungsbild den Anforderungen gerecht. Das großzügige Grünkonzept um den Kreisel führt zu einem spannungsvollen Gesamtensemble von hoher stadträumlicher Qualität.

Durch eine große und kräftige Geste gelingt es diesem Projekt, die übergeordneten städtebaulichen Beziehungen an diesem wichtigen Stadteingang von Ingolstadt zu klären.

„Bei der letzten Sitzung des Gestaltungsbeirats Ingolstadt haben wir Ihre Arbeit vorgestellt bekommen. Ich möchten Ihnen herzlich dazu gratulieren. Ich habe mich besonders gefreut, einen alten Bekannten, dessen Arbeit ich schon in Salzburg sehr geschätzt habe, nun auch in Ingolstadt wieder zu treffen."

Christoph Hackelsberger, 1993

Südwest
southwest

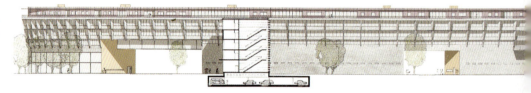

Süden
south

Nordost
northeast

Norden
north

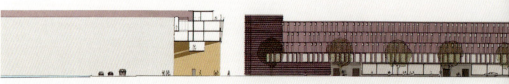

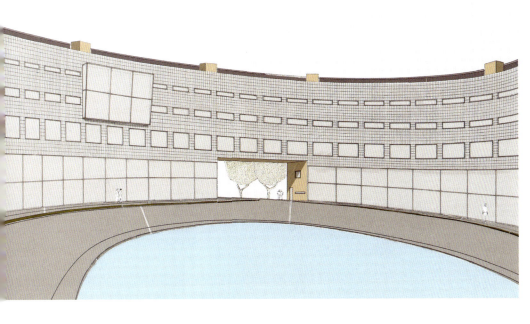

The idea was to develop a building structure which follows the historical large-scale forms on the edge of the first green belt, such as Reduit Tilly, Turm Triva, etc., and thus formulate a sign, a distinctive place with its own identity on the edge of the second green belt.

It was therefore necessary to extend the building around the traffic roundabout across Levelingstraße to Neuburgerstraße in order to recall the formal language of the buildings already mentioned. Due to the enlargement of the roundabout, but also in order to meet the requirement of providing the necessary noise protection for the residential areas to the south, designing the buildings as six-storey structures or five-storey structures on Levelingstraße was required.

In order to screen the future adjacent commercial area, dense planting is proposed, which creates an additional field of tension due to a strongly geometric arrangement. It is also necessary to enhance the roundabout itself by means of a water basin. This creates movement in the otherwise rigid square, which is reinforced by additional water fountains and thus becomes an experiential space.

The architecture reacts to the mood of the place, creates associations with the historical buildings. Through dynamism on Neuburgerstraße, cool transparency in the roundabout and mightiness and fortifiedness outside the roundabout, the chosen appearance meets the requirements. The generous green concept around the roundabout leads to an exciting overall ensemble of high urban spatial quality.

Through a grand and powerful gesture, this project succeeds in clarifying the superior urban relationships at this important city entrance to Ingolstadt.

"At the last meeting of the Architectural Committee of Ingolstadt, we were introduced to your work. I would like to sincerely congratulate you on it. I was particularly pleased to meet an old acquaintance, whose work I have already appreciated very much in Salzburg, now in Ingolstadt again."

Christoph Hackelsberger, 1993

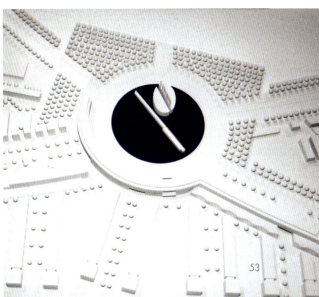

Bürohaus Koller | Seekirchen

Thema der Entwurfskonzeption des Gebäudes liegt in der Verschneidung zweier Kuben, deren Formen klar ablesbar bleiben und doch zu einer gelungenen Gesamtheit verschmelzen.

Sparsam und klar gesetzte Fensterbänder einerseits, einer symmetrischen Sprache folgend, raumhohe Verglasungen andererseits, dort wo es notwendig erscheint, gliedern die Fassade. Durch die kontrastierende Farbgebung werden Öffnungen hervorgehoben und im Ansichtsbild klar gezeichnet.

Das Ineinandergreifen, der Eintritt in eine Wechselverbindlichkeit der Baustrukturen durchzieht das Objekt und wird bis hinein in die Grundrissgestaltung sichtbar.

Ins Auge springt, quasi als Hinwendung zu einem gut proportionierten Lebensgefühl nach Weitblick und Eigenständigkeit, die Kleinwohnung im obersten Geschoß. Ausblicke und Helligkeit zeichnen diese Wohneinheit aus. Selbst das luftigleichte Design der Geländer im Freibereich unterstreicht das Gefühl von Freiheit und Unabhängigkeit.

The main idea of the concept is blending two cubes, melting them together while keeping their individual shapes at the same time.

On the one hand reduced, clear windows speaking a symmetrical language, on the other hand room-high glass, positioned where necessary, structure the façade, supported by contrasting colours, which emphasize the open spaces.

The main concept of interlocking and meshing the various structures pervades the whole object and can also be read in the floor plans.

The small apartment on the first floor catches one's eye as it satisfies the desire for a splendid view and independence. Its special atmosphere is created by spectacular perspectives and luminance. Even the sensitive, airy design of the railings alone magnificently emphasises this sense of freedom and independence.

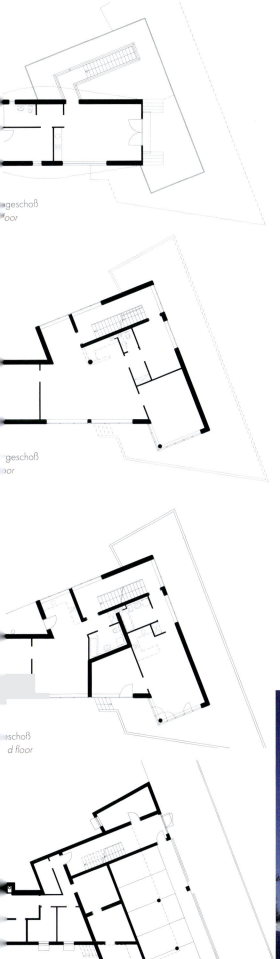

Blumenhof Salzburg

Es galt, am Rande der Stadt Salzburg, im Weichbild des Salzburg Airport, für einen Blumen-Großhandelsbetrieb ein Gebäude mit Lager- und Verkaufsflächen und einigen Büroräumlichkeiten zu errichten. Die winkelförmige Anlage enthält im östlichen Flügel geschlossene Laderampen für An- und Auslieferung, die Blumenhalle mit Blumenbörse und darüber ein riesiges Kartonagenlager. Im Westflügel ist ein Hochregallager mit eigener An- und Auslieferung untergebracht. Der Angelpunkt wird von einem großen Verkaufsbereich eingenommen, darüber liegen die Büros.
Scharfkantig Richtung Norden zeigt eine in Glas ausgeführte, faszinierende Leichtigkeit gleich einem Bergkristall vermittelnde Ecke des Gebäudes. Sie bildet das Wahrzeichen des Bauwerkes und verleiht der gesamten Anlage ein monumentales Aussehen. Die Nutzung bringt es mit sich, dass nur wenige Räume Fenster benötigen. Sie sind zu Bandfenstern zusammengefasst oder lassen als mächtige Fensterwände Licht in die Treppenhalle und die Verkaufsräume fluten. Der weitgehend verwendete Sichtbeton erhält seine Holztextur von den in die Schalung eingelegten Kunststoffmatrizen. Die Begrünung der Wände und des Daches wird den Charakter des Gebäudes sukzessive verändern, die transparente Spitze des dynamischen Gebäudes dominiert das elegante Erscheinungsbild dieser Architektur.
Im Innern ist eine Grundstruktur geschaffen worden, die den individuellen Einbauten des Handels dient. In der Treppenhalle sind die Materialien edler, vermitteln Anklänge an Abflugs- oder Abfahrtshallen des Airports in der Nachbarschaft. So bezieht das Gebäude über seine Funktion hinaus ein Stück Bedeutung aus dem Ort und schafft zugleich einen Bezug zur weiten Welt.

The task was to construct a building with storage and sales areas and some office space for a wholesale flower business on the outskirts of the city of Salzburg, in the vicinity of Salzburg Airport. In the eastern wing the angular complex contains loading ramps for delivery, the flower hall with the flower exchange and above it a huge cardboard box warehouse. The west wing houses a high-rack warehouse with its own delivery and distribution facilities. The pivotal point is occupied by a large sales area, above which the offices are situated.
Sharp-edged towards the north, one corner of the building made of glass conveying a fascinating lightness, like a rock crystal. It forms the landmark of the building and gives the entire complex a monumental appearance. Its use means that only a few rooms need windows. They are combined into ribbon windows or flood lightly into the staircase hall and the sales rooms as mighty window walls.
The largely used exposed concrete gets its wooden texture from the plastic matrices inserted into the formwork. The greening of the walls and roof will gradually change the character of the building, and the transparent top of the dynamic building dominates the elegant appearance of this architecture.
Inside, a basic structure has been created to serve the individual retail fixtures. In the stair hall, the materials are more noble, conveying echoes of the departure halls of the airport in the neighbourhood. Thus, beyond its function, the building draws meaning from the place and at the same time creates a reference to the wider world.

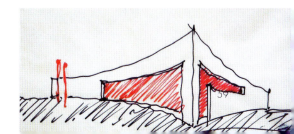

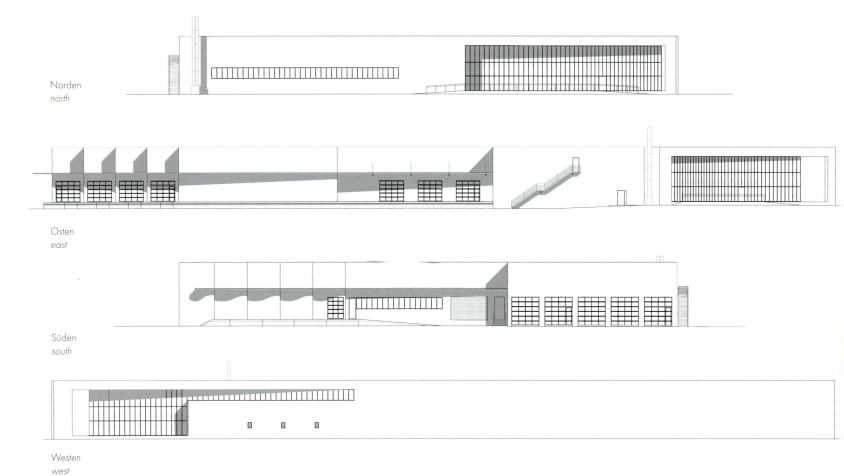

Norden / *north*

Osten / *east*

Süden / *south*

Westen / *west*

„Die eigentliche Ecke ist zu einer signalhaften Sp
ausgezogen, die scharfkantig nach Norden ze
und das Wahrzeichen des Bauwerkes bildet.
Nutzung bringt es mit sich, dass nur wenige Rä
Fenster benötigen. [...] Diese Polarisierung von Wc
gegenüber Fensterflächen zur Spitze hin ver
dem Gebäude ein monumentales Aussehen, da
Maßstab bestens zu den startenden und lander
Flugzeugen auf der angrenzenden Rollbahn pass

Walter Zschokke

Obergeschoß / *1st floor*

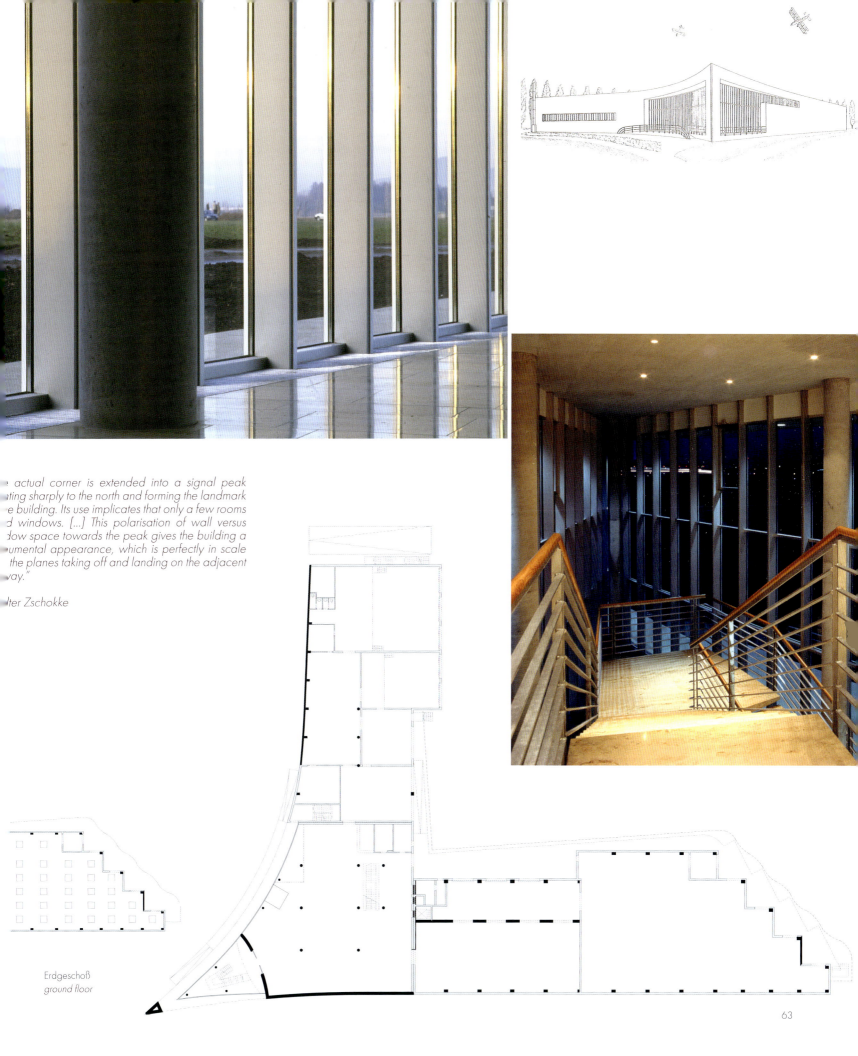

"...e actual corner is extended into a signal peak ...ting sharply to the north and forming the landmark ...e building. Its use implicates that only a few rooms ...d windows. [...] This polarisation of wall versus ...ow space towards the peak gives the building a ...umental appearance, which is perfectly in scale ... the planes taking off and landing on the adjacent ...vay."

...lter Zschokke

Erdgeschoß
ground floor

Wohnhaus Koller | Seekirchen

„Das Wohnhaus am Land" – keinem Klischee, das man damit verbindet, entspricht das Haus Koller in Seekirchen! Kompromisslos in seiner Formensprache und zugleich anschmiegsam in seiner Hinwendung zur Natur, zu den Geländegegebenheiten.

Die Transparenz des Hauses, die raumhoch verglasten Süd- und Westfassaden sind der Topografie des Grundstückes geschuldet und gereichen dem Wohnerlebnis zum Vorteil, beziehen die Natur ein ins tägliche Leben.

Der Architekt entwickelte die räumliche Logik des Hauses, angelehnt an die Struktur des Grundstückes, zu einem Wechselspiel zwischen Innen- und Außenraum.
Eine Grundidee durchzieht das gesamte Projekt: In einer beispielgebenden Offenheit reihen sich Küche, Ess- und Wohnbereich aneinander. Die Nebenräume finden sowohl form- als auch funktionsbedingt an der Nord- und Ostseite ihren Platz. Dieser architektonische Kunstgriff erlaubt große Freiräume im Kinder- und Schlafbereich.

"A residential house in the country" – The residential building Koller in Seekirchen, however, does not live up to any of the clichés usually associated with this expression! Uncompromising in its formal language and at the same time cuddly in its attention to nature, to the terrain.

The transparency of the house, the room-high glazed façades to the south and west are due to the topography of the site and benefit the living experience, incorporating nature into daily life.

The architect thus developed the spatial logic of the house based on the structure of the site into an interplay between interior and exterior space.
One basic idea runs through the entire project: the kitchen, dining, and living areas line up in an exemplary openness. Due to form and function the adjoining rooms find their places on the north and east sides. This architectural trick allows for large open spaces in the children's and sleeping areas.

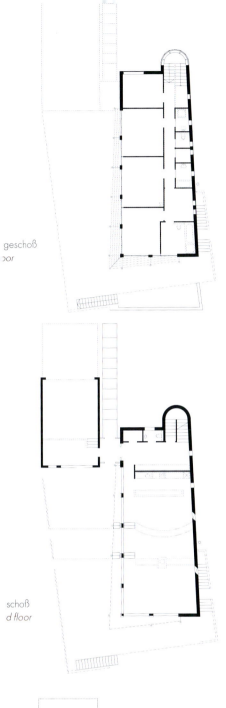
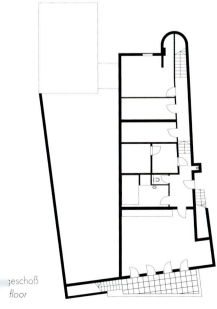

65

Landesdirektion Interunfall Andräviertel

Anstelle der einstigen Befestigungen des 17. Jahrhunderts bildet die Franz-Josef-Straße in Salzburg als repräsentative Allee den zentralen „Ring" der gründerzeitlichen Stadterweiterung des 19. Jahrhunderts. Zwischen der Mitte der 1980er und der 1990er Jahre waren die Gebäudetypologien des historischen Gründerzeitrasters von besonderer Strahlkraft.

Beim Büro- und Geschäftshaus Paris-Lodron-Center vermied der Architekt bewusst postmoderne Plakativität. Mit horizontal fein strukturiertem Natursteinsockel und hellgrau gefärbter Loch-Fassade integrierte er den Baukörper in den Kontext, quasi eine wohltemperierte Übersetzung der Qualität und Ästhetik seiner Vorgänger in das Hier und Heute.

Die Zäsur der Glasfassade des attraktiven Stiegenhauses lockert das hakenförmige Eckgebäude in zwei ruhige, elegante Bauteile auf, die sich einerseits zur Paris-Lodron-Straße und andererseits zur Franz-Josef-Straße hin orientieren.

Der Innenhof erfährt durch einen aufgeständerten, eingeschoßigen Baukörper seine wohltuende Einfassung und wird so zu einer friedlichen Oase, einem Ruhepol inmitten der pulsierenden Stadt. Interessante Details ziehen die Aufmerksamkeit an, von geneigten Sichtbetonfertigteilen mit kleinen Quadratfenstern bis hin zu einem rot ausgeführten Würfelfenster – diese Rhythmusunterbrechung der Gestaltungslinie bietet einen besonderen Reiz für das Auge des Betrachters. Die schwebende Leichtigkeit der Stiege verleiht dem Bau zusätzlich etwas Luftiges, Leichtfüßiges.

Replacing the former 17th century fortifications, the representative avenue of the Franz-Josef-Straße in Salzburg forms the central "ring" of the 19th century "Gründerzeit"-expansion of the city. In the mid-1980 and 1990s, the typologies of the historic "Gründerzeit"-buildings were of particular radiance.

In the office and commercial building "Paris-Lodron-Centre" the architect deliberately avoided postmodernist strikingness. With a finely structured horizontal natural stone base and a light grey perforated façade, he integrated the building into its context, a well-tempered translation of the quality and aesthetics of its predecessors into the presence.

The caesura of the glass façade of the attractive staircase loosens up the hook-shaped corner building into two calm, elegant components facing Paris-Lodron-Straße on the one hand and Franz-Josef-Straße on the other.

The inner courtyard is soothingly enclosed by an elevated, single-storey structure and thus becomes a peaceful oasis, a haven of tranquility in the midst of the pulsating city. Interesting details from sloping prefabricated elements of exposed concrete with small square windows to a red cube window attract attention – thus breaking the rhythm of design and offering a special attraction to the eye of the beholder.
The floating lightness of the staircase lends an additional airiness and light-footedness to the building.

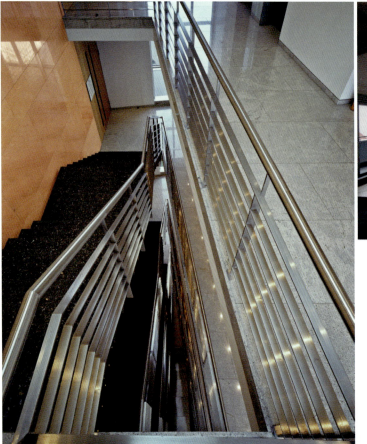

Dachge
top floo

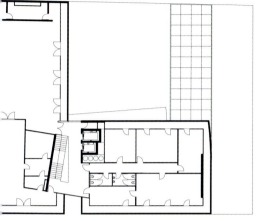

Erdgeschoß
Ground floor

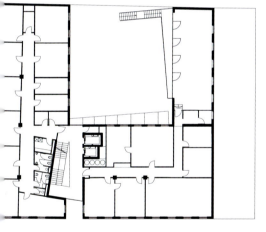

1. Obergeschoß
1st floor

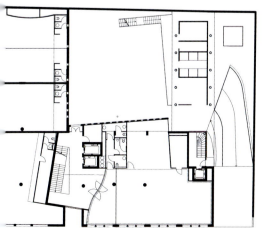

2. Obergeschoß
2nd floor

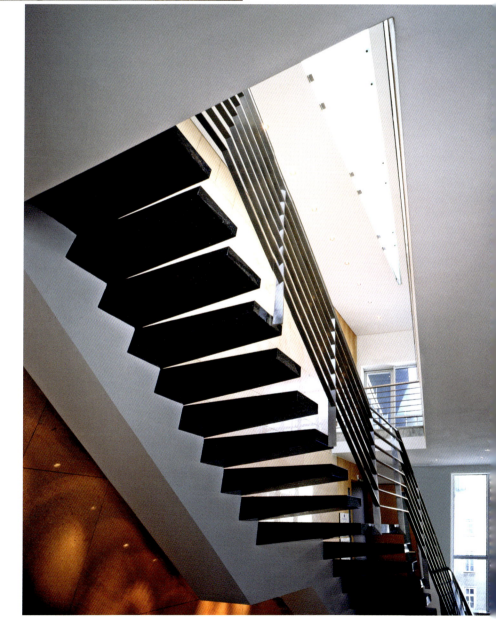

71

Wohnanlage Grazer Bundesstraße

Umfeld des Bauplatzes bildet ein Stadtteil mit alten Bauten wie Mühlen, kleinen Gewerbebetrieben und Gehöften, am Grundstück selbst liegt ein Vorstadthaus aus dem 17. Jahrhundert.

Das Projekt umfasst zwei gestaltende Elemente. Zum einen das alte Gerichtsdienerhaus, das in seinem Charakter erhaltenswert erscheint. Entsprechend moderner und zeitgemäßer Ansprüche soll es adaptiert und saniert werden, da sich die Substanz in einem eher desolaten Zustand zeigt. Das Flair eines alten Objektes wird in eine zeitgemäße Nutzung einbezogen, der Reiz von „Geschichte" wird spürbar, durchaus attraktiv und im Bereich des Besonderen.

Durch einen langgestreckten Riegel, das planerische Grundkonzept zum verdichteten städtischen Bauen und eine klare architektonische Formensprache, ist es gelungen, mit dem vorgegebenen Umfeld eine Symbiose einzugehen. Der Baukörper unterliegt einer klaren räumlichen Organisation, die dem Norden eine Rückseite, eine abgewandte und verschlossene Flanke bietet, hingegen im Süden eine offene, freundliche, einladende Haut besitzt. Es wurde Wohnraum geschaffen, welcher dem Grundgedanken des verdichteten Bauens im Übergang vom Stadtrand hin zur City entspricht.

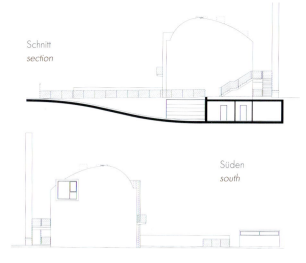

Schnitt
section

Süden
south

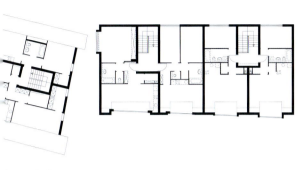

bergeschoß
floor

bergeschoß
floor

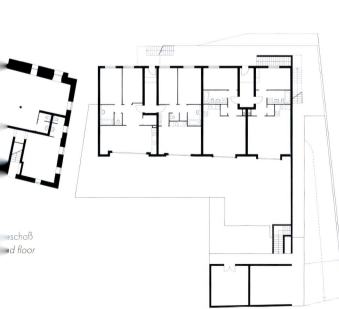

eschoß
d floor

The building site is surrounded by a district with old buildings such as mills, small businesses, farmsteads, and a 17th century suburban house on the site itself. The project includes two design elements. One is the old bailiff's house, which appears worthy of preservation in its character. It is to be adapted and renovated to meet modern and contemporary requirements, as the substance is in a rather desolate condition. The flair of an old object is incorporated into a contemporary use, while the charm of "history" can still be felt, thoroughly attractive and special.

An elongated block, the basic planning concept for dense urban building and a clear architectural language of form, entered into a symbiosis with the given surroundings. The building is subject to a clear spatial organisation, which offers a rear side in the north, an averted and closed flank, while having an open, friendly, inviting skin in the south. Living space was created which corresponds to the basic idea of dense building in the transition area from the outskirts to the city.

Wohn- und Bürohaus K. | Aigen

Es ist nicht leicht, in einem biederen Umfeld ein spannendes Haus zu planen. Den Maßstab zur Beurteilung durch die Anwohner bildet das Althergebrachte, das Gewohnte. Gestalterische Normen dürfen nicht verletzt werden. Das Aussehen ist einheitlich von der Dachform zur Brüstung bis zum Gartenzwerg und soll auf ewige Zeiten unverändert bleiben.

Das Doppelhaus besticht durch seine klare Formgebung. Die Fensteröffnungen verleihen der Fassade Rhythmus, auch darin liegen die Spannung und der Gegensatz zu der inspirationslosen Gestaltung der umliegenden Baukörper.

Die Offenheit des Bauherren und das Feingefühl des Architekten zeigen sich schon bei der Farbgebung. Diese verstärkt den kubischen Gesamteindruck des Gebäudes, setzt eine klare Umrahmung und Gliederung. Der scheinbar schwebend aufgesetzte Dachaufbau sorgt für einen besonderen Akzent.

Von der Funktion her gelingt eine klare Trennung zwischen Wohn- und Büroeinheit, Verbindungen werden auf sinnvolle Weise hergestellt, Privatsphäre wird gewahrt durch eine klare Abtrennung und Vermeidung von Einblicken.

Sowohl in der Funktion als auch in der Form ist die stringente Gestaltungshandschrift des Architekten klar zu erkennen.

Placing a fascinating building in a modest environment is not easy, the traditional, the familiar being the standard for assessment. Design norms must not be broken. The appearance is uniform from the shape of the roof to the parapet to the garden gnome and should best remain unchanged for eternity.

The building captivates with its clear design. The window openings lend rhythm to the façade, forming the tension and contrast to the uninspired design of the surrounding buildings.

The openness of the client and the sensitivity of the architect express themselves in the chosen colour scheme. It reinforces the overall cubic impression of the building, setting a clear frame and structure. The seemingly floating roof structure provides a special accent.

In terms of function, a clear separation of residential and office unit is achieved. Connections are made in a sensible way, privacy is maintained through a clear separation and avoidance of views.

Both in function and form, the architect's stringent handwriting can be clearly read.

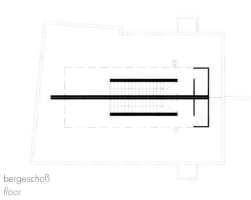

bergeschoß
floor

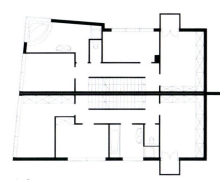

bergeschoß
oor

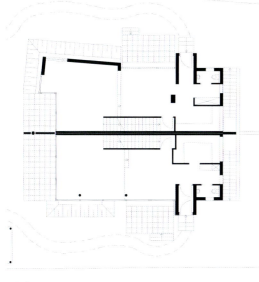

schoß
d floor

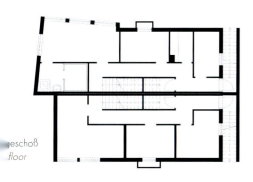

geschoß
floor

Klinikum Buch | Berlin

Ruhig, sachlich, unaufgeregt, modern, das ist die Formensprache, die hier in Ergänzung der bestehenden Krankenhausanlage, die am Beginn des 20. Jahrhunderts von Architekt Hofmann geplant wurde, für dieses neue Interventionszentrum des Klinikums konzipiert wurde. Dieses bringt die funktionellen Bedingungen eines modernen Krankenhauses mit den städtebaulichen Rahmenbedingungen in Einklang und geht zugleich mit dem erhaltenswerten Altbestand aus der Hand Hofmanns eine schlüssige Symbiose ein.

Calm, matter-of-fact, unagitated, modern, this is the design language conceived here for the new intervention centre of the hospital as an extension to the existing hospital complex, which was planned by architect Hofmann at the beginning of the 20th century. It brings the functional conditions of a modern hospital into line with the urban planning framework and at the same time enters into a logical and coherent symbiosis with Hofmann's existing building.

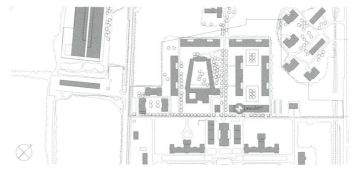

Lageplan
site plan

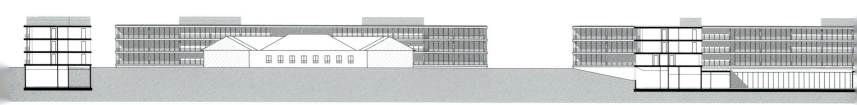

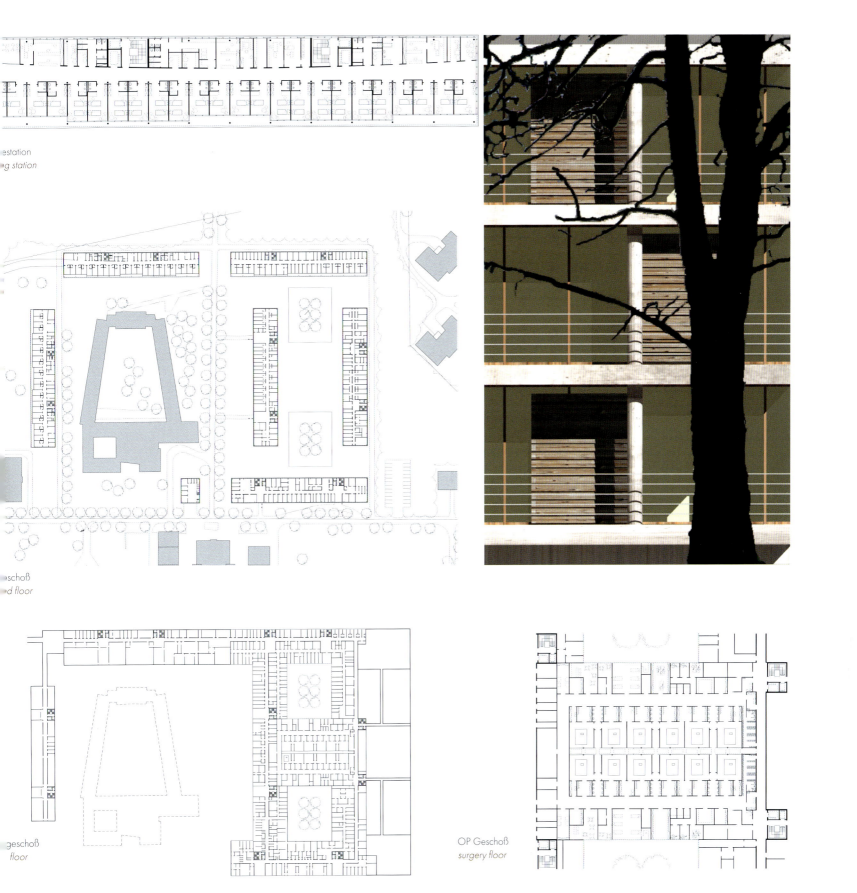

Fachhochschule Ingolstadt

Durch Komprimieren kleinteiliger Stadtstruktur wird ein Solitär entwickelt und als Ergänzung zu Turm Triva und Reduit Tilly in das Stadtgefüge integriert.
Die gewählte Konzeption für die Fachhochschule entspricht einer nach innen gestülpten Stadtstruktur, in der Straßen, Plätze und Häuser gleichzusetzen sind mit Gängen, Lichthöfen und Räumen.

Dieses intime städtische Leben mit seinen Begegnungszonen, seinen Studierzonen, seinen mit Lachen und Gesprächen erfüllten lauten und ebenso mit seinen stillen, dem Wissenserwerb zugewandten Zonen sind die Rezeptur, die Grundzutaten zur Wissensvermittlung und Ausbildung der Studierenden.

By compressing the small-scale urban structure, a solitaire is developed and integrated as a complement to Turm Triva and Reduit Tilly.
The chosen concept for the university of applied sciences corresponds to an inwardly turned urban structure in which streets, squares, and houses are equated with corridors, atriums, and rooms.

This intimate urban life with its meeting zones, its study zones, its loud zones filled with laughter and conversation and its quiet zones dedicated to the acquisition of knowledge are the recipe, the basic ingredients for imparting knowledge and training students.

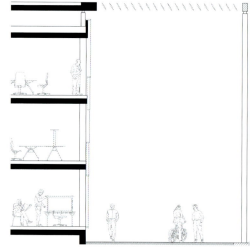

Fassadenschnitt
facade section

Süden
south

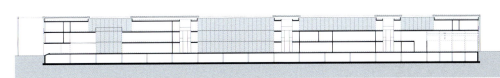

Schnitt
section

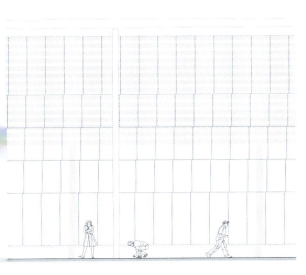

denausschnitt
le detail

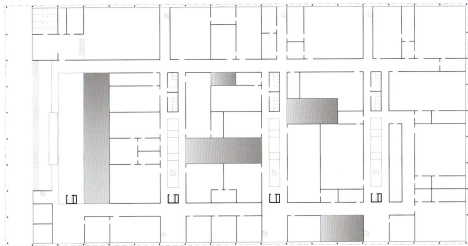

Erdgeschoß
ground floor

Norden
north

Wohn- und Geschäftshaus Andräviertel

Das „City-Point-Andrä" ist als freistehendes Gebäude konzipiert, welches auf die Stilmerkmale der gründerzeitlichen Bebauung Rücksicht nimmt. Proportionen und Gliederungen werden modifiziert und in einer zeitgemäße Formensprache weitergeführt. Eine neue harmonische städtebauliche Gesamtsituation im eleganten Dialog mit den umliegenden Gebäuden der Gründerzeit wurde entwickelt. Straßencharakteristika, Flair und Harmonie bleiben als ein Stück Zeitgeschichte erhalten.

Die wesentliche Assoziation zur Gründerzeit äußert sich in einer horizontal gerichteten Sandsteinverkleidung im Sockelbereich, der die beiden unteren Geschoße umfasst. Ebenfalls in Sandstein ausgeführt ist das Gesims, wodurch der Anschluss an die Nachbarbebauung seine Betonung findet.

Sowohl die Proportion als auch die Situierung der Fensteröffnungen haben eine wesentliche Bedeutung. Die Anordnung dieser Gestaltungselemente entspricht mit ihren Achsen, Größen und Anordnungen jenen der Nachbarbebauung und führt somit zu einer komplexen neuen Einheit.

Die dem Gebäude abgeforderte Funktion sieht vor, dass in den unteren beiden Geschoßen Geschäftslokale, in den vier Geschoßen darüber Büros ihren Platz finden. Zu einem zusätzlichen Blickfang wird zweifellos die Stiege, welche als eigenständiger Glas- und Stahlbaukörper ausgeführt ist. Die Ausformulierung und die Materialkomposition der Geschäftsräume vermitteln gehobene Eleganz und Ästhetik

Auf der Ebene der Bürogeschoße beeindruckt ein großzügiges Atrium, das den Anfang eines bis zum Dach offenen Einschnittes bildet und eine zusätzliche Belichtung und Belüftung der Büros auch im Gebäudekern erlaubt und so eine geradezu behagliche Atmosphäre vermittelt.

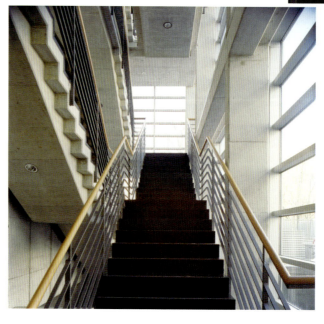

The so-called "City-Point-Andrä" has been conceived as a single building, which does respect the characteristics of the building style of the "Gründerzeit". Proportions and structuring have been modified so as to produce a modern architectural language. A new, harmonious all-round situation has been created – flair and street characteristics have been preserved as a piece of contemporary history.

The most essential association to "Gründerzeit" is evoked by a horizontally structured sandstone panelling of the footing, which covers the two lower floors. The cornice has also been executed in sandstone hereby emphasising the connection to the adjoining houses.

A lot of attention has been paid to the proportioning and positioning of the windows. By their axes, sizes and outlays they also correspond with the adjoining houses, thus forming a new complex unity.

The functions allotted to the building are shops on the two lowest floors, offices on the four floors above. The staircase, which has been conceived as a glass-and-steel structure, doubtlessly is an absolute eye-catcher. The offices convey elegance, esthetics, and largeness.

On the office floors an atrium, which forms the beginning of an open incision, reaches up high into the roof providing additional lighting and ventilation even for the offices in the inner part of the building, thus conveying a downright comfortable atmosphere.

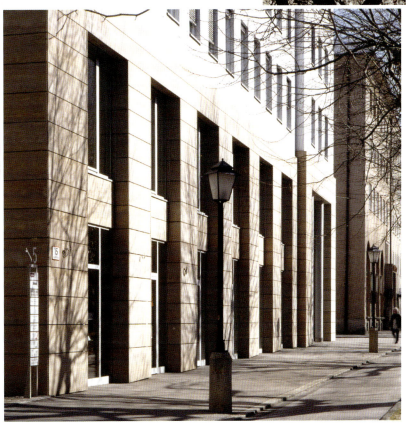

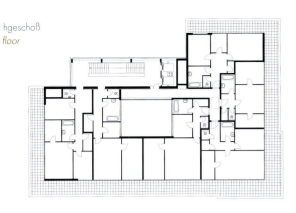

hgeschoß
floor

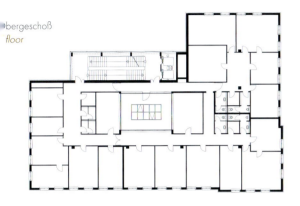

bergeschoß
floor

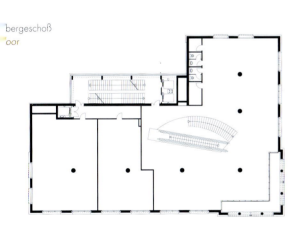

bergeschoß
oor

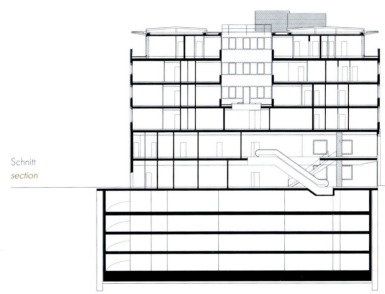

Schnitt
section

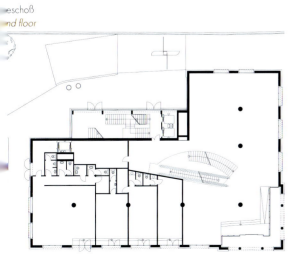

eschoß
nd floor

Wohnanlage Aiglhof

Zwischen Bahnlinie und Hauptverkehrsstraße sticht ein beeindruckender Treppenturm in die Höhe und erschließt eine Wohnanlage mit 72 Eigentumswohnungen. Weder aus der Sicht des Bahnfahrers noch aus der Sicht des Autofahrers lässt sich dies erahnen. Es bedarf großer architektonischer Phantasie, an so einem Platz diese funktionelle, alle Sinne ansprechende Wohnanlage zu entwickeln.

Der sechs-geschoßige Riegel schirmt die Anlage zur Bahn hin ab. Sämtliche Wohnbereiche sind nach Süden ausgerichtet, die Nebenräume nach dem lauten Norden.

Komplettiert wird die Anlage durch einen zur Zaunergasse hin orientierten weißen Block im Stil der klassischen Moderne in städtebaulich angemessener Proportion.

Von den Terrassen der obersten Geschoße eröffnet sich ein atemberaubender Fernblick. Die Pracht des Umlandes Salzburgs ist hier mit jeder Faser spürbar. Wohltuend aufgelockert präsentiert sich die Fassade des schlanken Baukörpers durch rhythmisch angeordnete, matt verglaste Balkone in unterschiedlichen Längen und einem durchdachten, fein abgestimmten Farbkonzept.

Die gesamte Anlage zeichnet sich durch eine wohltemperierte Architektur- und Designsprache aus. Die Qualität der Planung ist sofort spür- und erlebbar.

An impressive stair tower rises up between the railway line and the main road and surprisingly opens up a residential complex with 72 owner-occupied apartments. Neither a train rider nor a car driver would be guessing at that. Developing this residential complex – functional and yet appealing to all senses – on such a site needs a lot of architectural phantasy.

The six-storey block shields the complex from the railway. All the living areas face south, the adjoining rooms face the noisy north.

The complex is completed with a white block in the style of classical modernism, oriented towards Zaunergasse and appropriate to the urban development in its proportion.

The view from the terraces of the uppermost storeys is breath-taking. Here, the splendour of Salzburg's surroundings can be felt with every fibre. The façade of the slender building is pleasantly loosened by rhythmically arranged, matt glazed balconies of varying lengths and a well thought-out, finely coordinated colour concept.

The entire facility is characterized by a well-tempered architecture- and design language. The quality of the planning can be felt and experienced immediately.

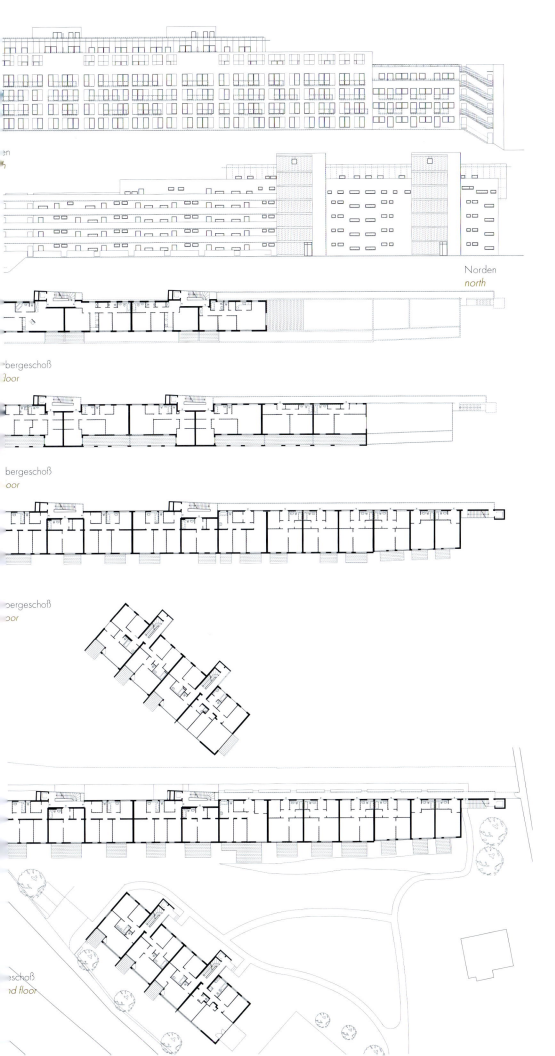

Wohnhaus im Himmelreich

Einem Solitär gleich liegt das Gebäude in den Feldern eines Gartenbaubetriebes. Aus dieser besonderen Lage heraus ist eine Entwurfsidee entwickelt worden, welche die Großzügigkeit der Liegenschaft auszunutzen vermag und gleichfalls einen Bereich schafft, der, eingebettet in einer rundum unverbauten Fläche, Rückzug und Geborgenheit vermittelt.

Diesem System folgt klar die Fassadengestaltung. Die Rückfront des Gebäudes wurde auf eine spielerische Art und Weise, und doch einem klar erkennbaren System folgend, schlicht und zurückhaltend entwickelt. Eine gezielte Pufferzone zwischen Öffentlichem und Privatem. Dem gegenüber liegt die Öffnung des Gebäudes nach Südosten.

Dem gewünschten Raumprogramm des Bauherren entsprechend wurden zwei übereinander liegende Wohneinheiten geschaffen. Eltern und Kinder wollten unter einem Dach Platz finden, mit der wohlüberlegten Notwendigkeit von gezielt gesetzten Berührungspunkten des alltäglichen Miteinanders. Gleichzeitig leistete die Familie sich den „Luxus" eines Schwimmbades, eines Erholungs- und Entspannungsbereiches mit nicht einsehbarer Sonnenterrasse.

In der Zusammenführung zweier Baukörper, Wohneinheit einerseits und Freizeit/Entspannung andererseits, wurde eine Formensprache aus zwei eigenständigen, klar ablesbaren Baukörpern gewählt. Verbunden werden sie durch ein, in seiner Ausformung leicht und transparent gestaltetes Stiegenhaus, welches ein lichtdurchflutetes Verbindungselement zwischen den beiden Funktionen des Hauses ist.

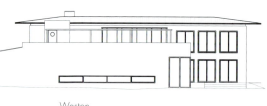

Westen
west

Like a solitaire, the building is situated in the fields of a horticultural business. Springing from this special location, a design idea was developed which exploits the generosity of the property and at the same time creates an area that, embedded in an all-round unobstructed area, conveys a sense of retreat and security.

The façade design clearly also follows this system. The rear façade of the building was developed in a playful manner, while still following a clearly recognisable system, simple and restrained. A deliberate buffer zone between the public and the private. This is contrasted by the building's opening to the southeast.

In accordance with the client's desired spatial programme, two residential units were created, one above the other. Parents and children wished to find space under one roof, with the well-considered necessity of places of contact for everyday togetherness. At the same time, the family afforded themselves the "luxury" of a swimming pool, a recreation and relaxation area with a hidden sun terrace.

In the combination of two structures, residential unit on the one hand and leisure/relaxation area on the other, a formal language of two independent, clearly readable structures was chosen. They are connected by an airy and transparent staircase, which is a light-flooded connecting element between the two functions of the house.

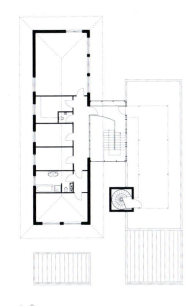

geschoß
floor

schoß
d floor

Kino Europa
Elisabeth-Vorstadt

So hätte es werden können – das Umfeld rund um das Hotel Europa am Vorplatz des Hauptbahnhofes Salzburg. Leicht, transparent, spielerisch aufragend. Jedoch, es sollte so nicht sein. Der Planer war seiner Zeit voraus – zumindest in Salzburg. Aber Salzburg ist nicht Rotterdam oder Stockholm oder Hamburg. Oder gar ... Lassen wir das.

Die Entwicklungsgeschichte des Salzburger Bahnhofsvorplatzes zeigt, dass es erst seit einem Architektenwettbewerb, der 1986 ausgeschrieben wurde, eine übergeordnete Platzidee gibt. Alle Entwicklungszustände davor spiegeln einzelne Epochen wider, ohne dass es gestalterische Zusammenhänge oder Kontinuität gäbe.

Das 1986 erarbeitete Leitprojekt konzentriert sich auf die Fassung der Platzkontur im Norden durch ein Post- bzw. Einkaufszentrum, die Ergänzung der Platzwand im Süden durch ein überleitendes Bauwerk zum Hotel Europa und die Schaffung eines zentralen Platzes für die Fußgänger unmittelbar vor dem Empfangsgebäude des Bahnhofs. Im Westen wird der Platz von einem baumbestandenen Bereich mit einem Denkmal und im Norden von einem Marktplatz flankiert. Der Entwurf sollte ein neues städtebauliches Ensemble ergeben und der Platz ausschließlich den Fußgängern gewidmet werden.

Konsequenterweise stellt sich der Baukörper für das „Kino Europa" selbstständig in die Bebauung des Bahnhofsvorplatzes und fasst den südlichen Straßenraum. Durch seine Gestaltung geht er einen Dialog ein: Stellung, Höhe und Proportion nehmen Bezug auf die bestehende umliegende Bebauung.
Das Gebäude selbst ist als Objekt im Raum konzipiert. Seine städtebaulich differenzierte Wirkung bezieht es aus der bauplastischen Gestaltung und der Stellung des Gebäudes. Die Leichtigkeit der Konstruktion und die Transparenz bzw. Fragilität der Hülle wirken einer Monumentalität des Baukörpers entgegen. Gleich einem kristallinen Körper hätte er dem Ankommenden beim Verlassen des Bahnhofes eine Botschaft der Modernität und Aufgeschlossenheit, des Miteinanders des Barocks der Altstadt und der Kraft des Gegenwärtigen vermittelt.

This is how it could have turned out – the surrounding area of the Hotel Europa on the forecourt of Salzburg's main railway station. Light, transparent, playfully towering. But it was not meant to be. The planner was ahead of his time – at least in Salzburg. But Salzburg is not Rotterdam or Stockholm or Hamburg. Or even …. Let us leave it at that.

The history of the development of Salzburg's station forecourt shows that there has only been an overall concept since an architectural competition in 1986. Before that all the developmental states only reflected individual epochs without any design coherence or continuity.

The main project drawn up in 1986 concentrated on defining the contour of the square with a post office and shopping centre in the north, completing the wall of the square in the south with a transitional structure to the Hotel Europa and creating a central square for pedestrians directly in front of the station's reception building. To the west, the square is flanked by a tree-lined area with a monument and to the north by a market square. The design now was supposed to result in a new urban ensemble and the square was to be dedicated exclusively to pedestrians.

Consequently, the building for the "Cinema Europa" stands on its own in the development of the station forecourt and defines the southern street space. Through its design, it enters into a dialogue with the surrounding buildings concerning its position, height and proportions.
The building itself is conceived as an object in space. Its differentiated urban effect comes from the sculptural design and the position of the building. The lightness of the construction and the transparency or fragility of the shell counteract the monumentality of the building. Like a crystalline body, it would have conveyed a message of modernity and open-mindedness, of the coexistence of the baroque of the old town and the power of the contemporary to the arriving visitor when leaving the station.

Umbau Büro und Wohngebäude Leopoldskron

Das hässliche Entlein wurde dank gelungener Planung und Mut zur Veränderung gegen die üblichen Widerstände zum Schwan.

Das Gebäude an der Moosstraße in Salzburg wurde in einer wahrhaften Metamorphose vom alltäglichen Haus zu einem Gebäude zeitgenössischer Architektur entwickelt: *„Ein scharfkantiger, aus versetzten Kuben und Quadern gebildeter Baukörper, dessen schwarzes Mauerwerk in der Sonne irritierend flimmert und glitzert"* (L. Waechter-Böhm, 1998).

Der markante Bau mit seinen großen Öffnungen bietet dem von Süden kommenden Betrachter einen spontanen Einblick in die außergewöhnliche Formensprache der zeitlosen klassischen Moderne. Der unverwechselbare Charakter, die besonderen Verhältnisse im Inneren erlauben großzügige Sichtbeziehungen vom Erdgeschoß des Ateliers zum Souterrain. Die über beide Geschoße reichende Fensterfront gibt den Blick frei über eine sagenumwobene Moorlandschaft hin zum geschichtsträchtigen Untersberg, welcher das Salzburger Becken im Süden begrenzt.

Eine neue Gebäudekomposition, die durch heterogene Elemente gebildet wird: „Schwarz" - „Weiß" - „Aluminium".
Ein scharfkantiges Objekt, geformt aus zwei klar ablesbaren, versetzten Kuben – schwarz verputztes Mauerwerk, das in der Sonne irritierend flimmert und schimmert. Schwarz steht in einer Synergie zum „Moor", zu alten verwitterten Stadeln und Scheunen aus Holz – einem bestimmenden Element der eingangs erwähnten vorhandenen Geographie.

In der obersten Ebene ist das ehemalige Satteldach gewichen und springt das Objekt nun zurück, einem Penthouse gleich. Ein ganzes Geschoß wird durch Leichtigkeit gekennzeichnet. Im Zurückspringen des obersten Geschoßes gelang dem Architekten eine sinnliche Synthese von Lebensqualität und Raum.

Straßenseitig wurden dem nunmehr schwarzen Baukörper zwei weiß verputzte Quader – „Skulpturenhöfe" – vorgesetzt, quasi als markante Trennungslinie hin zur urbanen Bewegung und Geschäftigkeit der Moosstraße. Sie stehen ein Stück weit für „Geheimnis", verborgen wird das „Wozu" und „Warum". Nur in der Erforschung des „Wieso" könnte geheimes Ideengut gelüftet werden.
Die Rhythmik dieser Würfel im Konnex zum Hauptgebäude gemahnen an klassische Musik, an Ausgleich und Seelenspiel.

vor und nach dem Umbau
before and after the conversion

„Bei diesem Umbau handelt es sich um einen typischen Fall von „vorher/nachher". Denn das Haus [...] muß man auch im ursprünglichen Zustand gekannt haben, um seine architektonische Metamorphose wirklich gebührend schätzen zu können."

Liesbeth Waechter-Böhm, 1998

"This conversion is a typical case of 'before/after'. As one must also have known the house [...] in its original state in order to truly appreciate its architectural metamorphosis."

Liesbeth Waechter-Böhm, 1998

[Di]e letzte Anmerkung betrifft den schwarzen Putz [des] Mauerwerks. Der war für die Anrainer natürlich [ein S]chock. Aber er hat mit der Umgebung etwas zu [tun: ...], dort wird auch Torf gestochen [...], und der [ist b]ekanntlich auch annähernd schwarz. Wimmer hat [diese] Schwärze allerdings gebrochen [...] Er hat dem [Putz] Glimmer beigemengt, und deswegen flimmert [und] schimmert und glitzert das Haus jetzt so. Aber [ganz] ehrlich: Es steht ihm zu."

[Liesb]eth Waechter-Böhm, 1997

[Th]e last remark concerns the black plaster of the [mas]onry. Of course, it was a shock for the neighbours. [But it] has something to do with the surroundings: [...], [peat] is also cut there [...], and as is well known, it is [also] approximately black. Wimmer, however, has [brok]en this blackness [...] He has added mica to the [plast]er, and that is why the house now shimmers and [glea]ms and glitters. But quite honestly: it has got every [right] to."

[Liesb]eth Waechter-Böhm, 1997

Thanks to successful planning and the courage to change against the usual resistance the ugly duckling became a swan.
In a veritable metamorphosis the building on Moosstraße in Salzburg was developed from an everyday house to a building of contemporary architecture: *"A sharp-edged structure formed of staggered cubes and ashlars, whose black brickwork shimmers and glitters irritatingly in the sun"* (L. Waechter-Böhm, 1998).

The striking building with its large openings offers the observer coming from the south a spontaneous insight into the extraordinary formal language of the timeless classical architecture. The unmistakable character and the special conditions inside allow generous visual relations from the ground floor of the studio to the basement. The window front extending over both floors offers a view over a legendary moorland landscape to the historic Untersberg, which borders the Salzburg basin to the south.

A new building composition formed by heterogeneous elements: "black" – "white" – "aluminium".
A sharp-edged object, formed by two clearly legible, offset cubes – black plastered masonry that flickers and shimmers irritatingly in the sun. Black is in synergy with the "moor", with old weather-beaten wooden barns – a defining element of the existing geography mentioned before.

On the top level, the former gable roof gave way and the object now leaps back, like a penthouse. An entire storey is characterised by lightness. The architect succeeded in creating a sensual synthesis of quality of life and space by making the top floor jump back.

On the street side, two white plastered cuboids –"sculpture courtyards" – were placed in front of the now black building, almost as a striking dividing line to the urban movement and bustle of Moosstraße. To a certain extent, they stand for "mystery", the "what for" and "why" are hidden. Only in the exploration of the "why" secret ideas might be revealed.
The rhythm of these cubes in connection with the main building is reminiscent of classical music, of balance and soul play.

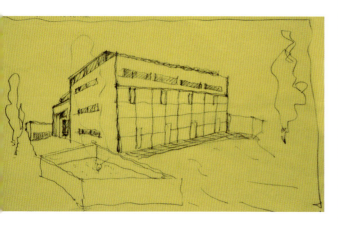

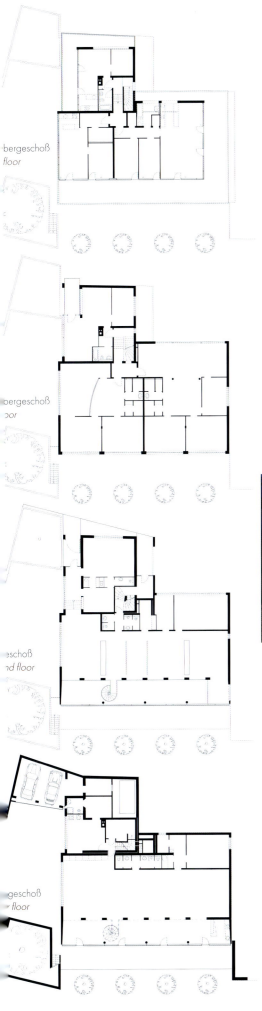

„Birken, Birken, Kiefern und alte Weiden. Schönes braunes Moor, köstliches Braun! Die Kanäle mit den schwarzen Spiegelungen, asphaltschwarz. [...] Ich habe Mitleid mit diesem schönen Stück Erde, seine Bewohner wissen nicht, wie schön es ist."

Paula Modersohn-Becker

"Birches, birches, pines, and old willows. Beautiful brown moor, delicious brown! The canals with the black reflections, asphalt black. [...] I pity this beautiful piece of earth, its inhabitants don't know how beautiful it is."

Paula Modersohn-Becker

„Apropos ideell: Wimmer konnte es sich nicht verkneifen, etwas bei diesem Projekt zu realisieren, was der Bauherr herkömmlichen Zuschnitts so gut wie immer rigoros verweigert. Er hat – wie soll man sagen: sinnlose?, nutzlose?, jedenfalls unverwertbare – Freibereiche geschaffen. [...] Wie wichtig und außergewöhnlich es doch ist, wenn man räumlich einmal auf etwas trifft, was auf keinen vordergründigen, wie pragmatisch auch immer angelegten Zweck ausgerichtet ist! In diesen unseren Zeiten haben wir auf solche Möglichkeiten – und auf deren Qualitäten – fast schon vergessen."

Liesbeth Waechter-Böhm, 1998

"Speaking of idealistic: In this project Wimmer could not resist realising something a conventional building owner almost always rigorously refuses to. He has created – how should one put it: pointless?, useless?, in any case unexploitable – open spaces. [...] And yet, how important and extraordinary it feels to encounter something which is not oriented towards any superficial purpose, however pragmatically conceived! In these our times, we have almost forgotten about such possibilities – and about their qualities."

Liesbeth Waechter-Böhm, 1998

„Man kann dem Architekten Glauben schenken, wenn er berichtet, daß der Instanzenweg durch die verschiedenen Salzburger Magistratsabteilungen mühsam und langwierig gewesen ist. [...] Denn hier war der Architekt sein eigener Bauherr, und in dieser Eigenschaft hat er mit Zähigkeit, Entschlossenheit und Geduld all das erkämpft und erstritten, was ein fremder Auftraggeber an Ansprüchen nur allzu schnell fahren läßt, sobald er erkennt, daß es Schwierigkeiten gibt. Wahrscheinlich ist das Projekt auf Grund dieses speziellen Umstandes so gut gelungen. Es stand jemand dahinter, der nicht nachgegeben hat."

Liesbeth Waechter-Böhm, 1998

"One can believe the architect when he reports that the path of instances through the various magistrate's departments of Salzburg was arduous and protracted. [...] For here the architect was his own client, and in this capacity, with tenacity, determination, and patience, he fought for and won everything an external client would all too quickly abandon as soon as difficulties arose. Probably the project turned out so well because of this special circumstance. There was someone behind it who didn't give in."

Liesbeth Waechter-Böhm, 1998

„...ein [...] Atelier [...], von dem jeder Architekt nur träumen kann..."

Liesbeth Waechter-Böhm, 1997

"...an [...]atelier [...]of the kind most architects can only dream of..."

Liesbeth Waechter-Böhm, 1997

"You may say I'm a dreamer
But I'm not the only one"

"Imagine", John Lennon

Museum Leipzig

Die Idee ist es, strukturell auf die historisch bestehende Struktur mit einer Blockrandbebauung zu reagieren, den historischen Stadtgrundriss den charaktervollen architektonischen Rhythmus der Stadt Leipzig aufzunehmen, das Bauwerk in einer Formensprache zu entwickeln, welcher dem Pulsschlag der Zeit gerecht wird.

Das Museum ist als einfaches, signifikantes Bauwerk mit hoher Flexibilität konzipiert. Form, Proportion und Symmetrie dienen der Funktion des Hauses und erleichtern die für ein Museum wesentliche gute Orientierung.

Die Geradlinigkeit des Innenlebens kommt den Kuratoren des Hauses entgegen, unterstützt diese bei ihrer Arbeit, dem Publikum mit spielerischer Leichtigkeit Wissen zu vermitteln.

The idea is to react to the existing historical structure with a perimeter block development, to take up the historical urban layout and the characteristic architectural rhythm of the city of Leipzig, and to develop the building in a formal language that does justice to the pulse of the times.

The museum is conceived as a simple, significant building with a high degree of flexibility. Form, proportion, and symmetry serve the function of the building and facilitate easy orientation which is essential for a museum.

The straightforwardness of the interior is helpful for the museum's curators, supporting them in their work of imparting knowledge to the public with playful ease.

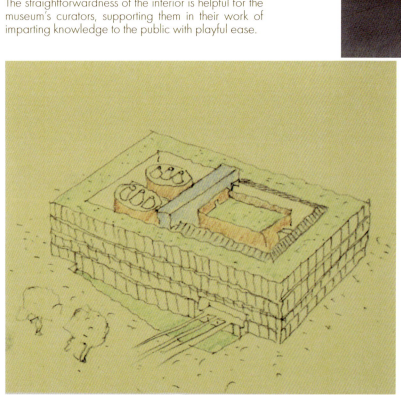

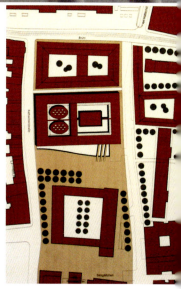

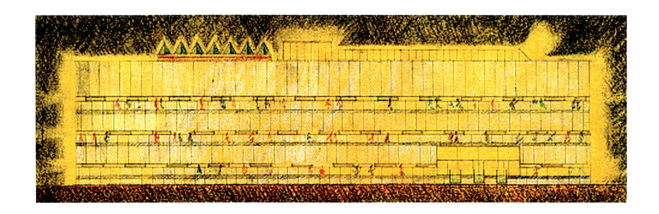

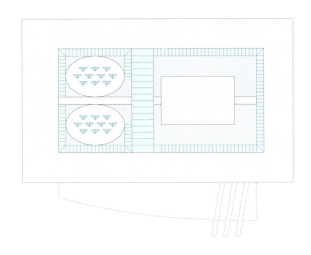

Dachgeschoß
top floor

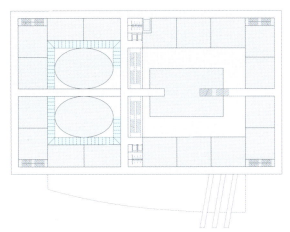

1. Obergeschoß
1st floor

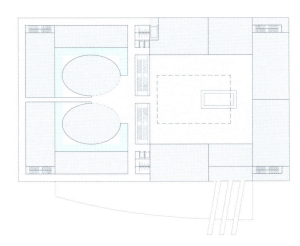

Erdgeschoß
ground floor

„Karl am Sterneck"
Büro- und Geschäftshaus
Schallmoos

Das Projekt liegt in einem städtebaulich ehemals unattraktiven, mittlerweile als Geheimtipp gehandelten Stadtteil an einer stark frequentierten Kreuzung an einer der wesentlichen Ausfallstraßen von Salzburg in Richtung Osten und bildet durch seine selbstbewusste Formensprache einen wesentlichen Ankerpunkt.

Seine Farbe und Kubatur, sein Auftreten und Aussehen, die Situierung und sein Wesen verkörpern gestalterische Kraft und Kreativität. Mit seiner schiefen, geschmeidig geschwungenen Fassade und der Vielzahl geordneter Fensteröffnungen beeindruckt dieser Solitär den Betrachter. Ein ungewöhnlich gestalteter, in sich geschlossener Kubus, der eben durch den raffinierten gestalterischen Trick der Fensteröffnungen höher, bestimmender wirkt und beeindruckt.

Das „rote Haus" sticht ins Auge und verfehlt seine gestaltende Wirkung nicht. Ein Objekt, das Mut zur Farbgestaltung signalisiert und dadurch zur ordnenden Kraft, zum Orientierungspunkt an diesem sensiblen Kreuzungsbereich wird.

Flexibilität und Großräumigkeit in seinem Inneren, aufgeschlossen durch ein bemerkenswert großzügiges Stiegenhaus, werden den Anforderungen, des Bürolebens gerecht – auf eine Weise, die etwas von der Leichtigkeit des Seins vermittelt.

„[...] städteräumliche Präsenz kann man dem Bauwerk nicht absprechen. Und das obwohl sich in Sichtverbindung, praktisch vis-à-vis davon, ein gewaltiger Bürohauskomplex [...] befindet, [...]. Verglichen damit ist Wimmers Sprache zwar aus einem sensibleren Wortschatz gefügt, aber eine gewisse Kraft muß man seinem architektonischen Satzbau am Ende auch attestieren."

Liesbeth Waechter-Böhm, 1997

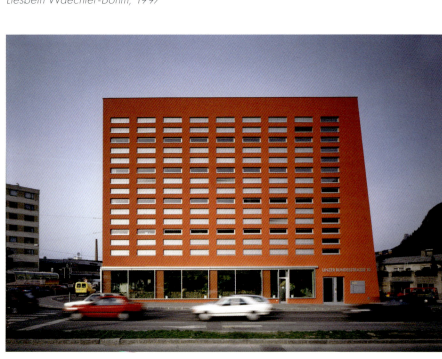

The project is located in a formerly unattractive urban district of Salzburg now considered an insider's tip, at a busy intersection on one of the main arterial roads towards the east, its self-confident design language forming a significant anchor point.

Its colour and its volume, its stature and its appearance, its position and its nature are of an impressive creative power. With its sloping, smoothly curved façade and the multitude of orderly window openings, this solitaire impresses the observer. A cube, rather unconventionally planned, resting in itself, looking even higher, more authoritative and impressive due to the design trick of the window openings.

Naturally, the "red house" catches one's eye and does not fail to also have a formative effect. An object signalling courage in colour design and therefore becoming a regulatory force, a point of orientation at this sensitive and busy intersection.

Flexibility and spaciousness in its interior, opened up by a remarkably generous staircase meet the demands of office life and yet convey a lightness of being.

"One cannot deny the building's urban presence – even though practically directly opposite and visually linked, there is a massive office complex [...]. In comparison Wimmer's architectural language is based on a more sensitive vocabulary, although one must ascribe his architectural phraseology a certain strength."

Liesbeth Waechter-Böhm, 1997

Seniorenresidenz „Mirabell" und Innenraumgestaltung Andräviertel

Das Gebäude in der *Auerspergstraße 14* ist Teil eines Blocks gründerzeitlicher Stadterweiterung, das im Rahmen einer groß angelegten Revitalisierung der Blockverbauung saniert und den zeitgemäßen Anforderungen angepasst wurde. Durch die im Anschluss gelegene Seniorenresidenz Mirabell wird das Bauvolumen in einer großzügigen Geste an sein ursprüngliches, herrschaftliches Flair herangeführt.

Die wesentliche Veränderung betrifft aber die Hofseite. Ein ehemals undefinierbarer „Restraum" mit schäbigen Winkeln wurde ideenreich zum Erlebnisraum umgeformt.

Die bestehende Baumasse im Innenhof erfährt Ergänzung durch sich darüber aufbauende Wintergärten, erweiterter Wohnraum, der die Lebensqualität hebt und Licht bis tief in die Wohnungen leitet.

Das Haus *Auerspergstraße 16* / Ecke Franz-Josef-Straße war ein Zeitzeuge des späten Historismus, welcher in den 1970er Jahren unvorteilhaft, dem damaligen Zeitgeist entsprechend, umgebaut wurde.

Der Architekt orientierte sich an der bestehenden Fassade und entwickelte eine Struktur, die sowohl formaler Ästhetik als auch den Anforderungen einer Seniorenresidenz entspricht. Das Raumprogramm, die Farbgebung, die hochwertigen Materialien innen und außen entwickeln miteinander eine Formensprache der Behaglichkeit und Sicherheit. Diese für die Bewohner wichtigen Dinge werden von der Architektur an vielen Details sichtbar, erlebbar gemacht.

Die überaus sensible Entwicklung des Lebensraumes im Innenhof zeigt, dass der Planer auch die Rückseite des Gebäudes als Fassade begreift. Der konkave Schwung der Stahl-Glas-Konstruktion geht eine Symbiose mit der Massivbauweise des Erdgeschoßes ein.

In seinem Inneren bietet sich das Bild eines modernen, gepflegten und freudvollen Wohnens für Menschen im gehobenen Alter. Dem Anspruch nach Privatsphäre wie auch dem Wunsch nach Geborgenheit und Lebenserleichterung wurde durch eine Art von Stadtreparatur entsprochen, die zur Aufwertung des umliegenden Stadtquartiers beiträgt.

„Die von Arch. Wimmer vorgelegte Planung stellt eine Neuinterpretation des Gebäudes dar und wäre somit die erste Maßnahme in der Geschichte der Adaptierungen desselben, welche über bloße Nutzungsänderungen und den damit verbundenen bautechnischen Folgen hinausgeht."

„Die einschneidendsten Veränderungen betreffen aber die Hofseite. [...] wird dadurch, daß der Planer auch die Rückseite des Gebäudes als Fassade begreift, [...] der ganzen Situation Qualität zugesprochen, eine, die sie bislang nicht besaß."

Roman Höllbacher zu Auerspergstraße 16

"The planning submitted by Arch. Wimmer represents a new interpretation of the building and therefore would be the first measure in the history of its adaptations which goes beyond mere changes of use and the technical consequences associated with it."

"The most drastic changes, however, concern the courtyard side. [...] the fact that the planner also sees the back of the building as a façade provides it, and thus the whole situation, with a quality it did not possess before."

Roman Höllbacher on Auerspergstraße 16

Aufenthaltsraum im 1. Obergeschoß
lounge 1st floor

Empfang im Erdgeschoß
reception ground floor

Speiseraum im Erdgeschoß
dining room ground floor

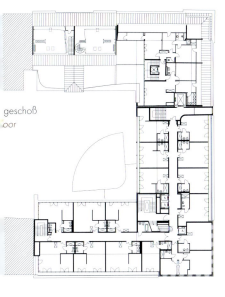

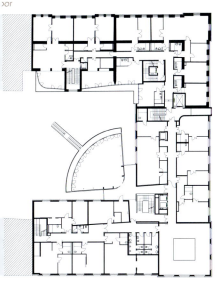

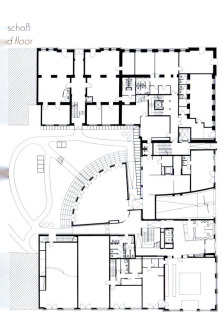

The building *Auerspergstraße 14* is part of a block of urban development of the "Gründerzeit", which has been adapted to contemporary requirements in the course of a major effort of revitalisation. It is connected with Auerspergstraße 16 housing the residence for the elderly "Mirabell". Therefore, the enhanced volume of the block brings back some of its original stately, manorial flair.

However, the main changes were made on the courtyard side. A formerly indefinable "residual space" with shabby angles was skilfully transformed into a whole new experience.

The existing building mass in the inner courtyard is supplemented by conservatories built on top of it, an extended living space that enhances the quality of life and directs light deep into the flats.

The house at *Auerspergstraße 16* on the corner of Franz-Josef-Straße had been a witness to the late historicism and had been unflatteringly rebuilt in the 1970s.

The architect took the existing facade into consideration and developed a structure which now meets both formal aesthetics and the requirements of a residence for the elderly. The room programme, the colour scheme, the high-quality materials inside and outside develop a formal language of comfort and safety. These points are essential for the residents and can be experienced in many architectural details.

The extremely sensitive development of the living space in the inner courtyard shows that the planner also understands the back of the building as a façade. The concave curve of the steel and glass construction forms a symbiosis with the solid construction of the ground floor.

The interior of the building gives the impressions of a modern well-cared-for and pleasing living space for elderly people. The demand for privacy as well as the desire for security and ease of living was met by a kind of urban repair which contributes to the upgrading of the surrounding neighbourhood.

Bade-und Sportbereich
bath and sports area

Wellness, Sport- und Gymnastikraum
spa and gym

Andachtsraum
prayer room

Wohnen im Dachgeschoß Auerspergstraße 14
living on the top of Auerspergstraße 14

Wohnen im Turm Franz-Josef-Straße
living in the tower Franz-Josef-Straße

„...die flachere, ruhig strukturierte Fassade
t gegenüber dem Bestand eine deutliche Ver-
serung dar und die vorgeschlagenen Maßnah-
n könnten sogar als beispielgebende Lösung für
liche Fälle angesehen werden."

„Im Sinne des [...] Bautechnikgesetzes kann
o festgestellt werden, daß [...] eine Baustruktur aus
Gründerzeit mit niederer architektonischer Qualiät
einer deutlichen Verschönerung [...] im Geiste heu-
r Stadtreparatur zugeführt wird."

„Der eingereichte Entwurf verspricht im
e einer kleinteiligen Quartiersanierung ein durch-
positiver Beitrag zu werden..."

drich Achleitner zu Auerspergstraße 14, 1990

"....the flatter, calmly structured façade con-
tes a clear improvement of the existing building
d the proposed measures could even serve as an
mplary solution for similar cases".

"In regard of the [...] laws on construction
nology, it can thus be stated that [...] a building
cture from the Gründerzeit with low architectural
lity [...] is given a clear embellishment [...] in the
t of today's urban repair."

"The draft submitted promises to become a
e positive contribution in the sense of a small-scale
rter redevelopment..."

drich Achleitner on Auerspergstraße 14, 1990

Weil immer weitere Teile des städtischen Lebens zu Nichtraucherbereichen werden, war auch eine Strukturänderung des in einem Teil des Erdgeschoßes der Seniorenresidenz gelegenen Cafés Fingerlos vonnöten. Durch Freiwerden angrenzender Räume wurde nicht nur der Nichtraucherbereich vergrößert, sondern auch die Küche verlegt, vergrößert und der aktuellen Arbeitsphilosophie entsprechend umgebaut. Kräftiges Orange strahlt vom abgehängten Plafond im Nichtraucherbereich, welches in starkem Kontrast zum in schwarz gehaltenen Deckenabschluss steht. Farblich abgerundet wirkt der Raum durch die blauen Sitzbänke.

Eine neue Kaffeehausatmosphäre, welche dem klassischen Wiener Kaffeehaus ein neues, zeitgemäßes Gesicht verleiht!

Rethinking our present living situation towards non-smoking has also asked for a structural change of the café Fingerlos located in a part of the ground floor of the Mirabell residence. As adjacent rooms became available, not only the non-smoking area was enlarged but also the kitchen was relocated, enlarged and rebuilt in order to match a modern working philosophy. Vigorous orange colour illuminates the non-smoking area from the suspended ceiling, which stands in stark contrast to the black ceiling finish. Finally, the room is rounded off by blue benches.

The traditional Viennese coffee house has been given a whole new face, modern and up to date.

Salzachstadion Salzburg

Dem Projekt liegt die Idee zugrunde, geforderte unterschiedliche Funktionen in Körper und Form zu reduzieren, um die Prägnanz und Wirkung eines Stadions zu erhöhen. Eine „Plattform" als Sockel für die „Stadionschüssel" entspricht dieser Gestaltungsidee.

Durch die Konzeption eines klaren, signifikanten Baukörpers entsteht ein markantes Zeichen mit dem sprichwörtlichen Wow-Effekt am nördlichen Stadtrand Salzburgs. Die Einfachheit und Übersichtlichkeit des vorgeschlagenen Bauwerkes erleichtern die Orientierung für die Zuschauer, erhöhen die Flexibilität für die unterschiedlichsten Anforderungen der Sportwelt.

Auf einer rechteckigen Plattform ruht das eigentliche Stadion, ein dynamischer aufschwingender Körper, die Überhöhung der Dachlängsseiten bringen den zusätzlichen positiven Aspekt einer besseren Stadionbelüftung und zeugen von der dem Sport innewohnenden Kraft. Der Sockel beinhaltet auf einer Ebene das Parkdeck, sowie in direkter Zuordnung zum Stadion erforderliche Nebenräume wie Umkleiden, Massage- und Aufwärmräume, Räume für Schiedsrichter, Medien und Presse etc.

Auf dem Sockel sind pavillonartig WC-Anlagen und Shops platziert. Die Außenhaut des Sockels besteht im Norden aus transparentem und transluzentem Glas. Die Weiterführung des Materials liegt im darüber konstruierten Membrandach der Stadionschüssel, welches mit seiner Lichtdurchlässigkeit und seinem leichten Erscheinungsbild einen wesentlichen Beitrag zu einer positiven Atmosphäre bei den Veranstaltungen bildet.

Die Form des Stadions ist so gewählt, dass eine möglichst hohe Anzahl von Sitzplätzen mit guten Sichtverhältnissen auf das Spielfeld erzielt werden kann, bis hin zu temporären Erweiterungen auf insgesamt 30.000 Besucher im Rahmen einer Großveranstaltung.

Das organisatorische „Rundherum" einer Veranstaltung spielt eine wesentliche Rolle, in kurzer Zeit muss einem großen Verkehrsfluss besondere Aufmerksamkeit abverlangt werden. Die großräumig um den Stadionbereich begonnene Entflechtung von PKW-, Radfahrer- und Fußgängerverkehr gewährleistet eine reibungsfreie Abwicklung und Organisation.

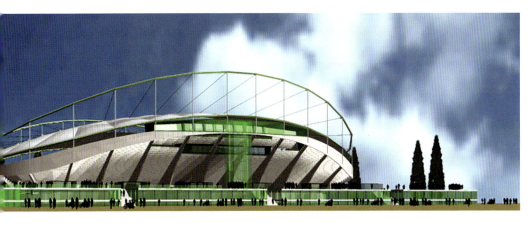

The project is based on the idea of reducing the required different functions in body and form in order to increase the conciseness and effect of a stadium. A "platform" as a base for the "stadium bowl" corresponds to this design idea.

The concept of a clear, significant structure creates a striking landmark with the proverbial wow-effect on the northern outskirts of Salzburg. The simplicity and clarity of the proposed structure make it easier for spectators to find their way around and increase flexibility to meet the diverse requirements of the sports world.

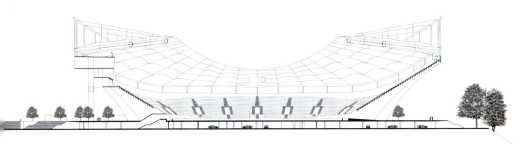

The actual stadium rests on a rectangular platform, a dynamic, upward-swinging body, the elevation of the long sides of the roof brings the additional positive aspect of better stadium ventilation and testifies to the inherent power of sport. The base contains the parking deck on one level, as well as the ancillary rooms required in direct relation to the stadium, such as changing rooms, massage and warm-up rooms, rooms for referees, the media and the press, etc.

Restroom facilities and shops in the form of pavilions are placed on the base. The outer skin of the base consists of transparent and translucent glass in the north. The material is continued in the membrane roof of the stadium bowl constructed above it, which with its translucency and light appearance makes a significant contribution to a positive atmosphere at the events.

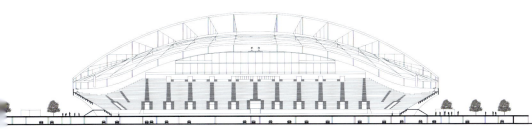

The shape of the stadium has been chosen to achieve the highest possible number of seats with a good view of the pitch, up to and including temporary expansions to a total of 30,000 visitors as part of a major event.

The organisational "all-round" aspects of an event play an essential role; special attention must be paid to a large flow of traffic in a short period of time. The large-scale disentanglement of cars, cyclists and pedestrians around the stadium area guarantees smooth handling and organisation.

Landestheater im Berg | Linz

Die ganze Stadt ist Bühne. Dies war der Gestaltungsgrundgedanke des Architekten. Der Blick zur Donau soll ins Geschehen eingebunden werden, das fließende Gewässer hör- und sichtbar sein, das Theatererleben soll durch die Kraft der Natur sinnlich erhöht werden.

Der Neubau ergänzt die parallel zum Ufer stehenden Gebäude. Eine „steinerne" Fassade vermittelt zwischen bestehender Bebauung und anschließendem Felsen.
Der Körper des Foyers ist als gänzlich gläserner Quader konzipiert, der aus dem Massiv des Felsens herausragt. Die Brückenkonstruktion dieses Bauteils ist an alle fünf Oberflächen mit Glas verkleidet, das in der Nacht hinterleuchtet wird.

Das Foyer, welches das Theater nach außen darstellt, verbindet dieses mit der Donau. Die Bereiche vor dem Saal umfassen Erschließungszonen, die nahtlos in die – bis an die Donau reichenden – Wandelhallen übergehen. Über eine Schiffsanlegestelle werden Besucher auch direkt ins Haus geführt.

Das in hellen Farben gehaltene Foyer kontrastiert mit dem Zuschauerraum, der seine Geschlossenheit und Ausrichtung auf die Bühne auch durch eine gedämpfte Farbgebung widerspiegelt. Der Zuschauerraum, mit seinen kompakten Abmessungen, gewährleistet optimale Hör- und Sehverhältnisse auf allen Plätzen. Durch die geringe Entfernung der Zuschauer zur Bühne, kann das Bühnengeschehen intensiver erfahren werden.

The whole city is a stage. This was the architect's basic design idea. The view to the Danube is supposed to be integrated into the action, the flowing water should be audible and visible, the theatre experience should be sensually heightened by the power of nature.

The new building complements the buildings parallel to the riverbank. A "stone" façade mediates between the existing buildings and the adjacent rock.
The body of the foyer is conceived as an all-glass cuboid protruding from the massif of the rock. The bridge structure of this component is clad in glass on all five surfaces, which is backlit at night.

The foyer, which represents the theatre to the outside, connects it with the Danube. The areas in front of the auditorium comprise access zones merging seamlessly into strolling areas, which extend all the way to the Danube. Visitors are also led directly into the building via a landing stage.

The light-coloured foyer contrasts with the auditorium, which also reflects its unity and orientation towards the stage through a muted colour scheme. The auditorium, with its compact dimensions, ensures optimum listening and viewing conditions for all seats. The short distance between the audience and the stage ensures a more intensive theatre experience.

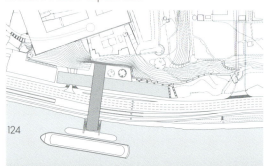

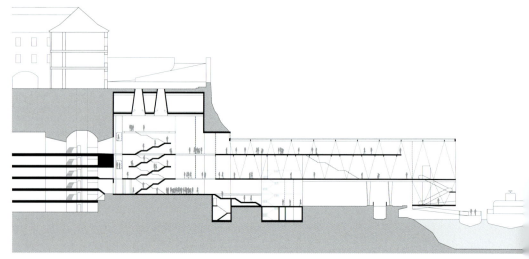

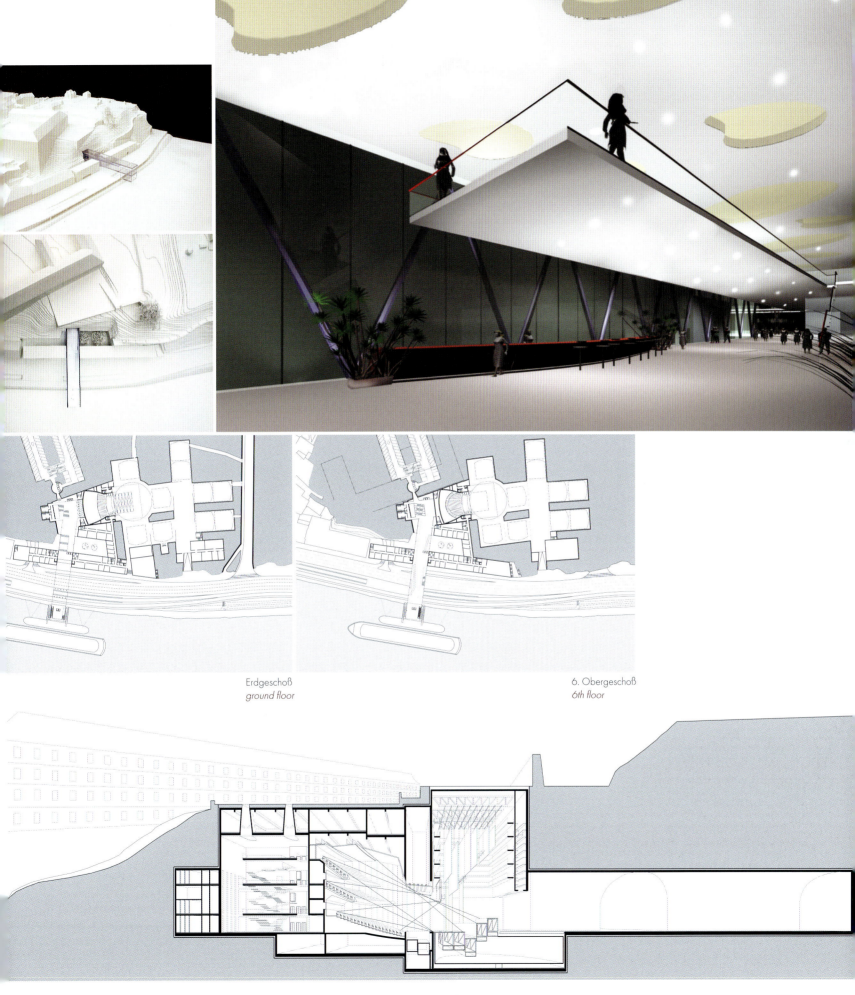

Erdgeschoß
ground floor

6. Obergeschoß
6th floor

Wohnbebauung Herrnau

Bewährtes weiter entwickeln, eine homogene Reifung des Gegebenen war der kreative Ansatz bei der Planung. Dem Architekten ist es nicht darum gegangen das Rad neu zu erfinden, alleine durch das städtebauliche Umfeld griff er die Bauweise der bestehenden Wohnblöcke auf, entwickelte den Baukörper, welcher an die Philosophie der Werkbundsiedlung erinnert, weiter.
Das fünfgeschoßige Gebäude mit 48 Wohnungen hat die Form eines langgestreckten Quaders.

Im Gegensatz zur glatten Ostfassade mit den eleganten Bandfenstern besticht die Westfassade durch eine Aneinanderreihung von vertikalen Blöcken. Diese signifikante Schottenstruktur wird dem Anspruch des modernen Wohnbaus auf qualitätsvolles und gleichwertiges Wohnen gerecht und führt zu durchgespannten, ost-/westgerichteten Grundrissen. Das Zweispännerprinzip als Erschließungstyp erlaubt größtmögliche Variabilität der Wohnform.
Die beiden obersten Geschoße beinhalten große Maisonette-Typen, denen Terrassen in den Baukörpereinschnitten und am Dach zugeordnet sind.

Trotz der Größe des Quartiers wurde eine Niveauerhöhung der gemeinsamen Grünflächen mit Obstgarten vor dem Haus geplant. So schuf der Architekt einen bemerkenswert intimen Charakter, eine Schnittstelle zwischen Privatem und Öffentlichem.

The creative approach to planning was to further develop the tried and tested, a homogenous maturation of the existing. Reinventing the wheel was not what the architect was concerned with. The urban environment alone meant that he took up the construction method of the existing apartment blocks and further developed the structure, which is reminiscent of the philosophy of the "Werkbundsiedlung".
The five-storey building with 48 flats has the shape of an elongated quader stone.

In contrast to the smooth east façade with its elegant ribbon windows, the west façade captivates with a juxtaposition of vertical blocks. This significant crosswall structure does justice to modern housing's demand for quality and equal living and leads to interspersed, east/west-oriented floor plans. The two-partition principle allows for the greatest possible variability of the type of accommodation.
The two uppermost storeys contain large maisonettes with assigned terraces in the building cut-outs and on the roof.

Despite the size of the neighbourhood, an elevation of the common green spaces with an orchard in front of the house was planned. By doing so the architect created a remarkably intimate character, an interface between the private and the public.

Westen
west

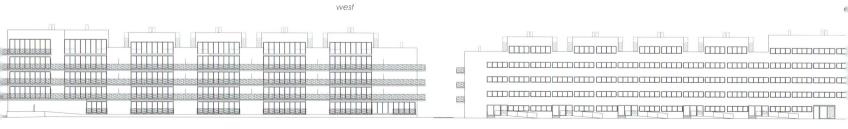

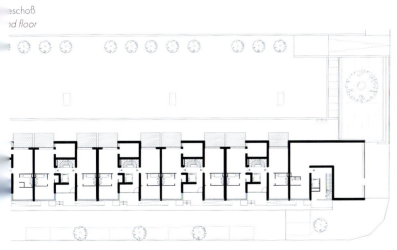

„Camerata Academica"
Konzerthaus | Leopoldskron

Mitten im Grünland befindet sich ein überaus interessantes Objekt – alt, renovierungsbedürftig, aber kraft der gestalterischen Handschrift vorangegangener Generationen von Baumeistern erhaltenswert, zentral gelegen und gut als Veranstaltungsort geeignet.

„Das Neue im Alten" ist Basis der Projektierung und bildet einen adäquaten Rahmen für das Haus der Musik der „Camerata Academica". Die neue Nutzung in Kombination von heutiger Architektur mit alter Bausubstanz unterstreicht den inhaltlichen Anspruch dieser musikalischen Kultureinrichtung, Modernes und Traditionelles mit hohem Wert bilden eine gelungene Symbiose von Musik und Architektur.

Die Renovation des nördlichen Traktes und der Einbau von Foyer und Proben- bzw. Veranstaltungssaal in den südlichen Trakt anstelle von Stall und Tenne, bilden die zwei wesentlichen Elemente für die Revitalisierung des Jahrhunderte alten Gebäudes.

Für die Nutzung der Räumlichkeiten des nördlichen Bestandes wird das „Camerata Bistro" als gastronomische Einrichtung entwickelt. Ein Treffpunkt nicht nur für Musiker, sondern ein Ort, der belebt, Horizonte erweitert, bereichert und beflügelt.
Über dem Haupteingang ist im Nahbereich von Proben- und Konzertsaal das Foyer gedacht, ein lichtdurchfluteter Raum bis hin zu den Schrägen des Daches. Eine Halle mit einer Galerie, die den Rang des Konzertsaales erschließt, mit einer darüber liegenden, verbindenden Brücke erzeugen Spannung und Dynamik, verleihen dem Raum besondere Attraktivität. Öffentlichkeit und Transparenz, die Wechselbeziehung von Innenraum und Außenraum werden durch Auflösung der Außenhaut des Probe- und Konzertsaales vermittelt. Durch transparente und transluzente Glasflächen mit außenliegenden starren und flexiblen Holzlamellen wird der Saal begrenzt.

In the middle of Salburg's green belt there is an extremely interesting building – old, in need of renovation, but worthy of preservation thanks to the creative handwriting of previous generations of master builders, centrally located, and well suited as a venue for events.

"The new in the old" is the basis of the project planning and forms an adequate framework for the House of Music of the "Camerata Academica". The new use in combination of today's architecture with old building fabric underlines the content-related claim of this musical cultural institution, modern and traditional with high value form a successful symbiosis of music and architecture.

The renovation of the northern wing and the installation of a foyer and rehearsal or event hall in the southern wing instead of the stable and threshing floor are the two essential elements for the revitalisation of the centuries-old building.

The "Camerata Bistro" is being developed as a gastronomic facility for the use of the rooms in the northern part of the building. A meeting place not only for musicians but a place that enlivens, broadens horizons, enriches, and inspires.

Above the main entrance, in the vicinity of the rehearsal and concert hall, the foyer is conceived, a space flooded with light up to the slopes of the roof. A hall with a gallery that opens up the concert hall, with a connecting bridge above it, creates tension and dynamism and decorates the space with a special attractiveness.

Publicity and transparency, the interrelation of interior and exterior space is conveyed by dissolving the outer skin of the rehearsal and concert hall. The hall is limited by transparent and translucent glass surfaces with rigid and flexible wooden slats on the outside.

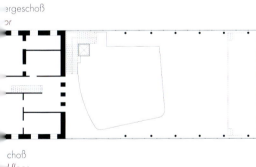

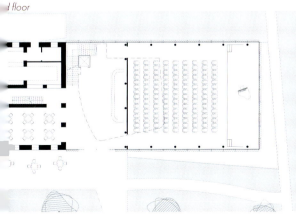

Stadion Wals

Unter dem elegant ausschwingenden Dach werden sämtliche Baukörper untergebracht. Dabei sind die einzelnen Teile als Solitäre zu sehen, wobei das Stadion einen von oben ausgehöhlten Körper bildet, während die beiden anderen, kleineren Volumina geschlossen sind. Über den einzelnen Körpern, die optisch über dem Boden schweben, liegt gleichsam schwerelos das Dach.

Das Stadion ist so konzipiert, dass die Tribünen in der Höhenstaffelung zweigeteilt sind, wodurch der freie Durchblick durch die gesamte Anlage erhalten bleibt und so die Transparenz und die beschwingte Leichtigkeit des Erscheinungsbildes unterstreicht.

Auf der Westtribüne sind die Reporterplätze und ganz oben die Sky-Boxes angeordnet. Diese sind direkt mit dem VIP-Club verbunden. Von hier eröffnet sich den Gästen ein großartiger Blick über den Schlosspark und das Schloss Kleßheim.

Das Spielfeld der Mehrzweckhalle ist gegenüber der Eingangsebene um ein Geschoß tiefer gesetzt, wodurch der Zugang aus den Spielergarderoben direkt auf die Spielfläche möglich ist. Die Tribünen beginnen daher mit dem Eingangsniveau, wobei je nach Sportart bei Bedarf im unteren Bereich zusätzliche Tribünen aufgestellt werden können.

Der gläserne Zylinder als Metapher für Phantasie und Zauber beinhaltet den Foyer- und Publikumsbereich und führt in die unter Niveau liegenden Schaubereiche, in die Zauberwelt des Sports und bringt so dem Betrachter das Faszinosum der fließenden Bewegung nahe.

The various parts of the structure are all housed under the elegantly sweeping roof. The individual parts can be seen as solitaires, with the stadium forming a body hollowed out from above, while the other two, smaller volumes are closed. The roof lies weightlessly, as it were, above the individual bodies, which visually float above the ground.

The stadium is designed in such a way that the stands are divided into two in terms of height, thus maintaining a free view through the entire complex and underlining the transparency and the buoyant lightness of the appearance.

The reporters' seats are located on the west stand and the sky boxes at the very top. These are directly connected to the VIP club. From here, guests can enjoy a magnificent view of the "Schloss Kleßheim" and its palace gardens.

The playing field of the multi-purpose hall is set lower than the entrance level by one storey, allowing access from the players' dressing rooms directly onto the playing field. The stands therefore start at entrance level, although additional stands can be erected in the lower area if required.

The glass cylinder as a metaphor for fantasy and magic contains the foyer and audience area and leads into the show areas below level, into the magical world of sports, thus bringing the fascination of flowing movement closer to the viewer.

Ebene 00
ground level

Ebene 01
1st level

Ebene 02
2nd level

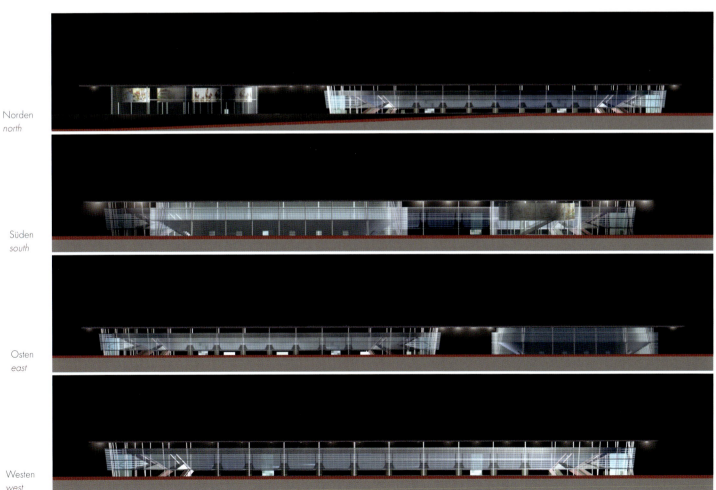

Norden
north

Süden
south

Osten
east

Westen
west

Hauptbahnhof Salzburg

Der Hauptbahnhof in Salzburg ist eine wichtige Verkehrsdrehscheibe, ein Zentrum des Pulsschlages der täglichen Ereignisse. Ein Kommen und Gehen. Durch die Verknüpfung von Fern- und Nahverkehr durch Bahn, Lokalbahn und Busse, ist die Entwicklung des Bahnhofs zu einem multifunktionalen Zentrum nur eine logische Konsequenz.

Der Bereich Lastenstraße ist als wichtiger Magnetbereich der unterirdischen Passage zu verstehen. Durch ihn wird die Attraktivität dieses Verbindungselementes entscheidend bestimmt. Für diesen Bereich ist ein Kino-Center, eine Diskothek im Untergeschoß, ein Fast-Food-Restaurant, ein Fitnesscenter und ein Parkdeck mit 612 Stellplätzen geplant.

An der Rainerstraße, die den Bahnhof mit der Stadt verbindet, ist eine die Gleise begleitende Bebauung angedacht, die auf drei Ebenen Geschäftsflächen beinhaltet. An der Kreuzung der Rainerstraße mit der Saint-Julien-Straße ist der ideale Standort für ein IMAX-Kino.

Für den zentralen Bereich des Bahnhofs bietet sich eine Hochhausbebauung als attraktive Möglichkeit an. Durch eine direkte Anbindung an die Passage können die Ebenen im Hochhaus bequem erreicht werden. Der Mittelbahnsteig wird zum zentralen Fernverkenrsbahnsteig ausgebaut. Um hier den Komfort der Passagiere auf höchstmöglichem Niveau sicherzustellen, ist eine „VIP-Lounge" angedacht, welche direkt aus der Passage, dem Kundenzentrum und natürlich vom Bahnsteig erreicht werden kann.

Salzburg's main railway station is an important transport hub, a place of constant coming and going at the centre of the pulse of daily life. By linking long-distance and local transport by train, local train and bus, the development of the station into a multifunctional centre is only a logical consequence.

The Lastenstraße area is to be understood as an important magnetic area of the underground passage also decisively dictating the attractiveness of this connecting element. It contains a cinema centre, a discotheque in the basement, a fast-food restaurant, a fitness centre, and a parking deck with 612 parking spaces.

On Rainerstraße, connecting the railway station with the city, a development along the tracks, which contains commercial space on three levels, is drafted. The intersection of Rainerstraße and Saint-Julien-Straße would be the ideal location for an IMAX cinema.

High-rise development serves as an attractive option for the central area of the station. The levels in the high-rise building can easily be reached by a direct connection to the passage. The central platform is expanded into the central long-distance platform. In order to ensure the highest possible level of comfort for passengers, a "VIP lounge" is designed here, which can be reached directly from the passage, the customer centre and, of course, from the platform.

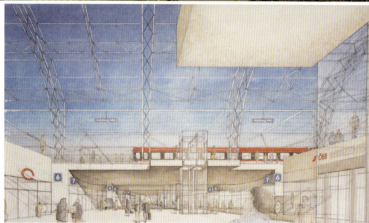

Eingangshalle
entrance hall

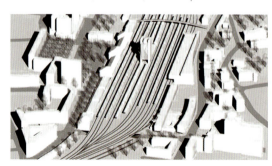

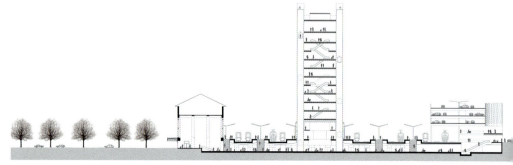

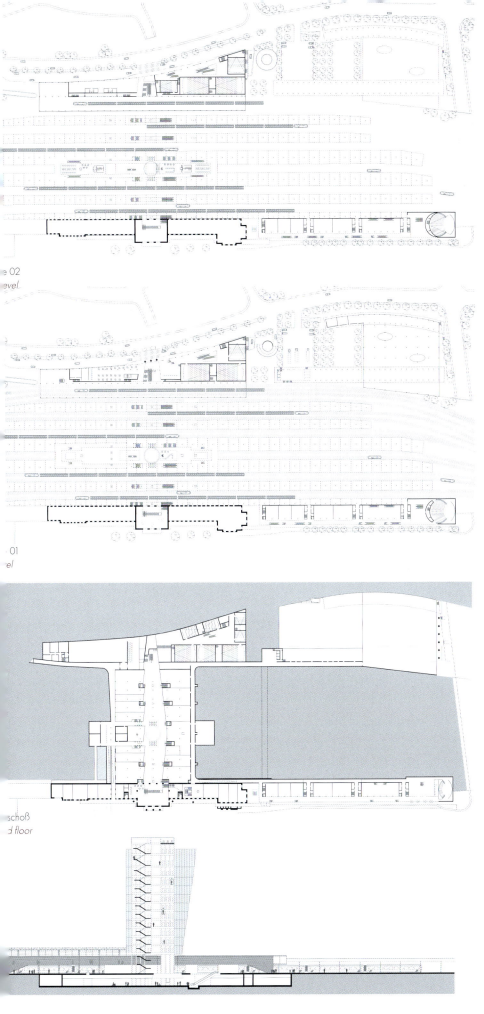

Wohngebäude Parsch

Die vorhandene heterogene Baustruktur der umgebenden Bauten bedingt einen ruhigen Gegenpol, einen optischen Ausgleich mit zeitgemäßem architektonischem Akzent. Die wenigen wertvollen Bestandsbauten bedürfen einer Ergänzung, einer Unterstützung, um gesichtslosen und unbedachten Baumassen der Vergangenheit entgegenzutreten. Der mangelnden städtischen Qualität, welche einer vergangenen Wohnungsnot geschuldet ist, wird durch initiative und visionäre Erweiterung entgegengetreten.

Die Grundform des Baukörpers ist der Kubus – in sich ruhend, abgeschlossen. Die Fassade erscheint strukturiert und homogen, klar definierte Öffnungen und Fassadenelemente ergänzen einander und folgen einer ausgewogenen Gestaltungsform.

Spannend und zugleich wohltuend überraschend ist das innen liegende Atrium – vom Licht durchflutet und kommunikativ. Erstarrtes Stadtleben findet hier den Platz für interfamiliäre Begegnungen. Innenbereiche, die einladen zum Dialog, zum Gemeinsamen, zum Miteinander, jedoch den notwendigen Abstand gewähren und Privatsphäre eindeutig definieren.

Dem notwendigen Gefüge des Stadtlebens wird hier auf intim überschaubaren Raum einleuchtend entsprochen.

The existing heterogeneous building structure of the surrounding buildings requires a calm counterpart, a visual balance with a contemporary architectural accent. The few valuable existing buildings require an addition, a support, in order to counteract the faceless and inconsiderate building masses of the past. The lack of urban quality, which is due to a past housing shortage, is countered by initiative and visionary expansion.

The basic form of the building is the cube – resting within itself and closed off. The façade appears structured and homogeneous, clearly defined openings and façade elements complement each other and follow a balanced design form.

The interior atrium is both exciting and pleasantly surprising – flooded with light and communicative. Here, rigid city life finds a place for family encounters. Interior areas inviting dialogue, communion, togetherness, yet granting the necessary distance and clearly defining privacy.

Within this intimately manageable space the necessary structure of city life is met in a clear and evident way.

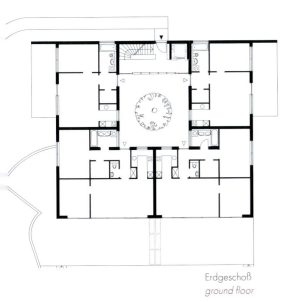
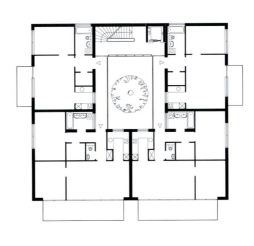
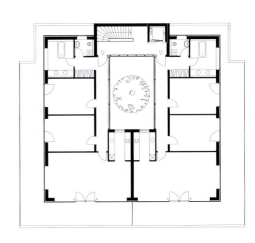

Erdgeschoß
ground floor

1. Obergeschoß
1st floor

Dachgeschoß
top floor

Wohngebäude „Max an der Glan"

Der Standort des Objektes lässt im ersten Moment keine große Freude aufkommen.
Das Grundstück liegt in einer heterogenen und strukturlosen Umgebung, wobei verschiedene Projektierungen allerdings eine Tendenz zur Hebung des Stadtteils erkennen lassen.

Das Projekt ist charakterisiert durch eine notwendige und, damit verbunden, klare Haltung dem Umfeld gegenüber. Die Baukörperstruktur und Fassadengestaltung besitzen eine eindeutige Logik, die sich aus den „Umständen" ergibt: Abschottung und Zurückhaltung, Abweisung der Lärm- und Störquelle auf der Straßenseite, Großzügigkeit und Offenheit auf der Gartenseite.

An der Straßenfassade sind Fensteröffnungen auf das notwendige Minimum beschränkt, die Westfassade hingegen öffnet sich durch großzügige Balkone und Terrassen mit entsprechend groß angelegten raumhohen Fensteröffnungen.
Das Objekt wird durch seine Zweiteilung klar strukturiert. Der Sockelbaukörper besitzt „Basis", Kraft und Selbstbewusstsein. Durch die Farbgebung und Oberflächengestaltung unterscheidet er sich klar von dem penthouseartig aufgesetzten oberen Bauteil. So bilden sie eine wohlproportionierte Synergie. Durch das Zurückspringen und die Gestaltung wird spielerische Leichtigkeit vermittelt, vorhandene notwendige Masse aufgelöst und dem städtischen Duktus entsprochen.

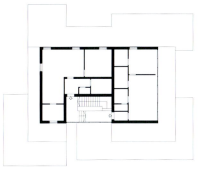

Dachgeschoß
Top floor

Obergeschoß
Upper floor

Erdgeschoß
Ground floor

At first glance, the location of the object does not give rise to much joy.
The property is located in a heterogeneous and structureless environment, although various planning concepts show a tendency to elevate the district.

The project is characterised by a necessary and thus clear attitude towards the surroundings. The structure of the building and the design of the façade have a clear logic resulting from the "circumstances": Seclusion and restraint, rejection of noise and disturbance on the street side, generosity and openness on the garden side.

On the street façade, window openings are limited to the necessary minimum, while the west façade opens up through generous balconies and terraces with correspondingly large floor-to-ceiling window openings. By its division into two parts the building appears clearly structured. The base structure has strength and self-confidence. The colouring and surface design clearly distinguish it from the penthouse-like upper part. Therefore, they do form a well-proportioned synergy. The recess and the design convey a playful lightness, dissolving the existing necessary mass and corresponding to the urban character.

„Haus für Mozart" Festspielhaus

So war es angedacht, das Haus für Mozart im Festspielbezirk zu Salzburg! So wurde dem Projektentwurf von einer internationalen Jury der 1. Preis zugesprochen. Und so wurde er, nach allerlei Machenschaften, die im nichtbeleuchteten Teil des Establishments vereinbart wurden, schließlich doch nicht gebaut. (Im Anhang finden sich dazu einige Pressestimmen, die damals zu ergründen versuchten, wie es geschah, dass nicht der Preisträger mit dem Bau beauftragt wurde.)

Das Festspielhaus in Salzburg muss ein Bauwerk mit besonderer Ausstrahlung sein, dem Ruf des Besonderen und Herausragenden gerecht werden, wie es dem Architekten Clemens Holzmeister gelang. Wie kann man die Symbiose Holzmeisters weiterführen, einen Ort der Musik und des Theaters, Träumens und des Entschwindens von Träumen schaffen, der auch dem Darstellen und Dargestellt-Werden, dem Sehen und Gesehen-Werden Platz bietet? Kurz, die Ausstrahlung zu erhalten und sie dort wieder einzuführen, wo sie von späteren Umbauten verdrängt wurde?

Das Miteinander von Felsenreitschule und Kleinem Festspielhaus auf engem Raum bedingt eine ungünstige Foyersituation. Da es nur durch einen engen Eingang erschlossen wird, der in ein verbautes und schwer zu nutzendes Foyer führt, ist das Entree für Besucher wie Betrachter dem übrigen Haus diametral entgegengesetzt. Dem Geist des Gebäudes folgend sollte die bestehende Raumsituation entrümpelt und – unter Beibehaltung der denkmalgeschützten Fassade – eine klare architektonische Sprache gefunden werden. Es galt, eine dem Großen Festspielhaus angelehnte Erschließungsform zu entwickeln, die den hohen kulturellen Anspruch zu interpretieren und darzustellen vermag. Großzügigkeit, Repräsentanz, Selbstbewusstsein ist bei der Neugestaltung also gefragt, bis hin zur Fassadengestaltung mit neuen großen Öffnungen, die sich gleichrangig neben dem Eingang zum Großen Festspielhaus positionieren. Das Flair des Festspielhauses soll sich auch auf den Max-Reinhard-Platz ausbreiten, eine Raumepisode zwischen Böhmsaal, ebenerdigem Foyer und Außenbereich wird geschaffen.

Die Aufbauten des Großen Festspielhauses werden im Sinne von Clemens Holzmeister weitergeführt, erscheinen in neuem Licht und bereichern das Kleine Festspielhaus mit einer Lounge mit Panoramablick über die Stadt.

Der neue gestaltete Saal ist großzügig, Dimensionen werden verbessert, Tiefe reduziert, die Trennung von Zuschauerbereich und Bühne, Besuchern und Darstellenden verringert. Das Mienenspiel der Akteure, Details des Schauspiels können besser erkannt werden, die Akustik wird optimiert, der Saal des Kleinen Festspielhauses erhält eine neue Dimension.

In diesem Zusammenhang soll auch die Bühnentechnik verbessert werden, und zwar auf eine Weise, die durch ihre Leichtigkeit und Flexibilität besticht. Da ist kein Maschinentheater mehr, das den Blick auf die Akteure verstellt, sondern Variabilität und Veränderbarkeit, wo immer dies möglich ist.

Hofstallgasse

„VIP Lounge"

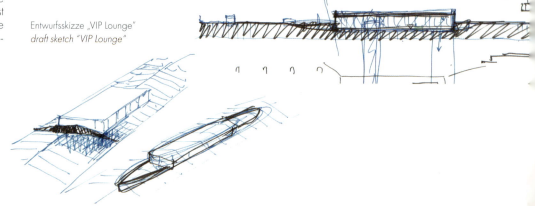

Entwurfsskizze „VIP Lounge"
draft sketch "VIP Lounge"

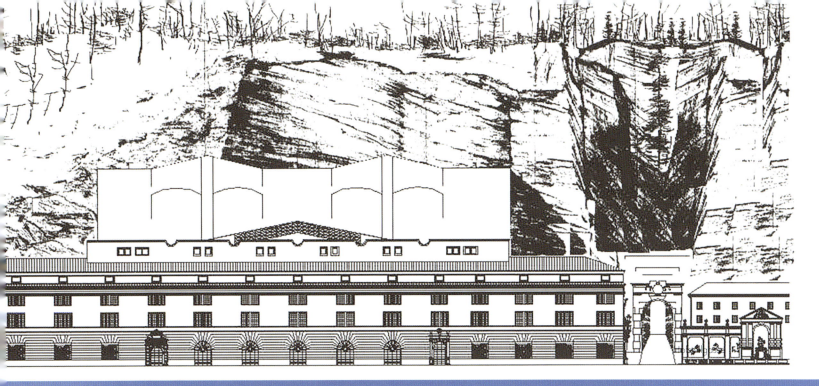

Wandelhalle
foyer

„Der Salzburger Festspielbezirk ist städtebaulich und stadträumlich als ‚gewachsenes Ensemble' zu betrachten, wobei die prägenden Elemente [...] das alte (kleine) Festspielhaus (1926), das Bühnenhaus (1936/37) und schließlich das Große Haus mit vorgelagerten alten Hofstallgebäude darstellen."

Friedrich Achleitner, 2003

"In terms of urban development and urban space, the Salzburg Festival District is to be considered as a 'grown ensemble', its defining elements [...] being the old (small) Festspielhaus (1926), the stage house (1936/37), and finally the Großes Haus with the old court stable building in front of it."

Friedrich Achleitner, 2003

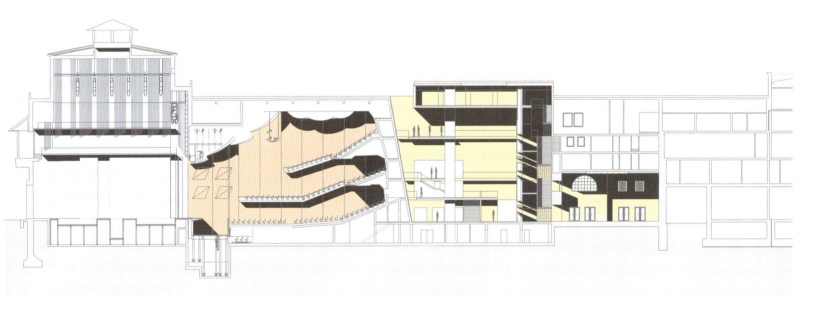

This is how it was conceived, the "House for Mozart" in the festival district of Salzburg. This is how the project draft was awarded the first prize by an international jury. And this is how, after all sorts of ploys and machinations agreed to in the unlit part of the establishment, it was not built in the end. (Some press comments having tried to illuminate the happenings leading to the fact that in the end it was not the prize-winner who was commissioned with the construction are attached additionally.)

The Festspielhaus in Salzburg simply just has to be a building with a special aura doing justice to the call for something special and outstanding, a challenge having been met successfully by Clemens Holzmeister. How can Holzmeister's symbiosis be continued, creating a place of music and theatre, both of dreaming and the disappearance of dreams, yet moreover offering space for performing and being performed, for seeing and being seen? In short, how can the aura be pre-served while reintroducing it, where it has been displaced by later alterations?

The coexistence of the Felsenreitschule and the Kleines Festspielhaus in a confined space creates an unfavourable foyer situation. Accessible solely through a single narrow entrance and leading into a subsequent, spatially unfavourable, obstructed and difficult-to-use foyer, the spaciousness of the rest of the building appears diametrically opposed to the viewer. In keeping with the spirit of the building, the existing spatial situation is to be cleared out and – while retaining the listed façade – a clear architectural language has to be found. The aim was to develop an access based on that of the Großes Festspielhaus, which is capable of interpreting and representing the high cultural standards. Generosity and representativeness are called for, a new self-confidence also is to be created. This includes the façade design with new large openings being positioned on an equal footing with the entrance to the Großes Festspielhaus. The flair of the Festspielhaus should sprawl out to Max-Reinhard-Platz, a spatial episode is to be created between the Böhmsaal, the ground-level foyer, and the outdoor area.
The superstructures of the Großes Festspielhaus are continued in the spirit of Clemens Holzmeister, appearing in a new light and enriching the Kleines Festspielhaus with a lounge providing a panoramic view of the city.
The newly designed hall is spacious, dimensions are improved, depth reduced, the separation of audience area and stage, visitors and performers is diminished. The facial expressions of the actors and details can be recognised better, the acoustics are optimised. The auditorium of the Kleines Festspielhaus is provided with a new dimension.
Stage technology impressing with its lightness and flexibility is also to be improved. There is no more machine theatre obscuring the view of the actors but variability and changeability wherever possible.

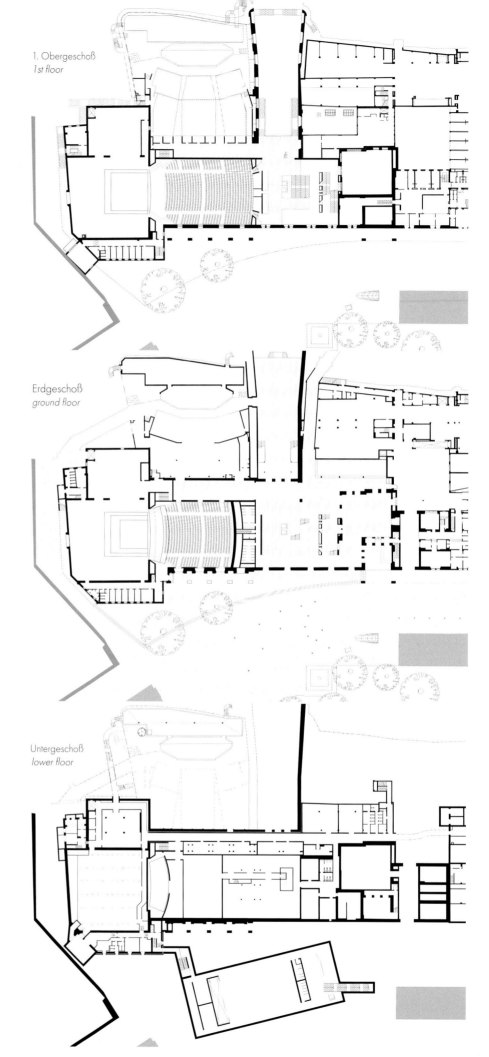

1. Obergeschoß
1st floor

Erdgeschoß
ground floor

Untergeschoß
lower floor

"Lounge"
Obergeschoß
floor

Obergeschoß
floor

Obergeschoß
floor

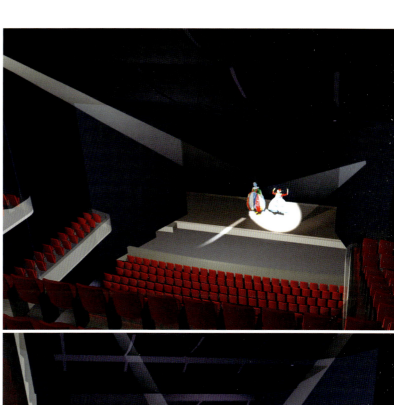

Foto Andrew Phelps Abbruch Denkmalgeschützte Fassade, 2004
wrecking listed facade, 2004

Denkmalgeschützte „Holzmeister Fassade", Bestand 2
listed existing "Holzmeister facade", 20

„**Ein Balkon ward geboren**", Ute Woltron, Der Standard, 7.12.2002:

„Nein, es war keine Premiere [...] es war vielmehr ein Schaustück in vielen schillernden Akten, ein Possentheater alter Tradition, das man wahrlich noch nicht untergegangen glauben darf."

„Die „liebe Familie" agierte hier in Stegreifform [...], die Mit- oder Gegenspieler [...] verkamen zu blässlichen Geschöpfen der Requisite, mit anderen Worten, sie spielten eigentlich keine wesentliche Rolle, denn was Sache war auf dieser Bühne, das machte sich die „liebe Familie" schon rechtzeitig ganz weit hinten in den Kulissen aus. Die zahlenden Gäste waren wieder einmal die Architekten, die sich blauäugig in dieses Schauspielverfahren gestürzt hatten und sehr viel Geld dafür zahlen durften, der Lächerlichkeit und ihrer Ohnmacht preisgegeben zu werden."

„Das Verfahren um das Kleine Festspielhaus in Salzburg wird insofern doch in die Geschichte eingehen, als hier ganz offen und unverschämt gespielt wurde, wie ein Architekturverfahren mittels der rechten Gutachter und Sachverständigen so lange durchgeprobt, durchgespielt und inszeniert werden kann, bis endlich derjenige allein im Rampenlicht steht, der offenbar schon vor dem sich öffnenden Vorhang dazu auserkoren gewesen war."

"**A Balkony was Born**", Ute Woltron, Der Standard, 7.12.2002:

"No, it was not a premiere [...] it rather was a showpiece in many dazzling acts, a farce theatre of old tradition, which one can truly believe has not yet perished."

"Here, the 'dear family' acted in impromptu form [...], the co-players or antagonists [...] became pale creatures of the props, in other words, they actually played no essential role, because what was happening on this stage had already been decided by the 'dear family' far back in the wings in good time. The paying guests were once again the architects, who had naively plunged into this play and were allowed to pay a lot of money to be exposed to ridicule and their powerlessness."

"The proceedings concerning the Kleines Festspielhaus in Salzburg will go down in history insofar, as they openly and brazenly played out, how an architectural procedure can be rehearsed, acted out and staged by means of the carefully chosen experts, until at last the one, who had obviously been chosen even before the curtain rose, is in the limelight alone."

„**Was es ist**", Peter Huemer, Der Standard, 7.12.2002:

„Die Frage während des ganzen Verfahrens lautete daher ausschließlich, nachdem dessen Ausgang vorhersehbar war: Wie machen sie es, um Holzbauer den Auftrag doch noch zuzuschieben? Das war nicht einfach und es war nicht schön anzuschauen."

„Bewahrheitet hat sich Ruzickas Feststellung, Holzbauer kenne die „Gegebenheiten" in Salzburg am besten. Diese Salzburger „Gegebenheiten" tragen Namen. Da war [...] das Gutachten eines Hans Lechner, der allgemein als Freund von Wilhelm Holzbauer gilt. Mit einem Wort: man hatte die Richtigen beigezogen."

„Holzbauer werde „am ehesten mit Unvorhergesehenem fertig', hatte Herr Ruzicka vor dem Verfahren gemeint. Auch das stimmt. [...] Wer hätte auch ahnen können, dass Wilhelm Holzbauer den ersten Wettbewerb mit neun zu null Stimmen verliert. [...] Also gab es ein zweites Verfahren. Das hat Holzbauer wiederum verloren. Auch nicht vorgesehen! Und nun bewährt sich seine Meisterschaft, mit ‚Unvorhergesehenem' fertig zu werden. Er zieht [...] einen der vier Verfasser des Siegerprojekts aus dem ersten Wettbewerb auf seine Seite. Das geschieht heimlich [...]".

"**What it is**", Peter Huemer, Der Standard, 7.12.2002:

"As the outcome had been predictable the question during the whole procedure was therefore exclusively: How are they going about in order to get Holzbauer the contract after all? It wasn't easy and it wasn't pretty to watch."

"Ruzicka's statement that Holzbauer knows the 'realities' in Salzburg best came true. These Salzburg 'realities' have names. There was [...] the expert opinion of a Hans Lechner, who is generally regarded as a friend of Wilhelm Holzbauer. In a word, the right people had been consulted."

"Holzbauer is 'most likely to cope with the unforeseen', Mr Ruzicka had said before the trial. That is also true. [...] Who could have guessed that Wilhelm Holzbauer would lose the first competition by nine votes to zero? [...] So there was a second competition. Holzbauer lost that again. Also unexpected! And now his mastery of coping with the 'unforeseen' proves itself. He pulls one of the four drafters of the winning project from the first competition onto his side. This happens secretly [...]".

„**Plötzlich alles anders**", Carl Fingerhuth, Der Standard, 7.12.2002:

„Wir sollten das Kuratorium der Salzb Festspiele bei seiner Suche nach einem Projekt für Neubau des kleinen Festspielhauses unterstütze Fünf Architekten aus drei Ländern wurden ausges [...] Die Projekte wurden dem Beurteilungsgrem vorgelegt. Es empfahl einstimmig [...]. Dann kam c plötzlich alles anders. Es begann eine für e Naiven unglaubliche und unfassbare Serien von litischen Machenschaften und Manipulationen."

„Der Verlauf des Verfahrens enthält Vielzahl von gravierenden Tatbeständen, die zutiefst verunsichern:
Eine demokratisch legitimierte Landesregier täuscht ein Konkurrenzverfahren vor, lässt vier A tekten zweimal mehrere tausend Euros investie hat aber von Anfang an die feste Absicht, nur i ehrenwerten Freund zu beauftragen. In mei Rechtsverständnis ist das arglistige Täuschung."

"**Suddenly Everything is Different**", Carl Finger Der Standard, 7.12.2002:

"We were to support the board of trus of the Salzburg Festival in its search for a proje the new building of the Kleines Festspielhaus. [...] architects from three countries were selected. [...] projects were presented to the evaluation com tee. Its recommendation was unanimous [...]. then suddenly everything changed. A series of p cal intrigues and manipulations started that would been unbelievable and incomprehensible to the nc

"The course of the proceedings conta multitude of serious facts that deeply unsettle me: A democratically legitimised federal governmen four architects invest several thousand Euros twice from the very beginning has the firm intention to c mission only its honourable friend. In my legal un standing this is fraudulent deception."

denkmalgeschützte Fassade, Bestand 2001
existing facade, 2001

Umgeplante Fassade mit Eingängen zur Wandelhalle
redesigned facade with entrances to foyer

"Denn die einen sind im Dunkeln
Und die anderen sind im Licht.
Und man sieht nur die im Lichte
Die im Dunkeln sieht man nicht."

Bertolt Brecht

*"For there are those who are in the darkness
And the others are in the light.
And you only see the ones in the light
Those in the darkness drop from sight."*

Bertolt Brecht

"Kleines Festspielhaus: Zurück an den Start!", Norbert Mayr, nextroom, 4.4.2003:

„Der Vorsitzende der Sachverständigenkommission für Altstadterhaltung, Reiner Kaschl, kündigte am 27.11.2002 an, dass für den Umbau des Kleinen Festspielhauses die Sachverständigenkommission sich – wie im Altstadterhaltungsgesetz vorgesehen – durch zusätzliche Gutachter aus dem Gestaltungsbeirat verstärken wird. Am 10.3.2003 herrschte dann bei den drei renommierten Universitätsprofessoren Klaus [...], Flora Ruchat Roncati und Stefano de Martino das blanke Entsetzen über das Holzbauer-Projekt, das – wäre es eine Studentenarbeit – hochkantig durchfallen würde. [...] Der Widerstand gegen das Projekt wächst."

"Kleines Festspielhaus: Back to the Start!", Norbert Mayr, newroom, 4.4.2003:

"On 27 November 2002, the Chairman of the Expert Commission for the Preservation of the Old Town, Reiner Kaschl, announced that for the reconstruction of the Kleines Festspielhaus the commission – as provided for in the Old Town Preservation Act – would be augmented by additional experts from the architectural committee. On 10 March 2003, the three well-respected university professors Klaus [...], Flora Ruchat Roncati, and Stefano de Martino were horrified by the Holzbauer-project, which – if it had been a student project – would have failed completely. [...] Resistance to the project is growing."

„stadtbühne und talschluss", Norbert Mayr, 2006:

„[...] Holzbauer wird nur zweitgereiht. Die Erklärung für die Überraschung: Als in der Kommission deutlich wird, dass ohne [...] Reihung der Projekte Verhandlungen mit drei ausgewählten Teams aufgenommen werden sollen, beantragt Reiner Kaschl, einer der beiden Architekten im Gremium, die Durchführung einer Reihung. Die ARGE [...] liegt mit 9:0 vor dem Zweitgereihten Holzbauer 7:2."

"city stage and valley end", Norbert Mayr, 2006:

"[...] Holzbauer is only ranked second. The explanation for the surprise: When it becomes clear to the evaluation committee that negotiations with the three selected teams are about to be started without [...] a ranking, Reiner Kaschl, one of the two architects in the expert commission, requests a ranking to be carried out. The working partnership [...] is 9:0 ahead of the runner-up Holzbauer 7:2."

Wandelhalle
foyer

Wohn- und Bürohaus Kurz
Freisaal

Vieles ist möglich bei guter Planung.

Bürohaus, Wohnhaus, Hausmeisterwohnung und, da der Bauherr ein begeisterter Schwimmer ist, ein 25m Schwimmkanal, welcher täglich ausgiebig benützt wird.

Vor der Hausmeisterwohnung im Untergeschoß wurde das Gelände so großzügig abgegraben, dass nicht nur die Räume perfekt belichtet werden, sondern sich auch ein elegant sichtgeschützter Freiraum anbietet und dem sozialen Verständnis des Bauherrn Rechnung trägt.

Ebenso spielt das Bürogeschoß zu ebener Erde Trümpfe wie wohltuender Komfort und beneidenswerte Arbeitssituation aus.

Das gesamte Raumkonzept im Wohnbereich mit den maßgeschneiderten Einbauten, der individuell gestalteten Küche und die in höchster Qualität gestalteten Bäder zeugen von einer ästhetischen Formensprache, auf die der Architekt bis ins kleinste Detail achtet.

„Wimmer konnte viel machen in diesem Haus. Vom Fitneßbereich mit 25 Meter langem Schwimmkanal [...] bis zu maßgeschneiderten Einbauten allerhöchster Qualität, [...] die auch ästhetisch alle Stückln spielen."
„Auch das Bürogeschoß zu ebener Erde bietet den Mitarbeitern allen erdenklichen, nicht übertriebenen, aber doch beneidenswert wohltuenden räumlichen Komfort. Wer zu schauen versteht, der begreift dann auch die Gedankenarbeit des Architekten, [...]."
„Das Besondere daran: Die kreative Besonderheit tritt nicht vordergründig in Erscheinung. Das Haus suggeriert eine Gelassenheit, der der ambitionierten Architektur heute oft abgeht."

Liesbeth Waechter-Böhm, 2001

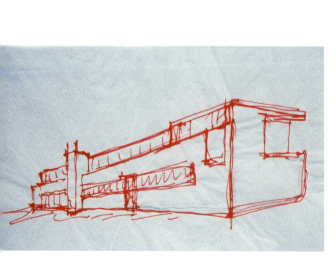

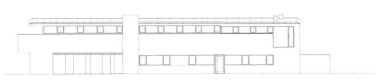

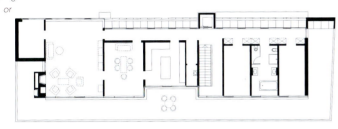

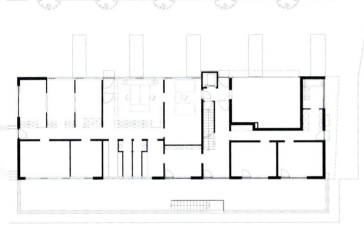

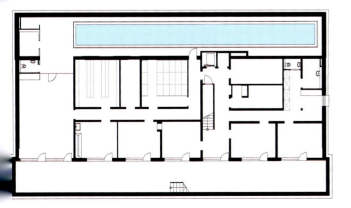

With good planning, a whole lot is possible.

Office building, residential building, janitor's apartment and, since the client is an enthusiastic swimmer, a 25m swimming channel, which is used extensively every day.

In front of the janitor's apartment in the basement, the terrain was so generously excavated that not only the rooms are lit perfectly, but also an elegant, view-protected open space offers itself and meets the social understanding of the owner.

Likewise, the office floor at ground level plays trump cards like soothing comfort and enviable working situation.

The entire spatial concept in the living area with the custom-made fixtures, the individually designed kitchen, and the bathrooms designed in the highest quality testify to an aesthetic design language which can be found even in the smallest detail.

"Wimmer was able to do a lot in this house. From a fitness area with a 25-metre swimming channel [...] to customised built-in furniture of the highest quality, [...] also aesthetically meeting all needs and wishes."
"The office floor at ground level also offers the staff every conceivable, not exaggerated, but nevertheless enviably pleasant spatial comfort. Who knows how to look also understands the architect's thinking process, [...]."
"The special thing about it: the creative particularity is not the main outstanding feature. The house suggests a serenity which is often lacking in ambitious architecture today."
Liesbeth Waechter-Böhm, 2001

Wohnanlage Aigen

In schöner Villenlage Salzburgs, im Stadtteil Aigen wurde ein Bauvorhaben realisiert, welches in seiner Ausformulierung und seinen Qualitätsstandards dem gehobenen Wohnanspruch dieses Stadtteiles Rechnung trägt. Zwei zueinander verdrehte Baukörper erzielen durch ihre einheitliche Handschrift ein Gesamtvolumen, welches zeitgleich in einem freiräumlichen Spiel das Dazwischen betont und Distanz zueinander aufbaut.

Die Baukörper bestimmen klare Formen und durchlaufende Kanten, proportioniert zueinander stehende Fassadenöffnungen im Spiel mit geschlossenen Putzflächen, die Leichtigkeit der Pergolen und der Terrassengeländer runden ein stimmiges Bild ab, das reduzierte Farbkonzept fügt sich unterstreichend in dieses Bild ein.

Die horizontale Dynamik der beiden Gebäude wird betont. Die Höhenentwicklung orientiert sich bewusst an einer Zweigeschoßigkeit, die dritte Gebäudeebene des höheren Gebäudes springt zurück, um dem optischen Eindruck einer Zweigeschoßigkeit zu entsprechen.

So entspricht das Wohnprojekt mit seinem konsequenten Gestaltungswillen architektonisch einer modernen, aufgeschlossenen Lebensweise.

In an exclusive villa district of Salzburg a construction project has been brought into existence, which meets the demands of high quality living both in its definition and its quality standards. Two buildings, twisted towards each other and unified in their common handwriting, resulting in a total volume which simultaneously emphasises the free space between them as well as keeping them at a distance from each other.

The buildings are defined by clear structures and persisting edges, façade openings following strict proportion rules while playing with closed areas of plaster, the lightness of pergolas and terrace balustrades, the concept of colours being reduced to anthracite and white.

The horizontal dynamics of the two buildings is stressed, the thrive upwards deliberately orientating itself on two storeys while the third storey of the higher building is leaping back, therefore being in accordance with the visual impression of a two-storey building again.

With its consistent design intent, the residential project architecturally corresponds to a modern, open-minded way of life.

A residential project that corresponds to a modern, architecturally open-minded way of life and reflects the pulse of perfect design and architectural intent.

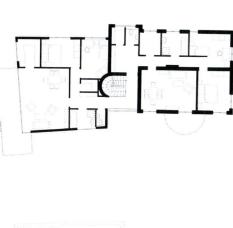
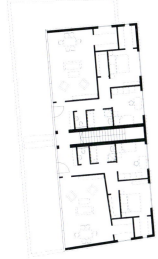

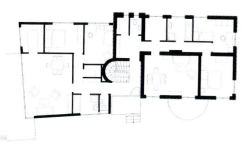

bergeschoß
oor

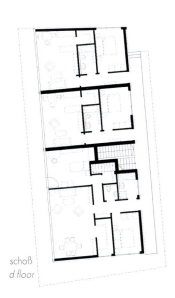

schoß
d floor

Wohnhaus S. | Liefering

Inmitten einer kleinteiligen Siedlung der Nachkriegszeit – die Häuser lassen, obwohl mittlerweile unterschiedlich „verschönert", die damalige Not erkennen – ist ein außergewöhnlich feines Gebäude mit eleganter Putzarchitektur entstanden. Ein Wohnhaus mit zwei separaten Eingängen für die Mutter im Erdgeschoß und die Familie der Tochter in den Obergeschoßen. Die Wohnung der Mutter, einer Blumenliebhaberin, öffnet sich über eine überdachte Terrasse zum Garten. Die Kinder leben auf zwei Ebenen: Arbeiten und Schlafen im Obergeschoß, darüber bietet der Penthousebereich, mit integrierter Küche und großzügigen Dachterrassen ausgestattet, höchste Wohnqualität.

Mit Respekt für die unter sehr prekären sozialen Umständen entstandene Umgebung wurde hier Wohnraum geschaffen, der sowohl der Funktionalität als auch dem Wunsch nach ökologischem, ökonomischem und formalem Anspruch entgegenkommt.

In the midst of a small-scale post-war settlement – the houses, although having been "niced-up" in various ways since then, reveal the hardship of the time - an exceptionally fine building with elegant plaster architecture has been created. A home with two separate entrances for the mother on the ground floor and the daughter's family on the upper floors. The mother's apartment opens onto the garden via a covered terrace, allowing her to pursue her love of flowers. The children live on two levels: Working and sleeping on the upper floor, living in the penthouse area above, equipped with an integrated kitchen and spacious roof terraces it offers highest quality of living.

With respect for the surroundings, which have been created under very precarious social circumstances, living space was created which meets both functionality as well as the wish for ecological, economic, and formal demands.

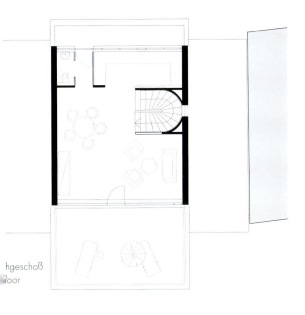

hgeschoß
floor

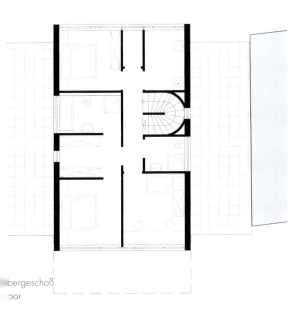

bergeschoß
oor

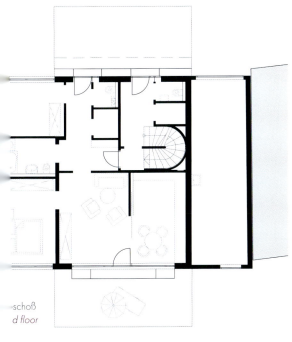

schoß
d floor

„Obwohl Robert Wimmer keinerlei Zugeständnisse gemacht hat – er hat sich in gar keiner Weise mit dem kuriosen architektonischen Konglomerat der Umgebung eingelassen –, ist es trotzdem keine Provokation, sondern ein wunderbar stimmiger Beitrag zu einer gewachsenen, seit Jahrzehnten vielfach transformierten Siedlungssituation. Wobei [...] die Schwierigkeit der Einfügung in eine bestehende, auch von der Höhe her andere Bebauung durch die sinnvolle Abstufung des Gebäudes souverän bewältigt ist."

Liesbeth Waechter-Böhm, 2001

"Although Robert Wimmer has not made any concessions – he has not engaged with the odd architectural conglomerate of the surroundings in any way – it is not a provocation but a wonderfully harmonious contribution to a grown settlement situation which has been transformed many times over the decades. [...] The difficulty of embedding it into an existing development, which is also different in height, is mastered superbly by the sensible graduation of the building."

Liesbeth Waechter-Böhm, 2001

Postareal Bahnhof Salzburg

Der Hauptbahnhof gilt als ein zentraler Bereich einer Stadt, der repräsentiert, sich als Ort mit hoher Attraktivität darstellen sollte und einen starken Verkehrsfluss organisieren muss.

Durch die auf dem Areal neu geschaffenen Baukörper wird dieser Forderung Rechnung getragen. Funktionen, die sinnvoll aneinandergereiht sind und dadurch einen logischen Fußgängerfluss erzeugen.

Der im ummittelbaren Anschluss an den Bahnhofvorplatz gestaltete Verkehrsbereich der Busse wird mit interessanten Wartebereichen für die Stadt-, Post- und auch Reisebusse ausgestattet.

Eine weitere diesen Stadtteil gestaltende Kraft birgt die umschließende Bebauung in sich. Angrenzende Bebauungsstrukturen werden einerseits durch das Hotel Europa und die Zyla-Türme gebildet, Gebäude, die bis in eine Höhe von 58m ragen, andererseits zieht sich eine lineare Bebauung mit bis zu 10-geschoßigen Gebäuden zwischen dem Bahnhof und der Elisabethstraße bis über die Saint-Julien-Straße in Richtung Zentrum der Stadt.

Die Bebauungsstruktur nimmt diese Linearität auf und führt sie weiter. Die einzelnen Gebäude werden bis an die 25m-Marke geplant, in dem den Zyla-Türmen benachbartem Objekt sogar bis an die 32m, und entsprechen dadurch der vorhandenen Größenordnung des Quartiers.

Der an die Grundgrenze gelegte lang gezogene Riegel des Parkhauses bildet einen Lärmschutzpolster zur angrenzenden „Störquelle" Bahnhof. Durch seine abschirmende und abschottende Wirkung vermag er die Qualität des Straßenraumes und der angrenzenden Bebauung zu maximieren. Die Wertigkeit der anschließenden Nutzflächen wird dadurch sinnvoll gehoben.

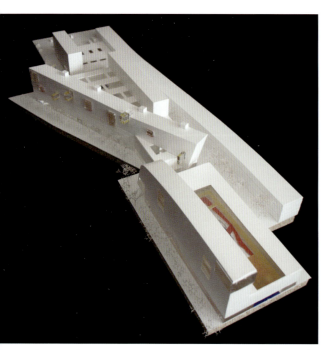

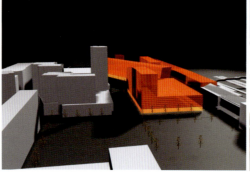

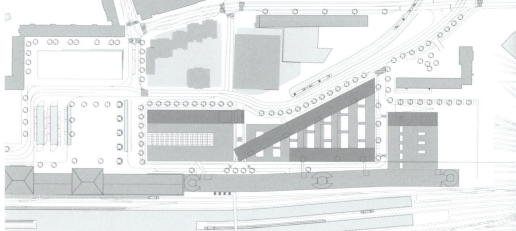

The main railway station is generally considered a central area of a city, which should represent itself as a place with high attractiveness and at the same time must organise a strong traffic flow.

The new buildings created on the site take these requirements into account. Functions are sensibly interwoven and thus create a logical pedestrian flow.

The bus area designed in the immediate vicinity of the station forecourt is equipped with interesting waiting areas for city buses and coaches.

The surrounding buildings are forcefully shaping this part of the city. Adjacent development structures are formed by the Hotel Europa and the Zyla-Towers on the one hand, buildings rising to a height of 58m, and a linear development of up to 10-storey buildings stretching between the railway station and Elisabethstraße to Saint-Julien-Straße into the city centre on the other hand.

The development structure takes up this linearity and continues it. The individual buildings are planned as high as to the 25m mark, in the property adjacent to the Zyla-Towers even up to 32m, thus corresponding to the existing scale of the quarter.

The long bar of the multi-storey car park forms a noise protection cushion taking the adjacent "source of disturbance" of the railway station into account and, due to its shielding and partitioning effect, maximising the quality of the street space and the adjacent buildings. Thus, the value of the adjoining usable spaces is meaningfully enhanced.

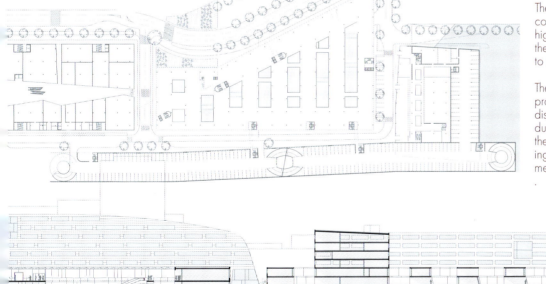

Längsschnitt
longitudinal section

Einkaufsmarkt Windischgarsten

Bei der Ortsplanung und -entwicklung im Zentrum einer ländlichen Gemeinde wurde erhoben, dass die Bevölkerung Bedarf an einem Nahversorger hat. Eine an sich nicht ungefährliche Aufgabenstellung, wenn wir uns die oft in die Landschaft geklotzten Supermärkte in Erinnerung rufen. Hier trifft dies nicht zu, ganz im Gegenteil.

Eine strategisch geeignete Liegenschaft wurde gefunden, die sowohl in einer fußläufigen Distanz im Siedlungsgebiet liegt, als auch durch die verkehrstechnische Anbindung von den Bewohnern der Umlandgemeinden leicht erreichbar ist. Problematisch stellte sich vorerst die beengte Parkraumsituation dar, die durch erhöhte Frequenz zusätzlich beeinträchtigt erschien.

Der Entwurf folgt der Logik des Bauplatzes. Auf vielerlei Art und Weise wird den notwendigen Funktionen wie auch den ästhetischen Ansprüchen Rechnung getragen. Auf einem Sockelgeschoß spielt das eigentliche Marktgeschehen: ein Verkaufsraum mit raumhohen Glaselementen, abgeschlossen durch eine fein auskragende und schwebende Dachscheibe. Die Fassade strahlt durch seine klare Struktur Ruhe und Orientierung aus. Der Blick in die Natur wird Teil des Einkaufserlebnisses, Helligkeit und Freundlichkeit sollen ein passendes Umfeld für die Unternehmensphilosophie bilden.

Der Bedeutung des Vorbereiches wird durch Großzügigkeit Rechnung getragen, letztendlich ist ein Nahversorger auch ein „kommunikativer" Treffpunkt. Die PKW Parkflächen werden zum großen Teil im Sockelgeschoß untergebracht, so wurde eine großzügige Begegnungszone vor dem Gebäude geschaffen und trägt der Kommunikationsfreude der Kunden Rechnung.

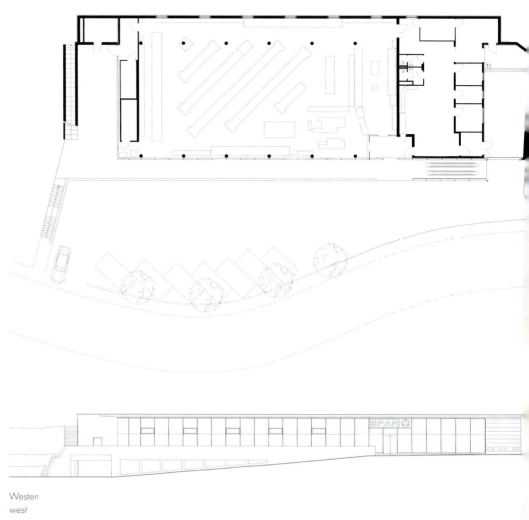

Westen
west

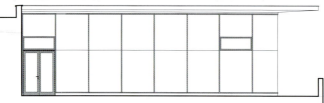

Norden
north

In the course of local development planning it was ascertained that the population of a rural community was in need of a local supplier. A task not without traps, if we remind ourselves of the supermarkets which are often built right into the middle of a landscape. However, this is not the case here, quite the opposite.

A strategically suitable property was found, which was both within walking distance of the settlement area and also suitable for the surrounding communities due to easy transport connections. Initially, the cramped parking situation, which appeared to be further impaired by increased frequency, presented itself as problematic.

The design followed the logic of the building site. The necessary functions as well as the aesthetic demands were taken into account in many ways. The actual market was placed on a plinth storey: a salesroom with floor-to-ceiling glass elements, closed off by a finely cantilevered and floating roof panel. The façade radiates calmness and orientation through its clear structure. The view of nature becomes part of the shopping experience, brightness and friendliness forming a suitable environment for the corporate philosophy.

The importance of the front area was taken into account through generosity, as a local supplier is also a "communicative" meeting place after all. Most of the car parking spaces were located on the ground floor, creating a generous meeting zone in front of the building and taking into account the customers' joy of communicating.

Wohngebäude Maxglan

Das Projekt befindet sich im geschichtsträchtigen Salzburger Stadtteil Maxglan in der Römergasse. Der Name Maxglan leitet sich vom heiligen Maximilian, einem römischen Märtyrer, ab, dessen Gebeine angeblich nahe des Glanbaches bestattet wurden. Abgesehen von dieser an sich interessanten Geschichte zählt Maxglan zu den beliebtesten Wohnvierteln der Stadt Salzburg. Besonders die Römergasse ist Symbol für angenehmes Wohnen in einer in ihrem Erscheinungsbild vielleicht etwas konservativen Vorstadt. Umso reizvoller war es, in dieses Umfeld einen eleganten Baukörper zu setzen, welcher der Formensprache, den individuellen Ansprüchen, dem Rhythmus unserer Zeit entspricht.

Bei dem Projekt handelt es sich um einen zweigeschoßigen Baukörper mit ausbaubarem Dachboden. Im Untergeschoß befinden sich die Tiefgarage und alle notwendigen Neben- und Technikräume. Darüber acht Wohnungen, welche sich durch wohldurchdachte Formen und Berücksichtigung der selbstverständlichen Bewegungsabläufe des täglichen Lebens auszeichnen.

The project is located in the Römergasse in the historically rich Maxglan district of Salzburg. The name Maxglan is derived from St. Maximilian, a Roman martyr, whose bones are said to have been buried near the Glanbach. Apart from this interesting legend, Maxglan is one of the most popular residential areas in the city of Salzburg. The Römergasse in particular is a symbol of comfortable suburban living in a perhaps somewhat conservative suburban area. Therefore, it was all the more appealing to place an elegant building into this environment, which corresponds to the formal language, the individual demands, and the rhythm of our times.

The project is a two-storey building with an expandable attic. The basement contains the underground car park and all the necessary side and technical rooms. Above it eight flats are positioned, which are characterised by well thought-out forms and consideration of the natural movements of daily life.

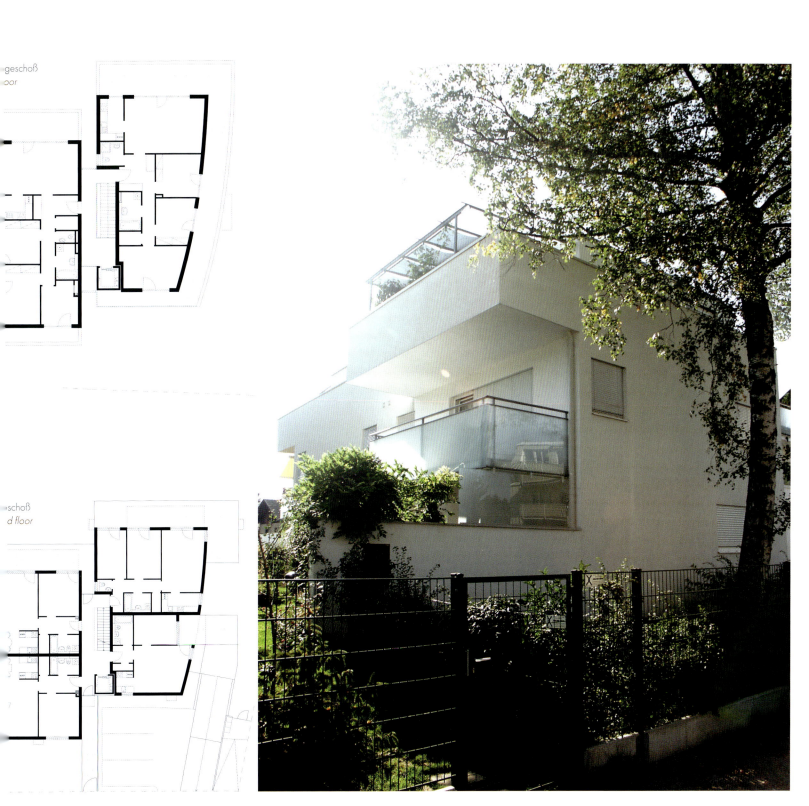

Leube Konferenzzentrum Umbau
Teufelsinsel | Grödig

Warum das Leube Konferenzzentrum „Teufelsinsel" heißt, das wissen wir nicht.
Sachlichkeit gepaart mit feiner Eleganz, wie das geht, das wissen wir.

Das Projekt zeichnet ein klares, unmissverständliches Bild einer modernen Architektur in einem eindeutig gezeichneten Spielraum. Der Kopfteil einer langgezogenen, unattraktiven Lagerhalle, erfährt eine Metamorphose, die ihre Verwandtschaft zum verbleibenden Alten rein in der Verbundenheit der äußeren Hülle sieht, und doch – mit Witz – das Alte und seine Herkunft nicht leugnet, sondern keck auf den eigenen Fortschritt hinweist.
Fortschritt und Signifikanz kennzeichnen die Unternehmensstrategie und wollen sichtbar dargestellt werden. Die Baustoffe Zement und Beton sind dem Unternehmen eigen und werden in logischer Konsequenz als attraktive Werbefläche der repräsentativen Bereiche für Meetings verwendet. Sichtbeton in seiner reinen Ausstrahlung und Farbe, seinem konstruktiven Ausdruck, seiner Klarheit und Härte – schon lange erfuhr dieser Werkstoff den Wandel vom rein Konstruktiven zur gestalteten, attraktiven Oberfläche.
Im Kontrast liegt die Würze – sein Gegenüber findet der Sichtbeton im schwarz gefärbten Kunststein, genauso wie im Parkett der Besprechungsräume. Der Dialog der Oberflächen beginnt bei der Strukturierung – großflächig und feingliedrig, glatt und glänzend, hart und weich, warm und kalt. Dem interessierten Beobachter bleibt das Detail nicht verborgen, eine bewusst gesetzte Reinheit der Gestaltung bedingt eine forcierte Entwicklung und Ausarbeitung der Anschlüsse und Schnittstellen.

Why the Leube Conference Centre is called "Devil's Island", we do not know.
How objectivity combined with fine elegance is done, we do know that.

The project paints a clear, unmistakable picture of modern architecture. The head of an elongated, unattractive warehouse undergoes a metamorphosis, which sees its relationship to the remaining old purely in the outer shell, and yet – with wit – does not deny the old and its origins, but boldly points to its own progress.
Progress and significance characterise corporate strategy and want to be visibly represented. The building materials cement and concrete are intrinsic to the company and are logically used as attractive advertising space in the representative areas for meetings. Exposed concrete in its pure radiance and colour, its constructive expression, its clarity and hardness – this material has long since undergone a transformation from a purely constructive material to a designed, attractive surface.
Contrast spices up the design – exposed concrete finds its counterpart in black-coloured artificial stone as well as in the parquet flooring of the meeting rooms. The dialogue of the surfaces begins with the structuring – large and fine, smooth and shiny, hard and soft, warm and cold. The detail does not remain hidden from the interested observer, a deliberately set purity of design requires a forced development and elaboration of the connections and interfaces.

Hallenbad im Grünland
Aigen

Eine Oase der Ruhe zu schaffen, seine individuellen Träume zu verwirklichen, sich in eine Höhle zurückziehen – dies ist ein großer und richtiger Schritt.

Ein unterirdisches Bauwerk lässt diesen Wunsch Wirklichkeit werden. Doch gleichsam muss mit einem starken gestalterischen Griff einer Bunker-Architektur entgegengetreten, Düsternis und Gedrungenheit schon im Keim erstickt werden. Die räumlichen Proportionen müssen stimmen, dem Lichteinfall besondere Aufmerksamkeit gezollt werden. Fließende Übergänge zwischen Innen- und Außenraum lassen Grenzen grenzenlos werden, sodass sich atemberaubende Ausblicke bieten.
Von außen erstrahlt ein Gebäude, das formal zurückhaltend ist und dem Umfeld, dem bestehenden Haus und der Natur sanft Rechnung trägt. Die vorgegebene Hanglage wird geschickt genutzt, der neue Baukörper mit seiner bestimmenden Glasfassade schmiegt sich zart und elegant geschwungen an den Hang.

Zurückhaltung und Aussagekraft, sich bewusst der Hanglage und der vorgegebenen Architektur des Bestandes unterzuordnen, ist die wahre Kraft dieser gelungenen Umsetzung. Ein schlichtes Hallenbad? Nein, ein Ort, der die Sinne anspricht, ist es geworden. Ein strahlendes Band im Dunklen, im Winter weich eingebunden, im Sommer umwachsen – ein sich ständig verändernder Anblick.

To create an oasis of peace, to realise one's individual dreams, to retreat into a cave – this is a big and rightful step.

An underground structure makes this wish come true. But at the same time, a strong design must be found to counter bunker architecture, to nip gloom and dullness in the bud. The spatial proportions must be right, special attention must be paid to the incidence of light. Flowing transitions between interior and exterior space allow boundaries to become boundless so that breathtaking views are offered.

From the outside the building shines, formally restrained and gently respecting the surroundings, the existing house, and nature. The given slope is cleverly used, the new building with its defining glass façade, delicately and elegantly curved, nestles against the slope.

Restraint and expressiveness, consciously subordinating itself to the slope and the given architecture of the existing building, is the true power of this successful realisation. A simple indoor swimming pool? No, it has become a place which appeals to the senses. A radiant band in the dark, softly integrated in winter, overgrown in summer – a constantly changing sight.

Wohnanlage Roßleithen Windischgarsten

Ein zentraler Planungsgedanke liegt in einem verantwortungsbewussten Umgang mit den Ressourcen, deren Wert im landschaftlichen Umfeld des Bauplatzes begründet ist. Eine schöne und zugleich fordernde Aufgabenstellung für den kreativen Planer. Die Qualität der hügeligen Weite, die Ruhe und Freiheit, der Wert von Naturbelassenheit und Naturverbundenheit lassen gerade in einer Zeit der schneller fortschreitenden Zersiedlung Naturressourcen als besonders wertvoll erscheinen. Es braucht hier eine besonders sensible Hand und Ideenreichtum des Planers.

Die Bebauung wird der bestehenden Hanglage folgend locker verteilt, sanft eingestreut am Hügel positioniert. Freiflächen, umfassendes und durchfließendes Grün stehen dem Gefühl von Dichte und Enge gegenüber. Die natürliche Umgebung durchfließt die Siedlung, Bebauung und Natur verschmelzen zu einem wohltuenden Miteinander. Der landschaftlich reizvolle Bezug zum Grün, zur gesunden Umwelt wird gepflegt, vorgelebt und so einer jungen Generation weitervererbt.

In einer freudigen und großzügigen Geste wird dem Areal eine abwechslungsreiche Farbigkeit verliehen. Jeder Baukörper erhält in einer ihm charakteristischen Farbe sein individuelles Gesicht. Die Bewohner identifizieren sich mit „ihrem" Haus, familiäre Atmosphäre in einer angenehmen Größe eines Wohnobjektes. Die einzelnen Gebäude unterliegen einer klaren Formensprache und Aussagekraft: klar gezogene Gebäudekanten, differenziert gewählte Materialien und gelungene Proportionen schaffen gezielt Wertigkeit und Wohlbehagen.

A central planning idea is the responsible use of resources, the value of which lies in the landscape surrounding the building site. A beautiful and at the same time challenging task for a creative planner. The quality of the hilly countryside, the peace and freedom, the value of naturalness and closeness to nature make natural resources seem particularly valuable, especially in a time of accelerating urban sprawl. What is needed here is a particularly sensitive hand and a wealth of ideas on the part of the planner.

Following the existing slope, the buildings are loosely distributed, gently interspersed on the hillside. Open spaces, extensive and flowing greenery contrast with the feeling of density and confinement. The natural surroundings flow through the settlement, buildings and nature merge into a pleasant coexistence. The scenic relationship to greenery, to a healthy environment, is cultivated, exemplified and thus passed on to a younger generation.

In a joyful and generous gesture, the area is given a varied colourfulness. Each building gets its own individual face in a characteristic colour. The residents identify themselves with "their" house, a family atmosphere in a pleasantly sized residential property. The individual buildings are subject to a clear language of form and expressiveness: clearly drawn building edges, materials selected sophistically and proportions well accomplished create value and a sense of well-being.

Erdgeschoß
Ground floor

Obergeschoß
Upper floor

Dachgeschoß
Second floor

173

Gartenstadt Aigen

Städtische Dialektik bedingt die Beschäftigung mit den vorhandenen Parametern. Vorbeiziehende Bahnlinie und Straße bedürfen einer Antwort, angrenzende Bebauungsstruktur sucht nach einer Interpretation und Modifikation.

Zwei differentielle Bebauungsstrukturen werden gewählt. Ein lang gezogener Riegel, physiognomisch einerseits abwehrend, kompakt, andererseits kommunikativ, vielgestaltig, freundlich. Der Dialog zur Landschaft, zum Gemeinsamen, Verbindenden, zwischen Öffentlichem und Privatem wird hergestellt.

Die zweite Bebauungsstruktur führt die Sprache der Großform weiter und lässt eine Reihe von niedrigeren, jedoch demselben System folgenden Baukörpern entstehen. Der Ruf nach Kleinteiligerem wird sichtbar, nach Individuellem und Privatem. Reihenhäuser, die ein wohl organisiertes Raumkonzept erkennen lassen. Darin wird der angrenzenden Bebauung eine Wohnstruktur gegenübergestellt, die als verdichtete Bauweise eine städtebauliche Antwort auf zergliederte Stadtbereiche bietet.

Durch landschaftsarchitektonische Maßnahmen werden die Bereiche „dazwischen", die eigentlichen Räume des Gemeinsamen, quasi das Herzstück, zu einem Landschaftspark gestaltet. Der nördliche Grünraum wird hereingezogen und als Grün im Wegenetz bis hin zu den Wohngärten geführt. Existierende landschaftliche Vorzüge werden genutzt.

Urban dialectics require dealing with the existing parameters. The passing railway line and road demand a response, the adjacent building structure seeks an interpretation and modification.

Two differential building structures are chosen. An elongated bar, defensive in stature and compact on the one hand, communicative, multifaceted, and friendly on the other. The dialogue with the landscape, with the public, and the private is established.

The second building structure carries on the language of the large form and creates a series of lower buildings following the same system. The call for something smaller, for individuality and privacy, becomes evident. Terraced houses which reveal a well-organised spatial concept. The neighbouring buildings are contrasted with a residential structure that, as a dense construction method, offers an urban response to fragmented urban areas.

The areas "in between", the actual spaces of the common, the heart so to speak, are designed as a landscape park. The northern green space is drawn in to the residential gardens as a green network of paths, while making use of the already existing landscape features.

Süden
south

Norden
north

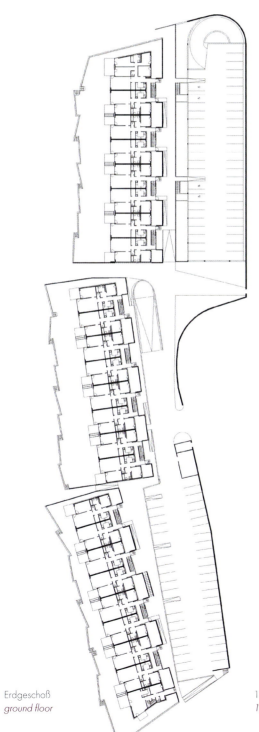

Erdgeschoß
ground floor

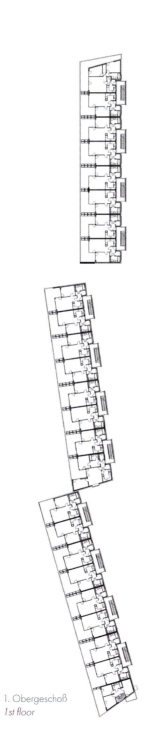

1. Obergeschoß
1st floor

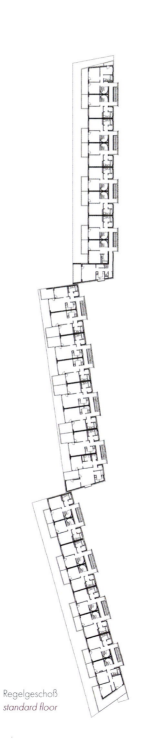

Regelgeschoß
standard floor

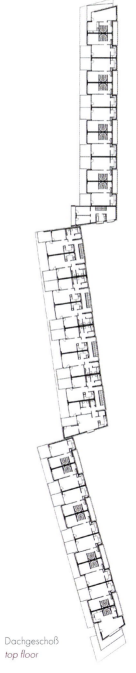

Dachgeschoß
top floor

Multifunktionshalle
Halle an der Saale

Vom Monolog zum Dialog ...
Dialog als ein Prozess des Einschwingens. Ein Bild dafür ist der Tanz der Schamanen, der Sufi oder auch der Ureinwohner Amerikas, der mit dem Trommeln beginnt. Sie trommeln mit ihren Herzen so lange, bis die Herzen im gleichen Rhythmus schlagen. Sie singen, klatschen, gehen, atmen ... sie tanzen in Worten.

Das hier gezeigte Projekt schwingt in der notwendigen Einheit von Alt und Neu, um den Emotionen eines traditionsreichen Bauplatzes, in den Empfindungen der Bewohner der Stadt Halle stark verankert, begegnen zu können. Jahrzehntelang hat das Kurt-Wabbel-Stadion Massen in seinen Bann gezogen, am Ende seiner Tage jedoch den Anforderungen der modernen Sportwelt nicht mehr entsprochen.

Die umschließende, das Neue umarmende Fassade bleibt erhalten, das Betreten der alten Aufgänge lässt das Einstmalige, das Vertraute wieder erstehen. Die neuen Balkone entlang der Mauern lassen bewusst jenes Erscheinungsbild zu, das viele lange Zeit erlebt haben – Erinnerungen werden geweckt.

Mitten in der leicht fallenden Piazza steht das neue multifunktionale Gebäude. Einem Blütenblatt gleich schwebt das Dach weit ausladend über den Tribünen – ein zarter Fingerzeig bis hinein auf die Straße der Republik. Gehalten durch einen Solitär, der den Ponton zum Stadion bildet. Foyer, Erlebnisgastronomie, Konferenzzentrum – Magnetfunktionen, die Leben in sich tragen, welches zusätzlich einen einmaligen Weitblick in das Landschaftsschutzgebiet Saaletal genährt wird.

Zentrum der Tribünen bildet die Spielfläche mit ihrem breiten Funktionsmix. Die Tribüne schwingt elegant nach außen. Dort, wo die größten Menschenmassen ihren Sitzplatz finden, baut sich gegenüber der Solitär mit dem VIP-Bereich auf.

Auf der leicht fallenden Piazza führt der Besucherstrom Regie, dieser wird dieses „Dazwischen" bevölkern. Der Zugang in das Stadion findet hier seine Ordnung ohne eingeengt zu werden. Durch die hohe Verglasung verschwimmt der Übergang von außen nach innen.

Dachterrasse
roof terrace

From monologue to dialogue ...
Dialogue as a process of pulsating together. An image portraying this is the dance of the shamans, the Sufi, or the Native Americans, which starts with drumming. The dancers drum with their hearts until their hearts beat in the same rhythm. They sing, clap, walk, breathe ... they dance in words.

The project shown here resonates with the necessary unity of old and new in order to meet the emotions of a building site rich in tradition, strongly anchored in the sentiments of Halle's inhabitants. For decades, the Kurt-Wabbel-Stadium captivated masses of people, but at the end of its days it no longer met the requirements of the modern sports world.

The enclosing façade, embracing the new, is preserved. Entering the old stairways brings back the former, the familiar. The new balconies along the walls deliberately allow for the appearance that many have experienced for a long time – memories are awakened.

The new multifunctional building is positioned in the middle of the gently sloping piazza. Like a petal, the roof floats over the stands – a delicate hint even as far as the Street of the Republic. It is held up by a solitaire forming the pontoon to the stadium. Foyer, event gastronomy, conference centre – magnetic functions that carry life in themselves, which is additionally nourished by a unique view of the landscape conservation area "Saale Valley".

In the centre of the grandstands there is the playing area with its broad mix of functions. The grandstands swing outward elegantly. Opposite to where the largest crowds find their seats, the solitaire with the VIP area is built.

The gently sloping piazza will be populated by the flow of visitors, gently directing access to the stadium without being constricted. The high glazing blurs the transition from outside to inside.

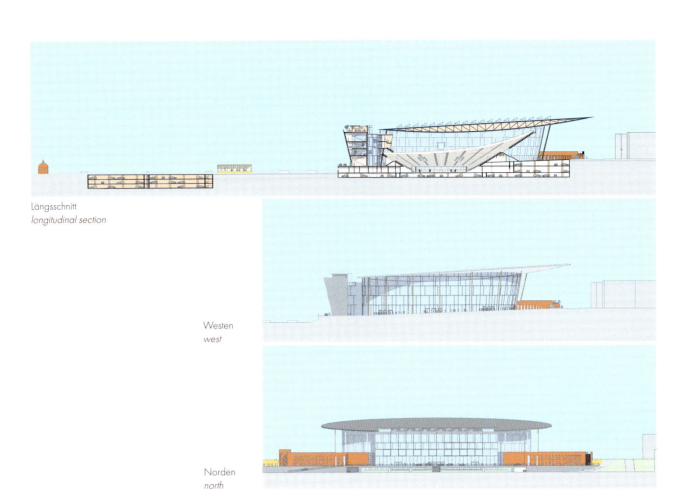

Längsschnitt
longitudinal section

Westen
west

Norden
north

1. Obergeschoß | Eingangsebene
1st floor | entrance level

183

Fabers Wintergarten und Außenraum | Aigen

Aus „praktisch" wurde „praktisch und schön".
Was war zu tun?

Bei dem geplanten Projekt handelt es sich um ein Einfamilienhaus aus den 70-er Jahren mit einer im Erdgeschoß gelegenen Garçonnière und einer freistehenden Doppelgarage.
So weit, so gut.

Im Laufe der Zeit waren bereits mehrere kleine Ergänzungen, Umbauten und Verfeinerungen gemacht worden. So war zum Beispiel die Trennwand zwischen Küche und Essraum in der Garçonnière entfallen und das südöstlich liegende Küchenfenster durch ein schmales, elegantes, raumhohes Fensterelement ersetzt worden, wodurch die Großzügigkeit der Planung erlebbar wurde.

2004 wurde sodann im Südosten der bestehenden Terrasse ein Wintergarten geplant.
An der Hinterseite der Garage, optisch mit dem Wintergarten verbunden, entstand ein zusätzlicher geschützter, durch eine luftig-leichte Pergola nach oben hin gerahmter, intimer Freiplatz.

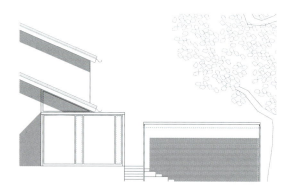

"Practical" turned into "practical and beautiful".
What was to be done?

The original object was a detached house from the 1970s with a garçonnière on the ground floor and a detached double garage.
So far, so good.
Over time, several small additions, alterations and refinements had already been executed. For instance, the partition wall between the kitchen and the dining room in the garçonnière had been removed and the southeast-facing kitchen window had been replaced by a narrow, elegant, floor-to-ceiling window element, which made the generosity of the design tangible.

In 2004, a conservatory was planned in the southeast of the existing terrace.
At the rear of the garage, visually connected to the conservatory, an additional sheltered, intimate open space was created, framed by a light and airy pergola facing upwards.

Wintergarten
conservatory

Wintergarten mit Sitzstufen
conservatory with seating steps

Kursanatorium Leopoldskron

Beim Betrachten der Bebauung entstehen Erinnerungen an ein Schiff, das in der Weite des Moores „gelandet" zu sein scheint.

Der Vorplatz, einer Anlegestelle gleich, liegt statisch als Verbindungsglied zur Moosstraße - rein funktionell eine überaus sinnvolle Symbiose. Nach der Ankunft im Sanatorium, dem Verlassen der „Anlegestelle", des Parkplatzes, wird eine Welt der Ruhe, der Erholung und Entspannung, der Ablenkung betreten und das Umfeld ganz bewusst ausgeschaltet. Das Schiff „legt ab" und nimmt symbolisch seine Reise in ein ausgewogenes, individuell passendes Sein im Hier und Jetzt auf.

Die ausgewogene Handschrift des Architekten zitiert hier in gekonnter Weise die wohltuende Schwingung des Moores mit seiner vielseitigen Lebenswelt, seinem beinah ewigen Kreislauf.

Die schlanken Baukörper sind in der Funktionalität nach dem Menschen und seinen Bedürfnissen auf dem Weg zu Gesundheit und Lebensfreude ausgerichtet.

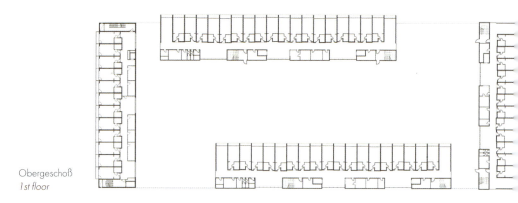

Obergeschoß
1st floor

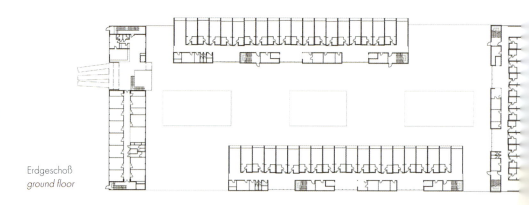

Erdgeschoß
ground floor

When looking at the buildings, memories of a ship that seems to have "landed" in the vastness of the moors come to mind.

The forecourt, like a landing stage, is statically situated as a connecting link to Moosstraße – an extremely sensible symbiosis on a purely functional basis. After arriving at the sanatorium, leaving the "mooring" so to speak, the car park, a world of peace, of rest and relaxation, of distraction is entered and the surroundings are deliberately switched off. The ship "sets sail" and symbolically begins its journey into a balanced, individually suitable being in the here and now.

The architect's balanced handwriting skilfully quotes the soothing vibration of the moor with its multifaceted living world and its almost eternal cycle.

The functionality of the slender buildings is geared towards people and their needs on the path to health and joie de vivre.

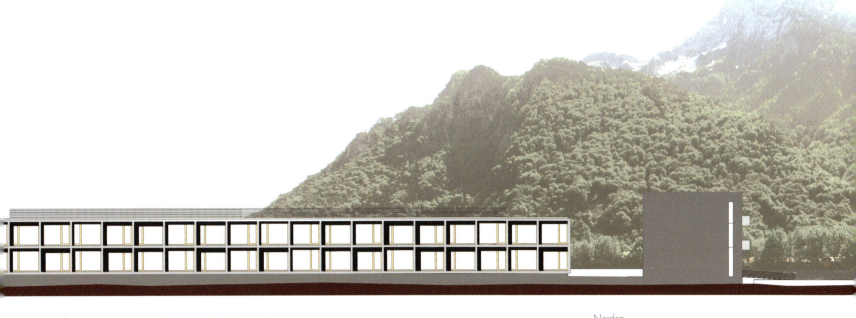

Norden
north

Westen
west

Innenhof
inner yard

Süden
south

Neonatologie Salzburg

Architektur für Spitäler ist einem Wandel gefolgt, der für den Patienten und seinen Besucher wie auch das ärztliche Personal ein verändertes Bild im Umgang mit dem Kunstwerk Mensch mit sich bringt.

Faktoren der Funktionalität und Organisation, Freundlichkeit, Wirtschaftlichkeit, Modernität und Fortschritt, Offenheit und Transparenz prägen das Projekt „Eltern-Baby-Zentrum" und bilden die Basis für einen luftig wirkenden Baukörper, klar strukturiert und übersichtlich. Ein Objekt, das sich nach außen öffnet und gleichzeitig Geborgenheit im Inneren vermittelt.

Dynamisch schwingt dieser Baukörper entlang der Lindhofstraße bis in den Kreuzungsbereich der Müllner Hauptstraße. Städtebaulich betrachtet ein klares und markantes Zeichen, in seiner Stellung und Signifikanz durchaus als Gegenüber der Chirurgie West zu sehen.

Seine straßenbegleitende Stellung verlässt der Baukörper im Kreuzungsbereich Mülln. Er weicht zurück und bildet einen räumlichen Übergang in Form einer kleinen Piazza vom Stadtraum zum Klinikareal.

Das Gebäude wird durch seine Schichtung einzelner Geschoße bestimmt. Sichtbetonscheiben schneiden starke Linien in das Objekt, die der Dynamik des Baukörpers eine belebende Wirkung verleihen. Durch die Auskragungen der Decken wird Tiefe geschaffen, die ihre Strukturierung durch vertikale Lamellen erfährt. Farblich differierende Gewebe aus Kunststoff bieten durch ihre drehbaren Stellungen ein homogenes jedoch keineswegs monotones Bild. Als Gegenüber zu den statischen, ruhenden, kantigen Auskragungen der Geschoßdecken bieten die beweglichen Lamellen ein belebtes, sich ständig änderndes Bild.

Hospital architecture has undergone a change brought upon by a new understanding of the human being as a work of art for the patient, his visitor, as well as the medical staff.

Factors like functionality and organisation, friendliness, economic efficiency, modernity and progress, openness and transparency characterise the "Parent-Baby-Centre" project and form the basis for an airy-looking building, clearly structured and uncluttered. An object that opens up to the outside and at the same time conveys a sense of security on the inside.

This structure swings dynamically along Lindhofstraße to the intersection of Müllner Hauptstraße. From an urban planning point of view it is a clear and striking sign, and in its position and significance it can certainly be seen as a counterpart to the "Surgery-West".

The building leaves its roadside position at the Mülln junction. It recedes and creates a spatial transition in the form of a small piazza from the urban space to the clinic area.

The building is defined by its layering of individual storeys. Exposed concrete slabs cut strong lines into the building, giving the dynamics of the structure an invigorating effect. The cantilevered ceilings create depth, which is structured by vertical slats. Due to their rotatable positions plastic fabrics of different colours offer a homogeneous but by no means monotonous image. In contrast to the static, still, angular projections of the ceilings, the movable slats offer a lively, constantly changing image.

Erdgeschoß
ground floor

2. Obergeschoß
2nd floor

3. Obergeschoß
3rd floor

Westen
west

Osterweiterung Klinikum Nord
Nürnberg

Krankenhausarchitektur unterliegt einer wesentlichen Prämisse. Ein äußerer Rahmen wird geschaffen, der ein Wohlbefinden und ein Maximum an medizinischer Versorgung gewährleisten soll. Faktoren der Funktionalität und Organisation, Freundlichkeit, Wirtschaftlichkeit, Modernität und Fortschritt, Offenheit und Transparenz – sie manifestieren sich in der gegebenen Architektur.

In der Projektierung des Neubaus Ost des Klinikums soll dieser Planungsgedanke seine Umsetzung und Realisierung finden.

Ein Baukörper, der luftig wirkt, gleichzeitig klar und strukturiert, übersichtlich. Wie ein Nadelöhr wird das neue Objekt mit den beiden Eingangsgebäuden eine zentrale Rolle in der Struktur des Gesamtklinikums einnehmen. An dieser Stelle wird der Patient und Besucher empfangen, durch geschaffene räumliche Strukturen dorthin weitergeleitet und hineingeführt, wo er Information und Beachtung erfährt. Dieses informelle Raumzentrum wird als bewusster Übergang gesetzt, als Drehangel zum Eintritt in die Offenheit und Großzügigkeit der Magistrale.

Die Magistrale stellt sich als ein zentraler Raum dar, der signifikant klar wirkt, mehrgeschoßig organisiert – eine Nabelschnur und Hauptschlagader.

Städtebaulich betrachtet manifestiert die Gestaltung des Objektes die vorhandenen Strukturmerkmale und fügt sich ein – sowohl der Erweiterungsbau, wie auch der projektierte Baukörper im Norden des Planungsgebietes. Dies wird an den übernommenen Gebäudeachsen und -proportionen sichtbar. Ebenso wird der Symmetrie des Planungsgebietes Beachtung geschenkt. Städtebauliche Gestaltungselemente folgen einem Bild, das dem Klinikum in seiner Geschichte gegeben wurde.

Die Öffnung des Baukörpers nach Süden zeigt den neuen Umgang mit Offenheit, fingerartig greift der Baukörper hinaus, lässt Freiräume und Zwischenbereiche entstehen.

Weiterführend findet die Hubschrauberplattform in der Baukörpergestaltung ihre Beachtung. Wie ein zartes Blatt schwebt sie über dem Baukörper, Leichtigkeit manifestiert sich. Und zugleich liegt in ihr eine elegante Spannung verborgen und verleiht dem Gebäude einen besonderen Reiz.

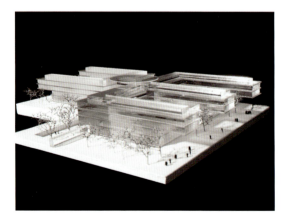

Süden
south

Längsschnitt
longitudinal section

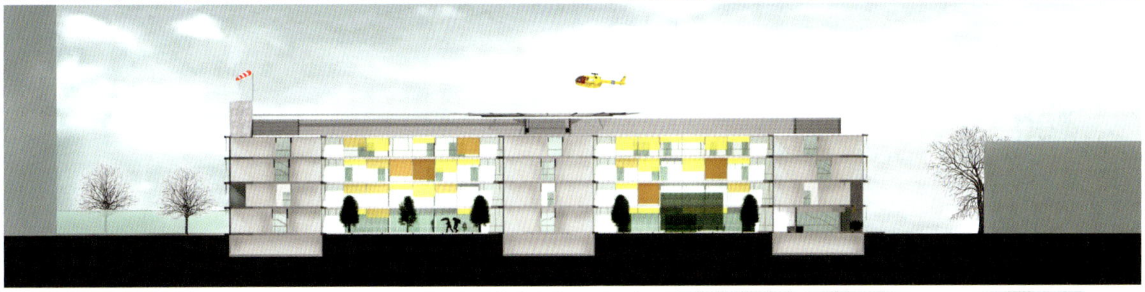

Norden
north

Osten
east

Querschnitt
cross section

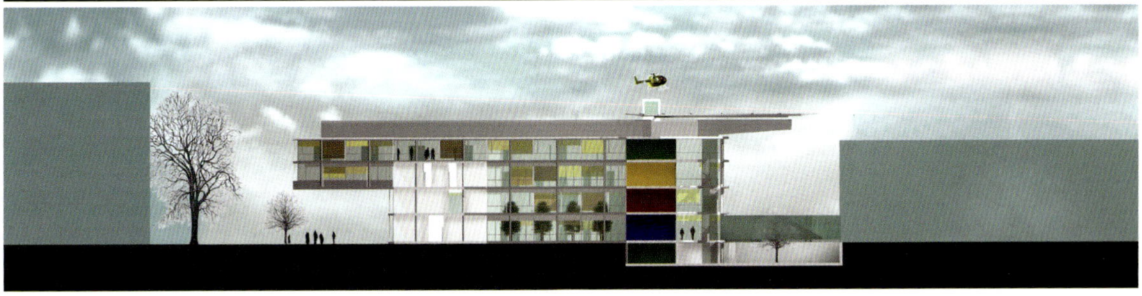

193

Hospital architecture is subject to one essential proposition: an external framework is created in order to ensure a sense of well-being and maximum medical care. Factors of functionality and organisation, friendliness, economic efficiency, modernity and progress, openness and transparency – they manifest themselves in the given architecture.

This guiding idea is to be implemented and realised in the planning of the new east-wing building of the hospital.

A building that appears airy, at the same time pure and structured, clearly arranged. Like the eye of a needle, the new building with the two entrance buildings will play a central role in the structure of the entire hospital. This is where the patient and visitor will be received, being guided and led through created spatial structures to where he will receive information and attention. This information centre is set as a deliberate transition, as a pivot for entering the openness and generosity of the main area.

The main area presents itself as a central space, appearing significantly clear, organised on several levels – an umbilical cord and main artery.

From an urban planning perspective, the design of the building manifests the existing structural features and blends in – both the extension and the projected building in the north of the planning area –, this being visible in the adopted building axes and proportions. Attention is also paid to the symmetry of the planning area. Urban design elements recall an appearance that was given to the clinic in its history.

The opening of the building to the south shows the new approach to openness, reaching out like a finger, creating open spaces and intermediate areas.

The helicopter platform gains recognition in the design of the building, floating above the building like a delicate leaf, manifesting lightness while at the same time concealing an elegant tension and giving special charm to the building.

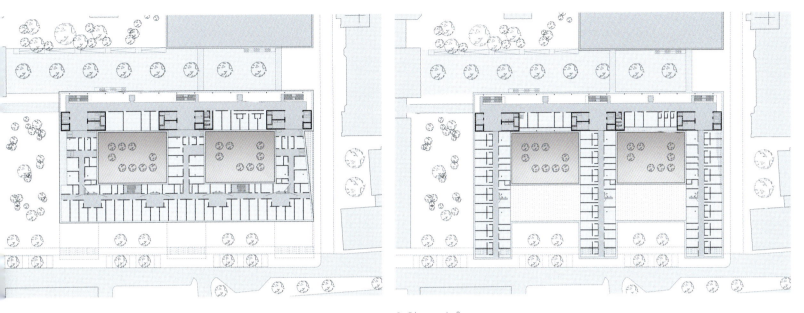

3. Obergeschoß
3rd floor

Theater Danzig

Das Projekt fordert zur Auseinandersetzung mit der Vergangenheit heraus. Der hohe Wert von Vergangenem wird in der Gegenwart zu neuem Leben, zu zeitgemäßen und modernen Ausdrucksformen geführt und in ein Blickfeld für zukünftige Generationen gestellt. Das einzige Elisabethanische Theater außerhalb Englands dürfte seinerzeit in Mitteleuropa ein revolutionärer Ansatz gewesen sein. Die Verschmelzung von Bühne und Zuschauerraum, von Akteur und Beobachter, von Scheinwelt zu Realität, von Aktion zu Reaktion – dies trug und trägt einen hohen Reiz und eine Herausforderung in sich. Das Geschehen, das Gespielte verschmilzt in dieser Symbiose mit dem, der diese Scheinwelt betritt. Das Projekt wählt die Kreisform des Theaterraumes, um Zuschauerbereiche in eine unmittelbare Nähe der Bühne zu führen.

Das Freispielen im Bauplatz, der Weite und Offenheit signalisiert, lässt die Ablesbarkeit unseres klaren Baukörpers zu. Eine umlaufende, umschließende, durchsichtige Glashülle, Ruhe für das Auge, bringt Einblick in das Geschehen, lässt miterleben, ein Spiel von Offenheit und Geschlossenheit des Theaters, von strahlendem Glanz einer Aufführung. Der Bauplatz fordert, sich nicht schreiend darzustellen, sondern in einer Noblesse dem Theater zu dienen.

Der Zuschauerraum erhebt sich kegelförmig aus dieser Hülle, durchschneidet die umfassende Kubatur und bildet mit seiner Oberlichte einen markanten Part der Silhouette des Theaters. In schwarzem Sichtbeton gefärbt steht er in seiner Kraft der Gesamtform des Theaters gegenüber, ein Fingerzeig der Kunst, ein Erahnen einer anderen Welt, eine klare Manifestation modernen Theaters und Ausdrucksform zeitgemäßer Architektur. Ein Fixpunkt und Wegweiser ins Reich der Phantasie.

Erdgeschoß | Eingangsebene
ground floor | entrance level

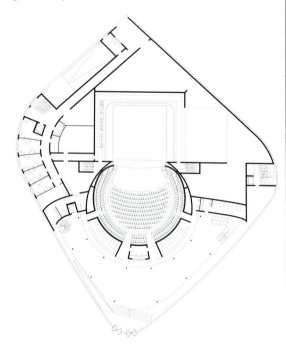

The project challenges us to come to terms with the past. The high value of the past is brought to new life in the present, to contemporary and modern forms of expression and is placed in a field of vision for future generations. The only Elizabethan theatre outside England may have been a revolutionary approach in Central Europe at the time. The fusion of stage and auditorium, of actor and observer, of illusion to reality, of action to reaction - this once drew great attraction and challenge and still does. What happens, what is played, merges with the person who enters this illusory world. The project chooses the circular form of the theatre space in order to bring audience areas close to the stage.

The building site, which signals expansiveness and openness, allows the clear building structure to be read. An all-round, enclosing, transparent glass shell, peace for the eye, provides insight into the action, allows for experiencing a play of openness and enclosure of the theatre, of the radiant glamour of a performance. The building site does not demand loudness but serving the theatre with noblesse.

The auditorium rises conically from this shell, cuts through the comprehensive cubature and, with its skylight, forms a striking part of the theatre's silhouette. Coloured in black exposed concrete it opposes the overall form of the theatre with all its power, a reference to art, a glimpse of another world, a clear manifestation of modern theatre and an expression of contemporary architecture. A fixed point and signpost into the realm of fantasy.

Wohnhaus H. | Mondsee

Yin und Yang – komplementär und zugleich different – die Suche nach Paaren, die grundlegend verschieden gestaltet sind und doch eine Einheit bilden. Dieser Idee folgend entwickelte der Architekt ein Gebäude mit einer harten Schale und einem weichen Kern. Durch die Teilung der Gesamtform entsteht ein „Bumerang-artiges" Gebilde – in klaren Strukturen und als Schale begrenzend nach außen, lebhaft in seinem inneren Kern.

Dem umfassenden Rücken des Hauses wird durch Holz Weichheit, Farbe und Struktur verliehen. Der Bezug zur Natur mit Blick auf den Mondsee und die Drachenwand, die freie Lage am Ortsrand in Nachbarschaft zu einem alten schönen Bauernhaus – diese Qualitäten haben Eingang gefunden in Planung und Umsetzung. Die Schönheit der Natur bildet einen maßgeblichen Faktor.

Konträr zur eleganten Holzstruktur der Außenfassade baut sich das Gebäude mit der innenliegenden Putzfassade strukturhaft, mit Kuben spielend, vor- und rückspringend auf. Große Fensterelemente, die geschüzten Sitzplätze, lassen ein intimes Familienleben, ein spannendes Miteinander erwarten.

Das Gebäudeinnere erfüllt alle Anforderungen der Leichtigkeit, Transparenz und der funktionellen Abläufe. Dem Wunsch nach freiem und offenem Wohnen wird ein hohes Augenmerk verliehen. Ungestört zum Wohnbereich der Familie ist eine Einliegerwohnung platziert, klar getrennt, um unnötige Störfaktoren von Beginn an zu vermeiden.

Der Charakter, der dem Tal zugewandten offenen Form der Innenseite im Gegensatz zur geschlossenen, Holz verkleideten Außenhaut prägt dieses Haus und lässt es einzigartig erscheinen.

Yin and Yang – complementary and different at the same time – the search for pairs which are fundamentally different in design and yet form a unity. Following this idea, the architect developed a building with a hard shell and a soft core. By dividing the overall form a "boomerang-like" formation is created – in clear structures and as a shell limiting towards the outside, lively in its inner core.

Wood gives the comprehensive back of the house softness, colour, and structure. The relationship to nature with a view on Lake Mondsee and the Drachenwand, the open location on the outskirts of the village in the vicinity of a beautiful old farmhouse – these qualities have found their way into the planning and implementation, the beauty of nature being a decisive factor.

Contrary to the elegant wooden structure of the exterior façade, the building with its interior rendered façade builds up structurally, playing with cubes, projecting and receding. Large window elements, the sheltered seating areas, give rise to the expectation of an intimate family life, an exciting togetherness.

The building's interior fulfils all the requirements of lightness, transparency, and functional flow. Great attention is paid to the desire for free and open living. Undisturbed from the family's living area, a granny flat is placed, clearly separated to avoid unnecessary disturbing factors from the very beginning.

The character of the open form of the interior, facing the valley, in contrast to the closed, wood-clad exterior, characterises this house and makes it appear unique.

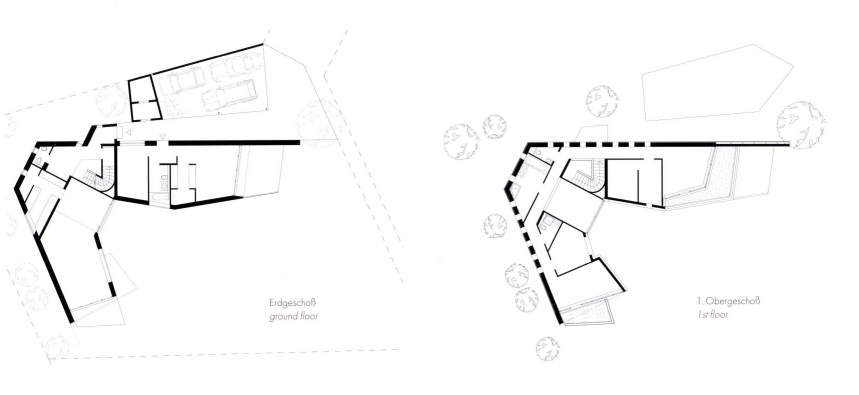

Erdgeschoß
ground floor

1. Obergeschoß
1st floor

Hochregallager Milchhof

„Das Geheimnis des Erfolgs? Sich nie damit zufrieden geben, dass man zufrieden ist."
Ray Conniff

Diesem Gedanken entspricht sowohl das städtebauliche Entwicklungskonzept „Science:City:Salzburg" als auch das darin integrierte Objekt „Alpenmilch Salzburg". Und ebenso unterliegt die nunmehrige Projektierung diesem „Ideal" und strebt danach, das Entwicklungskonzept des Stadtteiles weiter zu führen.

Starke architektonische Aussagekraft mit klar proportionierten und ruhig gehaltenen Baukörpern, eine scharfkantige architektonische Physiognomie, Signifikanz und markante, signalhafte Sprache im Stadtgebiet. Das Objekt wird mit einer Haut überzogen, welche aus transparenten, bedruckten Stegplatten besteht – eine Oberflächenbedruckung, welche an Milchschaum erinnernd den Genussfaktor hoch hält und damit die Intention des Unternehmens, dem Leben feine Nuancen verleihen, nach außen trägt.

Architektur als Botschaft, als Vermittler und Träger der Firmenphilosophie, als Wirkkraft von innen nach außen. Das war die gestellte Anforderung und diese wurde in eine äußerst. originelle Planung umgesetzt.

Mitarbeiter Dachterrasse
staff roof terrace

"The secret of success? Never be content with being content."
Ray Conniff

The urban development concept "Science:City:Salzburg" as well as the integrated object "Alpenmilch Salzburg" correspond to this principle. The current project planning is also subject to this "ideal" and strives to continue the development concept of the district.

Strong architectural expressiveness with clearly proportioned and calm structures, a sharp-edged architectural physiognomy, significance and a striking, signal-like language in the urban area. The object is covered with a skin consisting of transparent, printed multiwall sheets – a surface printing reminiscent of milk foam, thus keeping the pleasure factor high and carrying the company's intention, which is to add subtle nuances to life, to the outside world.

Architecture as message, as mediator, and carrier of the company philosophy, as effective force from the inside to the outside – this was the requirement and it was successfully implemented in an extraordinary original planning process.

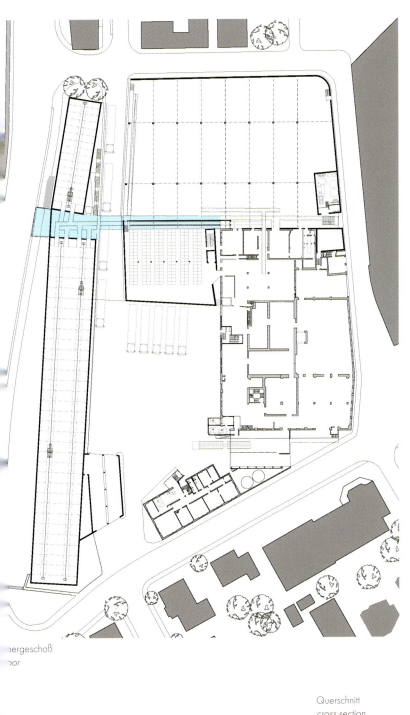

Obergeschoß

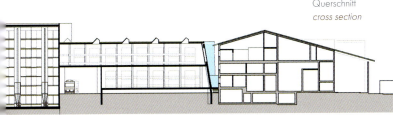

Querschnitt
cross section

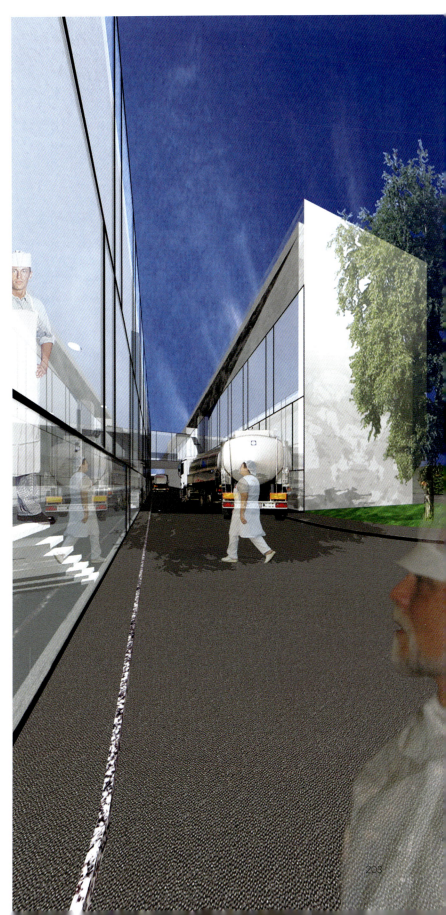

Wohnanlage am Tivoli | Innsbruck

Die Grundlage der Konzeption beruht auf einem dialektischen Wechselspiel verschiedener Ausdrucksformen der dem Projekt zugrunde liegenden Architektur.

Eine klare Blockrandbebauung, weiße Putzflächen mit fassadenbündigen klar eingeschnittenen, rhythmisch definierten, dunklen Fensterbändern.
Ein scharfkantiges Objekt, geformt aus linear ineinander fließenden Kubaturen, tritt in ein Wechselspiel mit kubischen Vorsprüngen der Fassade.

Wirkmächtig durchbricht die Vertikale des Turms im Süd-West Eckbereich ebenso wie die aufgesetzten Kuben die sonst straff geführte lineare Baukörperkontur.

Augenmerk wird darüber hinaus der erdgeschoßigen Basisebene verliehen. Eine Öffnung, virtuelle Durchlässigkeit und Belebung des innenliegenden Gebäudefreiraums ist erlebbar. Die Blickachse und Grünverbindung Stadtteilplatz – Sillufer erscheint inspirierend. Der siedlungsinternen, städtischen Platzgestaltung wird der Freiraum, der Grünraum, der „Erlebnisraum Sillufer" gegenübergestellt.

Der Blockinnenraum wird zu einem erlebbaren Raum vernetzter Strukturen, ein Ansporn der Sinne – Augen, Nasen, Hände, ein Wandelgarten der Erlebnisse. Angedacht ist ein Rosenhügel, ein Kräuterhügel, ein Gräserhügel, ein Sträucherhügel, ein Sukkulentenhügel. Die hügelige Gestaltung soll ein Zitat der schönen Tiroler Landschaft sein, soll die positive Kraft der Naturlandschaft vermitteln.

Das Anliegen dieses Projektes liegt in einer kreativen Interpretation des Umfelds. Belebte Architektur, die den hohen Ansprüchen der gestalterischen ebenso wie der funktionellen und wirtschaftlichen Seite gerecht wird.

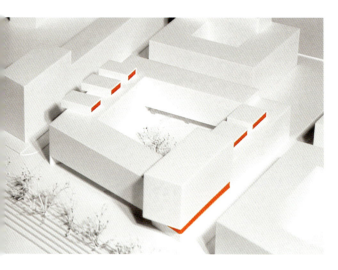

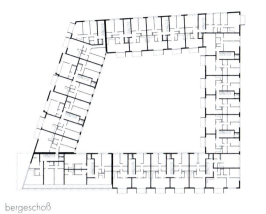
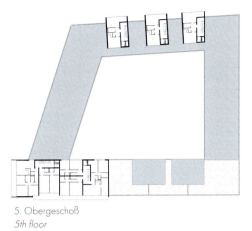

5. Obergeschoß
5th floor

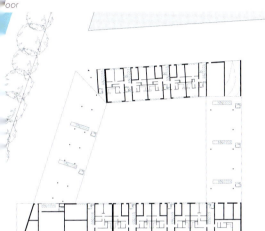
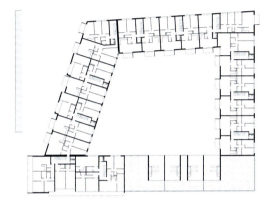

4. Obergeschoß
4th floor

The conceptional basis of the project is a dialectical interplay of different forms of expression of architecture.

A clear perimeter block development, white rendered surfaces with clearly cut, rhythmically defined, dark window bands flush with the façade.
A sharp-edged object, formed by cubes flowing into one another linearly, enters into an inter-play with cubic projections of the façade.

The verticality of the tower in the south-west corner area as well as the attached cubes powerfully break up the otherwise tight linear contour of the building.

Moreover, attention is paid to the ground floor base level. An opening, virtual permeability and revitalisation of the open space in the interior of the building can be experienced. The visual axis and green connection between the district square and the banks of the Sill River appears inspiring. The urban square design is being contrasted with the open space, the green space, the "adventure space Sill River".

The interior of the block becomes an experienceable space of linked structures, a stimulus for the senses – eyes, noses, hands, a strolling garden of experiences. A rose mound, a herb mound, a grass mound, a shrub mound, a succulent mound are envisaged. The hilly design is supposed to be a visual quotation of the beautiful Tyrolean landscape conveying the positive power of a natural landscape.

The issue of this project is a creative interpretation of the surroundings. Enlivened architecture which meets the high demands of design as well as function and economics.

Wohnanlage Schallmoos

Große Strukturen freistehender Gebäude, dichte Verbauungen umfassen den Bauplatz im Norden, Osten und Süden und erwarten ein starkes und klares Pendant. Das Projekt bildet durch die Komposition von Langkörper und Stadtvilla die städtebaulich erwartete Stärke in einer dem Bauplatz angemessenen, notwendigen Dimension und Identität.

Im zweiten wesentlichen Gesichtpunkt des Bauplatzes liegt die Herausforderung darin, im Naheverhältnis zum Dr.-Hans-Lechner-Park eine qualitativ hochwertige Naherholungsfläche zu positionieren. Eine sensible Hand des Planers ist gefordert.

Wesentlich erscheint die Komposition, in der die beiden Gebäude Langkörper und Stadtvilla in Verbindung treten. Ein Wechselspiel von Offenheit, eleganten raumhohen Verglasungen mit Glasbrüstungen, auflösende und leichte Strukturen, verändern sich zu geschlossenen Putzfassaden mit dunkel gehaltenen Lochfenstern.

Belebte Architektur mit einer kreativen Interpretation des Umfelds.

Large structures of free-standing buildings and dense housing, which encloses the site to the north, east, and south do need a strong and clear counterpart. The project forms the strength expected in a necessary dimension and identity appropriate to the building site from an urban planning point of view by the composition of the long building and the urban villa.

The second essential aspect of the site is the challenge of positioning a high-quality recreational area in close proximity to the Dr.-Hans-Lechner-park, thereby requiring a sensitive hand of the planner.

The composition, in which the two buildings, the long body and the city villa, are connected, appears to be essential. An interplay of openness, elegant floor-to-ceiling glazing with glass balustrades, dissolving and light structures, change to closed plaster facades with dark perforated windows.

Enlivened architecture with a creative interpretation of the surroundings.

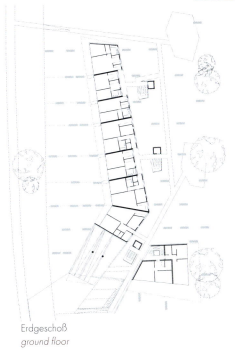

Erdgeschoß
ground floor

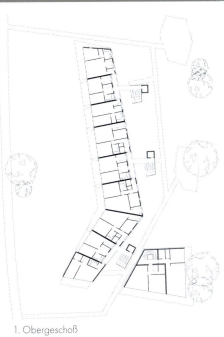

1. Obergeschoß
1st floor

Dachgeschoß
top floor

Hotel und Büros am Tivoli
Innsbruck

Einfahrtsstraßen zählen zu den städtebaulich markanten und ausdrucksstarken Fingerabdrücken, die den Charakter und damit die Visitenkarte einer Stadt prägen. In diesem Stadtteilgefüge ein Pendant zu alter geschichtsträchtiger Baukunst, dem Altstadtbereich, und ebenso ein Bindeglied zu interessanter moderner Architektur der nahen Vergangenheit zu finden – darin liegt die Herausforderung.

Das Anliegen besteht in der Umsetzung eines großzügigen und markanten Zeichens am Bauplatz Tivoli in Innsbruck, gefüllt mit logischen inhaltlichen Faktoren, ein Fingerzeig, der architektonischer Gestaltung Rechnung trägt, wie auch maßgeblichen Störfaktoren, dem Südring als einer der am stärksten befahrenen Straßen Innsbrucks, kraftvoll gegenübersteht.

Der monolithische und großräumige Baukörper begleitet den Straßenraum, er produziert sich als innovative, signifikante Fassadenstruktur. Achtsamkeit dem „Nachbarn" gegenüber im Sinne einer Vermeidung nachteiliger Beschattung des Freibadareals wird selbstverständlich realisiert.

Westlich werden Bürostrukturen geplant, verhalten nach außen, in ihrem Inneren transparent und großzügig. Über die Perforierung der fünften Fassade wird in gezielt eingesetzten und unerwarteten Momenten von oben Licht in den Baukörper geleitet.

Der Hotelturm mit darüber liegendem Technikgeschoß sowie aufbauendem Aussichts- und Eventbereich bilden die zweite entscheidende Kraft des Gebäudes. Moderne Hotelarchitektur im Sinne einer zweigeschoßigen Hotellobby mit Rezeption, Bars, Information – eine Nabelschnur und Hauptschlagader.

In konstruktiver Hinsicht wird eine Bauweise mit Stahlbetonscheiben und -stützen gewählt, die eine Vollwärmeschutzfassade mit farbigem Außenputz in sonnigem und strahlendem Gelb erhält. Um den Charakter der Außenhaut zu verstärken, werden die Fensterelemente putzbündig platziert – ein „Guss", eine geschlossene Fläche aus Putz und Glas. Anthrazitfarbene Aluminiumfenster verstärken das klare, architektonisch starke Gesamtkonzept.

Süden / south

en /north

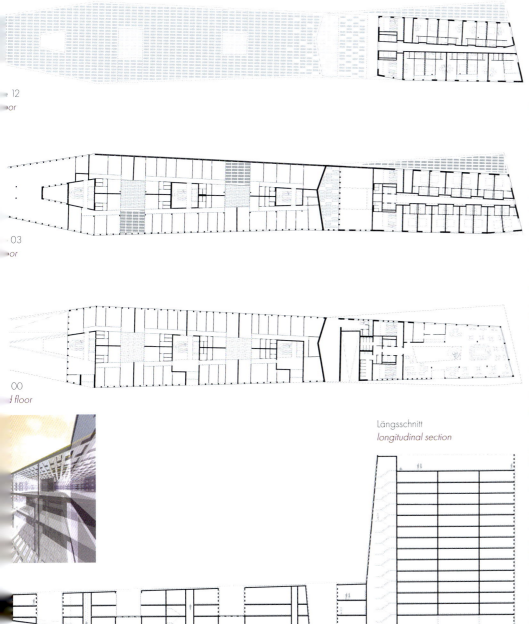

Längsschnitt
longitudinal section

Entry roads are among the most distinctive and expressive fingerprints in urban development shaping the character and thus the showpiece of a city. The challenge is to find a counterpart to the old historical architecture of the old town and a link to the interesting modern architecture of the near past.

The task is to create a generous and striking landmark on the Tivoli site in Innsbruck, both filled with logical content factors, a pointing finger that takes architectural design into account and also powerfully confronts significant disruptive factors, such as the Südring, one of Innsbruck's most heavily trafficked road.

The monolithic and spacious building accompanies the street space, it produces itself as an innovative, significant façade structure. Mindfulness regarding the "neighbour" by avoiding detrimental shading of the outdoor pool area is naturally realised.

To the west office structures are planned, restrained on the outside, transparent and generous on the inside. The perforation of the fifth façade allows light to enter the building from above both at specific and unexpected moments.

The hotel tower with its technical storey and the viewing and event area above form the second decisive force of the building. Modern hotel architecture in the sense of a two-storey hotel lobby with reception, bars, information – an umbilical cord and main artery.

From a structural point of view, a construction method with reinforced concrete slabs and columns is chosen, moreover a full thermal insulation façade with coloured exterior rendering in sunny and radiant yellow. To reinforce the character of the outer skin, the window elements are placed flush with the plaster – all of a piece, a closed surface of plaster and glass. Anthracite-coloured aluminium windows intensify the clear, architecturally strong overall concept.

Wohnhaus Spitzer | Fürstenbrunn

Ideenreichtum und Verstehen der Materialien durchzieht in einer Vielzahl von Facetten die Entwicklung dieses in das Hier und Heute verwandelte Wohnhaus. Nach einer längeren Wohnphase im „alten" Haus wurde der Wunsch und Bedarf nach einem architektonisch ansprechenden Lebensumfeld seitens der Bauherrenfamilie laut. Es braucht schon eine Symbiose zwischen Bauherrn und dem Architekten, um aus einer dunklen Trutzburg ein so helles, beschwingtes, allen Ansprüchen der Bewohner gerecht werdendes Heim umzusetzen.

Ein altes Bestandgebäude, mit dunklem Holz verkleidet, mächtigen Mauerpfeilern und einem ausladenden Dach verliehen dem ursprünglichen Wohnhaus ein gedrungenes und düsteres Erscheinen, unbefriedigend in seiner Funktionalität.

Das Hinführen zu einer klar definierten architektonischen Formensprache lässt diesen ursprünglichen Charakter völlig verschwinden. Ein perfekt strukturiertes Objekt mit ruhig eingeschnittenen Fensteröffnungen bildet den äußeren Rahmen, welcher sich im Inneren durch Leichtigkeit und Eleganz widerspiegelt.

Hier wurde der gewünschte Wohnbedarf durch geschickt gesetzte Erweiterungen in einer bewussten Geradlinigkeit und Luftigkeit umgesetzt. Dem Spiel des Lichts und der Farbe wurde ebenso Augenmerk verliehen wie einer großzügigen Einbeziehung der Natur.

vor und nach dem Umbau
before and after the conversion

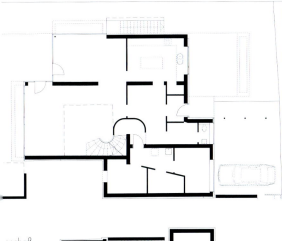

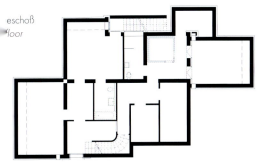

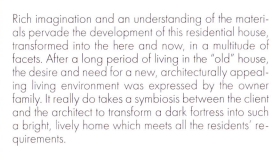

Rich imagination and an understanding of the materials pervade the development of this residential house, transformed into the here and now, in a multitude of facets. After a long period of living in the "old" house, the desire and need for a new, architecturally appealing living environment was expressed by the owner family. It really do takes a symbiosis between the client and the architect to transform a dark fortress into such a bright, lively home which meets all the residents' requirements.

An old existing building, clad in dark wood, mighty masonry pillars and a projecting roof gave the original residence a squat and sombre appearance, unsatisfactory in its functionality.

The move towards a clearly defined architectural language allows its original character to disappear completely. A perfectly structured object with calmly cut window openings forms the outer frame, which is reflected in the interior by lightness and elegance.

Here, the desired living space was realised through cleverly placed extensions in a deliberate straightness and airiness. Attention was paid to the play of light and colour as well as to a generous inclusion of nature.

Sauna & Sportraum
sauna & sportsroom

„Haus der Natur" Museum Salzburg

In der geschichtlichen Auseinandersetzung mit dem Stadtraum „Museumsplatz" zeigt sich, dass um 1818 ein schmaler Riegel den Platz in zwei Gassen geteilt hat. Die städtebauliche Interpretation und Umsetzung dieses historischen Bildes – Schaffung von kleinen Plätzen – ist ein Leitgedanke des Projektes „Erweiterung Haus der Natur".

Die architektonische wie auch städtebauliche Aufgabenstellung beinhaltet eine Akzentuierung des Dreibeins Museum der Moderne, dem Veranstaltungslokal „Szene Salzburg" (ehemaliges „Stadtkino" und „Republic") und dem Haus der Natur. Gebäudemaßstäblichkeit im Kontext wird gewahrt, Achsen des Platzes, Sichtverbindungen und Blickfänge werden gefunden.

Alte Bürgerhäuser fanden Verzierungen durch Faschen rund um die Fenster. Diese Anleihe wird als neues fassadenbildendes Element des SMCA, des Salzburger Museum Carolino Augusteum, in ein modernes Gesicht geführt.
Hervorspringende Faschen lassen durch die Verwendung eines sich farblich im Blickwinkel verändernden Lacks einer starren Fassade Leben und Veränderung zukommen.

Eine Platzierung des Cafés im Museumsplatz würde in eine ungleiche Konkurrenz mit der Gastronomie in der Szene Salzburg treten, weswegen das Café in die luftige Höhe versetzt wird. Daher kann es direkt von außen, auch mit Lift jenseits aller Öffnungszeiten des Museums erreicht werden.

Von oben betrachtet gliedert sich das Foyergebäude mit seinem Faltdach – eine Weiterentwicklung des klassischen Grabendaches – in die charakteristische fünfte Ansicht Salzburgs ein. Ebenso liegt das Café in seinem Erscheinen im Klangbild der Stadt, allein das Treiben, bunte Schirme, Menschen und Leben lassen eine Ahnung möglicher Genüsse erspüren.

Das Entrée zum Haus der Natur wird neu gestaltet. Zusätzlich wird ein direkter Zugang zum Wechselausstellungsraum im ersten Obergeschoß geschaffen. Eine Möglichkeit, um Vorträge, Events oder eine Fülle von anderen Veranstaltungen in einem organisatorisch günstigen Rahmen zu realisieren.

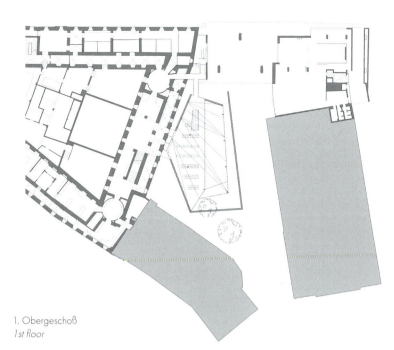
1. Obergeschoß
1st floor

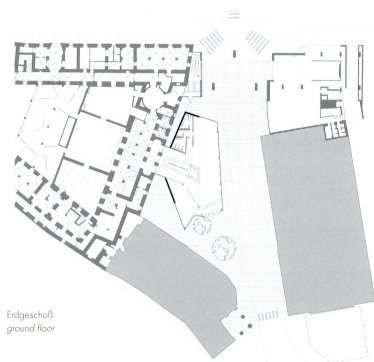
Erdgeschoß
ground floor

Dachterrasse mit Festungsblick
roof terrace with view of Fortress

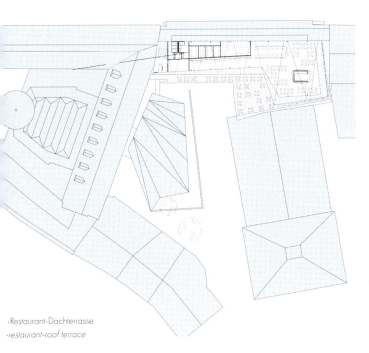
-Restaurant-Dachterrasse
-restaurant-roof terrace

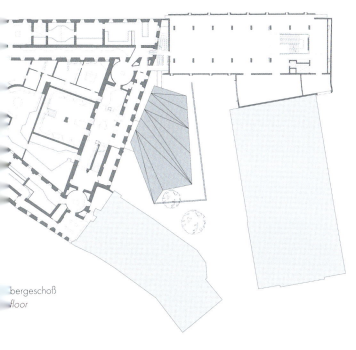
bergeschoß
floor

A historical examination of the urban space "Museumsplatz" shows that around 1818 a narrow bar divided the square into two alleys. In regards to urban development the interpretation and implementation of this historical image – the creation of small squares – is a guiding idea of the project "Extension Haus der Natur".

The architectural as well as urbanistic planning task includes an accentuation of the tripod "Museum der Moderne", the event venue "Szene Salzburg" (formerly "Stadtkino" and "Republic") and the "Haus der Natur". The scale of the buildings is preserved while the axes of the square, lines of sight and eye-catchers are found.

Old town houses once often had ornamental moldings around the windows. This feature is borrowed and serves as a new façade-forming element providing the SMCA, Salzburg's "Carolino Augusteum Museum", with a modern face.

By using a kind of paint which changes colour depending on the angle of view protruding moldings give life and variety to a rigid façade.

Placing the café in the museum square would compete unevenly with the gastronomy in the "Szene Salzburg". Therefore, the café is placed in the lofty height on top of the "Haus der Natur", so that it can be reached directly from the outside, by using an elevator even beyond the museum's opening hours.

Viewed from above, the foyer building with its folding roof – an advancement of the classic grave roof – blends in with the characteristic fifth view of Salzburg. Similarly, the café's appearance is part of the city's soundscape with its hustle and bustle, colourful umbrellas, people, and life hinting at possible pleasures.

The entrance to the "Haus der Natur" is being redesigned. Additionally, direct access to the temporary exhibition room on the first floor is created, thus allowing the potential of realising lectures, events or plenty of other happenings in an organisationally favourable setting.

Nationalbibliothek Prag

Der zentrale Entwurfsgedanke der neuen Bibliothek Prag ist am Bild des Gebäudes ablesebar, eine Idee wird in eine dem Leitgedanken entsprechende Struktur verwandelt.

Das Herzstück der Bibliothek – das nationale Archiv alter Literaturbestände bis in die heutige Zeit – wird wie ein Edelstein im Zentrum der Bibliothek positioniert. Ein Juwel, das städtisch rundum sichtbar in der Gebäudekomposition gefasst wird und gleichzeitig im Gebäude alle Bereiche dominiert, wie Kronjuwelen hinter Glas verborgen – nah und doch klar abgegrenzt. Der „Geist alter Literaten" weht im Gebäude.

Rund um den zentralen Kubus des nationalen Archivs entwickelt sich ein Baukörper, der von klaren Strukturen geprägt und wohl proportioniert angeordnet ist. Funktionsbereiche sind in einer logischen Abfolge situiert. Darin wird die Botschaft der Bibliothek vermittelt, wird zur Einladung an Wissbegierige und Ruhesuchende als Ort des Austausches und der Vielfalt von Meinungen, von Erfahrungen und Interpretation der Vergangenheit.

Die Qualität des Bauplatzes lebt in der Einheit mit der Sichtverbindung auf die Stadt Prag, der Ruhe und dem Gleichmut der Moldau. Der Ausblick, die Weite der Landschaft werden zum Teil des Gebäudes und spiegeln sich in der Bibliothek wider.

„Gern lesen heißt, die einem im Leben zugeteilten Stunden der Langeweile gegen solche des Entzückens einzutauschen."

Charles-Louis de Montesquieu

Erdgeschoß
ground floor

1. Obergeschoß
1st floor

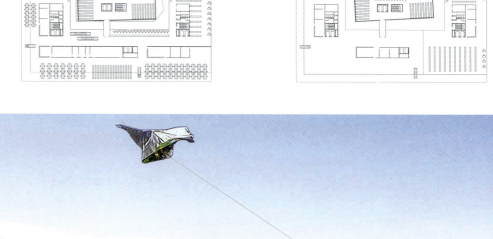

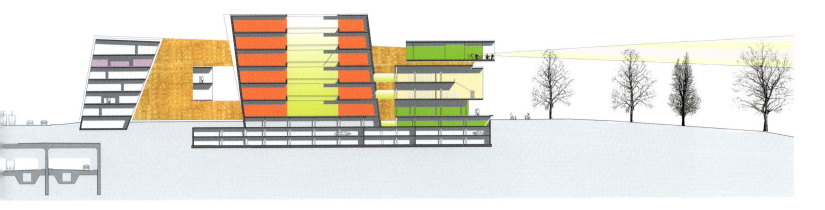

2. Obergeschoß
2nd floor

4. Obergeschoß
4th floor

6. Obergeschoß
6th floor

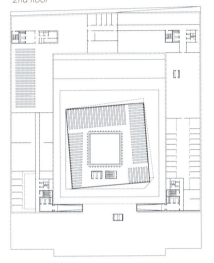
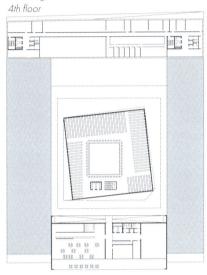
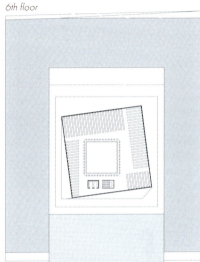

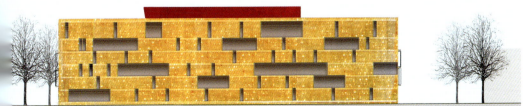

The central design idea of the new Library in Prague can be derived from the appearance of the building with the main idea having been transformed into a corresponding structure.

The heart of the library – the national archive of old literature up to the present – is positioned in the centre of the library like a gemstone. A jewel visible from all around and at the same time dominating all areas in the building, hidden behind glass like crown jewels – close and yet clearly demarcated. The "spirit of old literati" waving through the building.

Around the central cube of the national archive, a building develops which is characterised by clear and well-proportioned structures. Functional areas are positioned in a logical sequence, thus conveying the message of the library. Inquisitive and rest-seeking people are invited to this place of exchange and diversity of opinions, of experiences and interpretation of the past.

The quality of the building site is in unity with the line of sight on the city of Prague, the tranquillity and serenity of the Vltava. The view, the vastness of the landscape become part of the building and are reflected in the library.

"To enjoy reading means exchanging the hours of boredom assigned to you in life for hours of delight."

Charles-Louis de Montesquieu

City Library Stockholm

Bildung ist ein Hauptwort in Schweden. Bildung wird verlangt, wird gegeben, wird gelehrt. Das Bildungsniveau in Schweden ist, wie auch im übrigen Skandinavien, überdurchschnittlich hoch und wird als selbstverständlich erachtet. So ist auch dem Anspruch an Form und Funktionalität der neuen Bibliothek Rechnung zu tragen, angelehnt an den vorgegebenen Asplund-Bau.

Im charakteristischen Formenspiel von Quadrat und Kreis, dem der Asplund-Bau unterliegt, wird ein weiterführender, verwandter Dialog von Rechteck und Ellipse geschaffen.

Die Gestaltung der Außenhaut dieser Gebäudebasis setzt eine klare Aussage auf Sinn und Anspruch des Objektes: Buchstaben erfüllen das Leben des Gebäudes und werden an der Fassade bis über die fünfte Ebene spürbar. Als logische Konsequenz baut sich das statische Fassadengerüst als ineinander verwobene Buchstaben auf – ein klarer Transport innerer Funktionen.

In einem städtebaulich größeren Kontext steht der zylindrische Glaskörper. Weitum sichtbar erhellt er den Nachthimmel, glänzt im Sonnenlicht und lässt doch eine klare Einfügung in die Stadtlandschaft erkennen – dezent und vornehm, ohne schreiend zu werden. Sichtbar und daher Orientierungspunkt, belebt in seiner Farbe, luftig in seinem Leben.

Die Gebäudebasis und der gläserne Zylinder – zwei Charaktere, die sich verbinden und zu einer signifikanten Geste in Stockholms Leben werden. Ein Ort der Offenheit, der Weite, der Toleranz, des Wissens.

„Ein Bücherschatz ist wie ein geistiger Baum,
der Bestand hat und seine köstlichen Früchte
spendet von Jahr zu Jahr,
von Geschlecht zu Geschlecht."

Thomas Carlyle

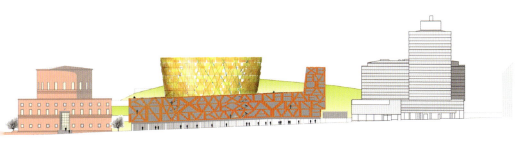

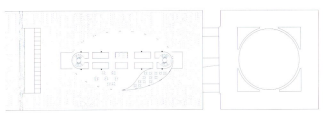

8. Obergeschoß
8th floor

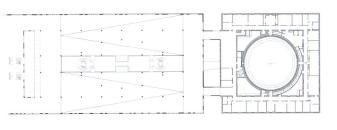

4. Obergeschoß
4th floor

1. Obergeschoß
1st floor

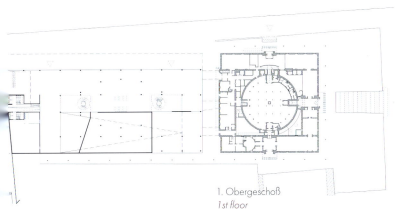

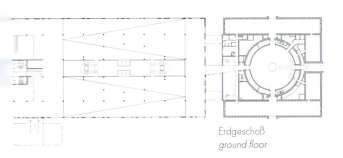

Erdgeschoß
ground floor

Education is a word of greatest importance in Sweden. Education is demanded, is given, is taught. The level of education in Sweden, as in the rest of Scandinavia, is above average and is taken for granted. Therefore, the aspiration concerning form and functionality of the new library is also to be taken into account, based on the given Asplund building.

In the characteristic interplay of the shapes of square and circle, to which the Asplund Building is subject, a further dialogue of rectangle and ellipse is created.

The design of the outer skin of this base makes a clear statement about the meaning and aspiration of the object: letters fill the life of the building and can be felt on the façade up to the fifth level. As a logical consequence, the static façade framework builds up as interwoven letters – a clear transport of inner functions. The cylindrical glass body stands in a larger urban context. Visible from afar, it illuminates the night sky, gleams in the sunlight and yet blends in with the urban landscape - discreetly and nobly, without becoming gaudy. Due to its visibility it is a point of orientation, enlivened in its colour, airy in its life.

The base of the building and the glass cylinder – two characters merging and becoming a significant gesture in Stockholm's life. A place of openness, of vastness, of tolerance, of knowledge.

"A staple of books is like a spiritual tree which lasts and yields its fruits from year to year, from generation to generation."

Thomas Carlyle

Wohnanlage Lanserhofwiese Riedenburg

Da möchte ich wohnen. Ein häufig gehörter Satz angesichts dieser Wohnanlage.

An der Salzburger Moosstraße liegen diese rhythmisch und ruhig wirkenden linearen Baukörper. Durch ihre in einem leichten Winkel zur Moosstraße strukturierte Anordnung bilden sie keine Barriere zum Straßenraum. Spannende Ein- und Durchblicke werden dank der unterschiedlichen Distanz gewährt.

Die dreigeschoßigen Baukörper mit den punktuell im vierten Obergeschoß aufgesetzten Kuben sind nach Westen ausgerichtet, durch die Loggien gelangt die tief stehende Sonne in die Gebäude, die hoch stehende Mittagssonne wird abgeschirmt. Diese logische Ausnutzung natürlicher Sonneneinstrahlung bewirkt zusätzlich eine Reduktion des notwendigen Energiebedarfes.

Wesentlich für die Energieversorgung der Wohnanlage sind auch die Sonnenkollektoren mit einem angeschlossenen Pufferspeicher. Dieser deckt die gesamte Warmwasseraufbereitung.

Ostseitig, in Richtung Straße, sind die Wohnungen mit verglasten Laubengängen erschlossen. Diese zeichnen sich durch eine hervorragende Lärmabschirmung der Wohnbereiche aus.

Bemerkenswert, quasi ein zusätzliches Feature für das Wohlbefinden, ist die positiv stimmende Farbkonzeption der Gebäude in rot, blau, gelb und grün, welche sich in Farbnuancen im jeweiligen Gebäude spielerisch entwickeln, sodass ein farblich strukturiertes Gesamtbild innerhalb der Gebäudefluchten entsteht.

Im Inneren des Areals richtet sich elegant und leichtfüßig ein Solitär auf. Dieser Baukörper mit seiner tänzerischen Anmutung überragt die übrigen Baukörper und hat in der Großräumigkeit des Innenhofes seinen idealen Platz gefunden. Gleich einem Dirigenten bestimmt er sein architektonisches Umfeld, sein Orchester. Mit luftig schwebender Leichtigkeit treten Kuben aus dem Baukörper hervor, welche mittels ihrer Farbgebung durch bedruckte Aluminiumplatten zusätzlich betont werden.

Das Erdgeschoß des Solitärs bleibt frei und transparent, sichtbar ist alleine der gläserne Liftturm.

„... schon lange kein so fröhliches, lebendiges Haus gesehen! Ich gratuliere + freue mich, es in natura zu sehen!"

Max Bächer

"... it's been a long time since I've seen such a happy, lively house! Congratulations + looking forward to seeing it in the flesh!"

Max Bächer

This is where I would like to live. – A statement often heard in view of this residential complex.

The buildings along Moosstraße are rhythmical, quiet, and linear. By their structure they do not form a barrier against Moosstraße but are in interaction with the street and the surrounding neighbourhood. In between the buildings, which are positioned in varying distances to each other, exciting insights and vistas are opening up.

The three-storey buildings with cubes attached on the fourth storey are oriented towards the west. Therefore, the low sun enters the buildings through the loggias and the high midday sun is shielded. This logical use of natural solar radiation also reduces the necessary energy demand.

Moreover, the solar collectors with an attached buffer tank are essential for the energy supply of the residential complex and cover the entire hot water preparation.

On the east side, towards the street, the apartments are accessed via glazed arcades, which excellently shield the noise from the living areas.

The positive colour concept of the four buildings – they are painted in red, blue, yellow, and green – is quite remarkable, an additional feature for one's well-being so to say. The colours playfully develop in varying nuances within the respective building, so that a colour-structured and lively overall picture is created.

In the interior of the building area a solitaire rises elegantly and light-footedly. This building, with its dance-like impression, towers above the other buildings and has found its ideal place in the spaciousness of the inner courtyard. Like a conductor it determines its architectural environment, its orchestra. Cubes emerge from the building with an airy, floating lightness, which is further emphasized by colourful aluminum panels.

The ground floor of the solitaire remains free and transparent, the glass lift tower alone is visible.

1. Obergeschoß
1st floor

Dachgeschoß
top floor

Wohnhaus K.
An- und Umbau | Henndorf

Ein Bestandsgebäude, mit einem Satteldach gekrönt, dezent, ordentlich, dem Ortsbild angeglichen, ein klein wenig uninspiriert, allzu gewohnt.

Der Wunsch nach Veränderung, nach mehr Raum, vereint mit Mut zum Besonderen, einem klaren Blick für Herausforderungen, das Bauen mit sich bringt, gepaart mit dem Ideenreichtum des Architekten, entwickelt sich in einem kreativen Miteinander in ein kräftiges, kantiges und dynamisches Neues. Das dörfliche Erscheinen wird bereichert durch mutige, zeitgemäße und moderne Architektur.

Zwei seitlich angebaute, in einem kräftigen Rot gehaltene Kuben, vereinen innere Funktion mit der Neuproportionierung des Objektes. Weit auskragend, Dynamik verstärkend wirken diese würfelartigen Erweiterungen. Großflächige Fensterelemente werden zum signifikanten Merkmal des äußeren Erscheinungsbildes.

Die Erweiterung des Schlafbereiches der Eltern ist als Einheit in einem Kubus gebildet. Hell, großzügig, in sich geschlossen und funktionell logisch zueinander gefügt und gleichzeitig in eine sinnvolle Symbiose zum Bereich der Kinder im alten Gebäude gestellt.

In einem spannenden Spiel der Raumhöhen – das Bestandsgebäude unterliegt einer geringen Raumhöhe – wurde an der Südseite des Gebäudes ein zweiter Kubus gesetzt. Eine reizvolle Raumhöhe von drei Meter lässt in sich Weite erleben.

Beim Verweilen im Gebäude wird man zwangsläufig an die eigene Kindheit und die Freuden eines Baumhauses erinnert. Durch die Hanglage und die großzügige Auskragung der Kuben wird der fühl- und sichtbare Übergang zur Natur auf eine neue, sinnliche Erlebnisebene angehoben.

An existing building, crowned with a gable roof, unobtrusive, neat, in keeping with the townscape, a little uninspired, all too familiar.

The desire for change, for more space, combined with the courage for something special, a clear eye for the challenges that building brings, paired with the architect's wealth of ideas, develops in a creative collaboration into a powerful, edgy, and dynamic new thing. The rural appearance is enriched by bold, contemporary, and modern architecture.

Two cubes in a strong red colour, attached to the side, combine inner function with the new proportions of the building. These cube-like extensions have a cantilevered, dynamic effect. Large window elements become a significant feature of the outer appearance.

The extension of the parents' sleeping area is formed as a unit in a cube. Bright, generous, self-contained, and functionally logical in relation to each other and at the same time placed in a meaningful symbiosis with the children's area in the old building.

In an exciting interplay of room heights – the existing building is subject to a low ceiling height – a second cube was placed on the south side of the building. A charming room height of three meters allows experiencing spaciousness.

When spending time in the building, one is inevitably reminded of one's own childhood and the joys of a tree house. The slope and the generous projection of the cubes raise the tangible and visible transition to nature to a new, sensual level of experience.

Wohnanlage am Stadtpark | Linz

Grundmotiv des Entwurfs ist die Schaffung von Freiräumen innerhalb des Bauplatzes mit einer Verknüpfung zu den nachbarschaftlichen Qualitäten des Stadtparks. Erzielt wird dies durch bauliche Konzentration und Ausnutzung der Höhe. Blickachsen, Lichteinfall und definierte halböffentliche Flächen prägen das Erscheinungsbild und schaffen Qualitäten städtischen Wohnens.

Die zwei Parkwächter stellen ein Verbindungsglied von öffentlich zu halböffentlichen Grünflächen dar. Durch die eingeschoßige Luftebene der beiden Wächter fließt der Grünraum verstärkt in die neue städtische Erweiterung, verschränkt die Begegnungsräume miteinander und fördert die Kommunikation untereinander.

Umhüllt von einer architektonischen Fassadengestaltung, welche weder schreiend noch unruhig, widersprüchlich oder gar verwirrend wirkt. Ruhe und Geradlinigkeit in einer Zeit der Unruhe, des Getriebenseins.

Die Herausforderung, private Bereiche im Wohnumfeld zu schaffen, wird anhand des im südlichen Areal gelegenen Solitärs verdeutlicht. Das Erdgeschoß wird über das Gelände des Gehsteigs gesetzt, wodurch der Einblick über die Gartenmauern in die Grünflächen der Wohnungen verwehrt wird.
Unterschiedlichste Wohnungscharaktere sind projektiert, von familiärem Wohnen mit Vorgarten bis Wohnen „über den Dächern" der Stadt, variabel in den Größen.

Ein buntes Bild urbanen Lebens gerahmt vom Grün der Natur.

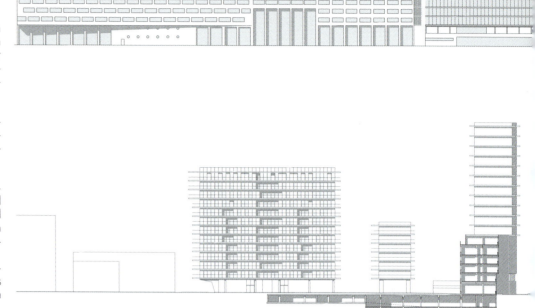

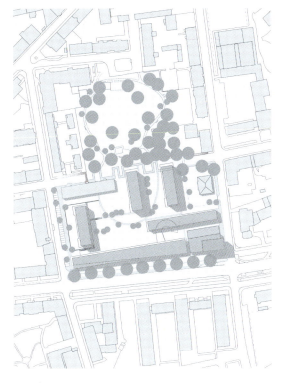

Lageplan
site plan

The basic motif of the design is the creation of open spaces within the building site with a link to the neighbouring qualities of the city park. This is successfully achieved through structural concentration and the utilisation of the dimension of height. Visual axes, incidence of light, and defined semi-public areas characterise the appearance and create qualities of urban living.

The two park guards form a link between the public and semi-public green spaces. The single-storey air level of the two guards increases the flow of green space into the new urban extension, intertwines the meeting spaces with each other and promotes communication between them.

Embedded into an architectural façade design which is neither screaming nor restless, contradictory or even confusing. Calmness and straightforwardness in a time of restlessness, of being driven.

The challenge of creating private areas in the residential environment is illustrated by the solitaire located in the southern area. The ground floor is set above the area of the pavement thus barring the view over the garden walls into the green spaces of the flats.
A wide variety of flat types are planned, from family living with a front garden to living "above the rooftops" of the city, variable in size.

A colourful picture of urban life framed by the green of nature.

Nahversorgungszentrum | Itzling

Vom Norden in die Stadt Salzburg kommend soll der Besucher beim Nahversorgungszentrum Nord von einem wärmenden Farbenspiel empfangen werden.

Farbig beschichtete und bedruckte Glaspaneele in gelben bis roten Farbtönen, von durchsichtig bis durchscheinend, bringen Tag wie Nacht ein Gebäude zum Strahlen, werden zum Blickfang, magnetisieren, wärmen den Alltag. Die markante Erscheinung des Gebäudes verstärkt die Vorfreude auf das Erlebbare im Gebäude.

Die leuchtende Außenhaut ist als vielfältige Werbefläche konzipiert, wodurch das Gebäude ein unverwechselbares Markenzeichen darstellt. Die Ladenfronten bilden die Innenfassade des Nahversorgungszentrums und weisen in einem hohen Grad Individualität auf, zeigen sich in einem abwechslungsreichen und der jeweiligen Corporate Identity der einzelnen Läden charakteristischen Gesicht.

Die Geschäfte besitzen keine klassische „Rückfront", keine trostlose tote Fläche, sondern leben von beiden Seiten – der Mall und der Straße –, leuchten und bestechen, positionieren und repräsentieren Einzigartigkeit.

Entering the city of Salzburg from the north, visitors shall be greeted by a warming play of colours at the local "Shopping Centre North".

Colour-coated and printed glass panels ranging from yellow to red, from transparent to translucent, make a building shine day and night, becoming an eye-catcher, magnetising, warming up everyday life. The striking appearance of the building intensifies the anticipation of what can be experienced inside.

The luminous outer skin is designed as a multifaceted advertising space, making an unmistakable trademark of the building. The shop fronts form the inner façade of the local shopping centre and display a high degree of individuality, showing the varied characteristics of the individual shops and their respective corporate identity.

The shops do not have a classic "back front", no desolate dead space, but live from both sides – the mall and the street –, shine and captivate, stand for and represent uniqueness.

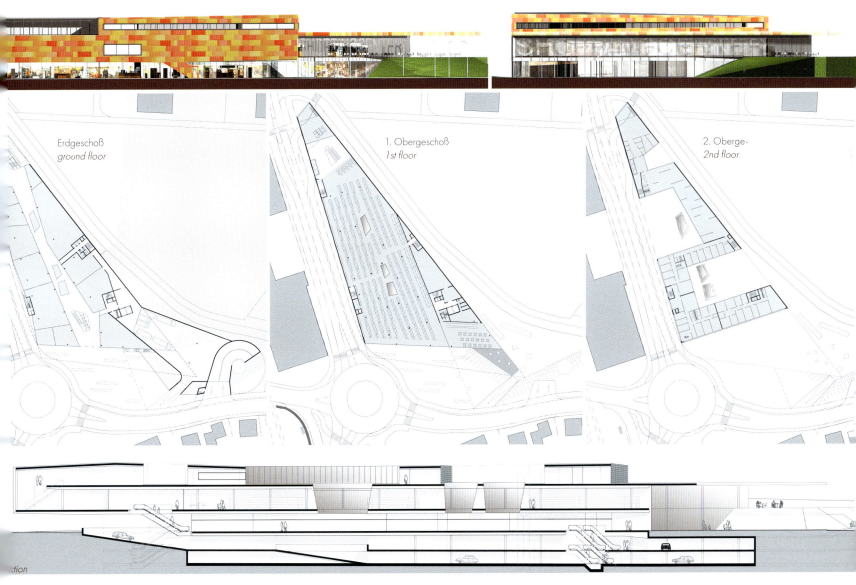

Spängler Bank | Neustadt

Das Bankhaus Spängler steht für Tradition und Kundennähe. Diese Werteparameter sollen in der Architektur nach außen transformiert werden, sollen sich in Gestaltungskraft und Erscheinen widerspiegeln und unausgesprochene Prinzipien vermitteln.

Das den Bauplatz umgebende städtische Areal zwischen Markus-Sittikus-Straße und Ernest-Thun-Straße wird durch freistehende Einzelbaukörper charakterisiert. Dieses Charakteristikum findet im Bestand einer Ceconi Villa seine Fortsetzung und stellt durch die Situierung des neuen Baukörpers an der Markus-Sittikus-Straße als freistehendes Gebäude eine logische Fortsetzung dar. Als Reaktion auf die dem Bauplatz gegenüberstehende Parzelle mit Arbeiterkammer und Uniqa Versicherung, welche eine Aufweitung des Straßenraumes vorgibt, springt das oberste Geschoß des Bankhauses in den Straßenraum und stellt eine Gegenbewegung dar.

Die Fassade ist als mehrschichtige Konstruktion gedacht, deren äußerste Haut durch gelochte, zweischalige Metallpaneele charakterisiert ist. Die Lochung wird in variablen Größen gesetzt, durch die Zweischaligkeit und das Aufeinandertreffen von verschiedenen Lochungen entsteht ein Moiré-Effekt, der eine optische Bewegung hervorruft und Aufmerksamkeit erweckt, ein bewegtes, nie gleiches Bild produziert.

Die beiden Gebäude werden durch die den Innenhof querende Verbindung in eine Einheit gefasst und funktionell geeint. Dieser Weg wird zum Begegnungsraum, erhellt durch zwei begleitende Lichthöfe. Das Foyer entlang der Markus-Sittikus-Straße stellt den Beginn einer Verbindung dar, die sich bis in die Gewölbehalle der Ceconi Villa fortsetzt.

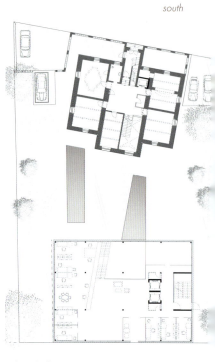

Süd
south

Erdgeschoß
ground floor

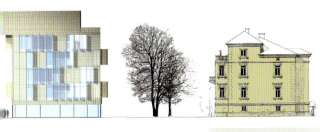

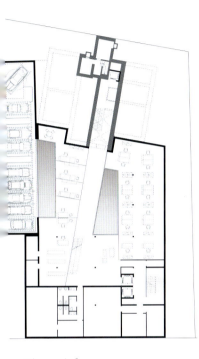

Obergeschoß
1st floor

5. Obergeschoß
5th floor

The banking house Spängler stands for tradition and customer proximity. These values are to be transformed outwards into architecture, are to be reflected in creative power and appearance, and convey unspoken principles.

The urban area surrounding the building site between Markus-Sittikus-Straße and Ernest-Thun-Straße is characterised by free-standing individual buildings. This characteristic feature is continued to the existing Ceconi Villa and finds a logical continuation as a free-standing building in the location of the new structure on Markus-Sittikus-Straße. As a reaction to the plot opposite the building site, housing the Chamber of Labour and the Uniqa Insurance Company and dictating a widening of the street space, the top floor of the bank building jumps into the street space and thus represents a countermovement.

The façade is conceived as a multi-layered construction, the outermost skin of which is characterised by perforated, double-skin metal panels. The perforations are set in variable sizes, the double skin and the clash of different perforations creates a moiré effect, which creates optical movement and attracts attention, producing a moving image and never staying the same.

The two buildings are both functionally and structurally unified by the connection crossing the inner courtyard. This path becomes a meeting space, illuminated by two accompanying atriums. The foyer along Markus-Sittikus-Straße represents the beginning of a connection which continues into the vaulted hall of the Ceconi Villa.

Wohngebäude Aiglhof

Es war einmal ein unansehnlicher Fleck mit gebrauchten Autos, direkt an der Aiglhofkreuzung in Salzburg. Ein städtebauliches Desaster.

Thema des Projektes war die Entwicklung eines mehrgeschoßigen multifunktionalen Gebäudes mit Geschäfts- und Gastronomienutzung im Erdgeschoß und Wohnen in den Obergeschoßen. Wohnen direkt an dieser stark befahrenen Kreuzung, geht das, war eine häufig gestellte Frage im Vorfeld der Planung.

Auf den städtischen Kontext der Aiglhofkreuzung reagiert das Projekt, indem es einen Übergang von der Aiglhofsiedlung hin zum Grün- und Ruheraum schafft. Die städtische Verdichtung im Kreuzungsbereich sowie die Anpassung der Gebäudehöhe an den Baukörper im Westen formt diesen Kreuzungsbereich zu einem kompakten Ganzen, und der Architekt legt Wert auf die maximale Freihaltung des Grünbereichs.

Die Positionierung des Baukörpers, die Höhe sowie die Baumassenverteilung wurden auch aus Sicht des Gestaltungsbeirates positiv beurteilt.

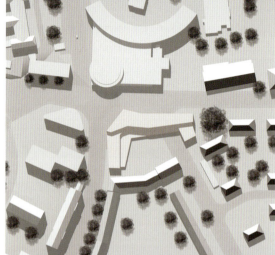

Once upon a time, the Aiglhof crossing in Salzburg was an unsightly spot, a sale yard with used cars. An urban planning disaster.

The subject of the project was the development of a multi-storey multifunctional building with commercial and gastronomic use on the ground floor and residential use on the upper floors. Is living directly at this busy intersection possible, was a frequently asked question in the run-up to the planning.

The project skilfully reacts to the urban context of the Aiglhof crossing by skilfully creating a transition from the Aiglhof estate to a green and quiet space. The urban densification in the crossing area as well as adapting the building height to the existing structure in the west forms a compact whole and the architect puts a lot of emphasis on keeping the green area free to the maximum extent.

The positioning of the building, the height and the distribution of the building masses were assessed positively by the architectural committee of the city of Salzburg.

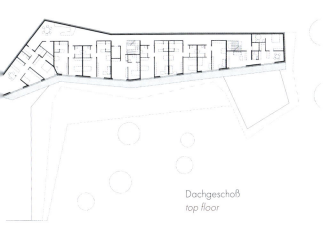

Dachgeschoß
top floor

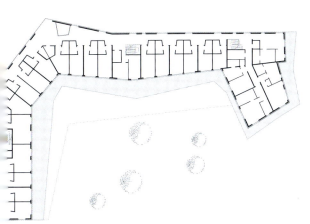

2. Obergeschoß
2nd floor

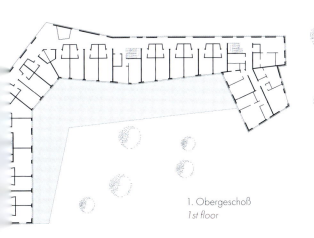

1. Obergeschoß
1st floor

Erdgeschoß
ground floor

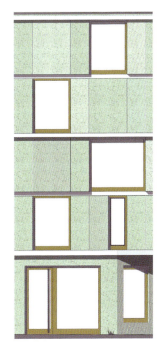

Fassadenausschnitt
facade extract

Ost
east

Dachgeschoßausbau Riedenburg

In der Eduard-Baumgartner-Straße in Salzburg-Riedenburg bedarf es einer besonders sensiblen Handschrift des Architekten. Das Villenensemble aus den 30-er Jahren des vorigen Jahrhunderts verlangt ruhige Planung von hoher Qualität.

Was war zu tun? Der ungenützte Dachraum sollte für Wohnzwecke ausgebaut werden. Als Ergebnis des kreativen Prozesses wurde ein zweigeschoßiger Ausbau mit großzügigen Öffnungen an den Längsseiten unter Beibehaltung der bestehenden Dachlinie – dies war und ist dem Planer sehr wichtig – umgesetzt.
So ist es gelungen, dem Objekt ein vollkommen neues Leben einzuhauchen und zugleich der vorgegebenen Struktur Respekt zu zollen.

Dachgeschoß 1. Ebene
top floor 1st level

The Eduard-Baumgartner-Straße in the Riedenburg quarter of Salzburg requires a particularly sensitive handwriting of the architect. The ensemble of villas from the 1930s demands calm planning of high quality.

What was to be done? The unused attic space was to be expanded for living purposes. As a result of the creative process, a two-storey extension was implemented with generous openings on the longer sides, while keeping the existing roof line – this was and is very important to the planner.
Hereby breathing new life into the property could be managed, while at the same time paying respect to the given structure.

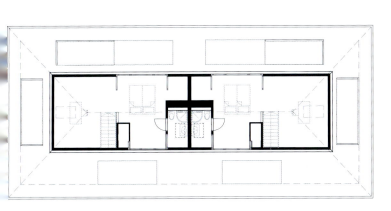

Dachgeschoß 2. Ebene
Top floor 2nd level

Doppelwohnhaus Maxglan

Eine kleine Aufgabe mit großer Wirkung. Das in der Straßengabelung der Moserstraße und Michael-Filz-Gasse in Salzburg-Maxglan bestehende Gebäude wird um einen Dachgeschoßausbau mit zwei Wohnungen erweitert. Zudem wird am Grundstück ein Neubau mit weiteren zwei Wohneinheiten, Stellplätzen und Carport errichtet. Und eben dieser Neubau verlangte vom Architekten eine gut überlegte Planung und kluge Umsetzung, da das Gebäude auf einem kleinen Grundstückszwickel errichtet werden sollte und, wie die Bilder zeigen, auch wurde.

Ausgangspunkt der Planung war die durch einen strukturierten Aufbau gekennzeichnete, bestehende Wohnsiedlung aus der Zeit um 1930. Die Baukörper entlang der Moserstraße sind mit ihren Längsseiten parallel zur Straße ausgerichtet und bilden damit eine dichte Front, während die Baukörper entlang der Glockengießerstraße mit ihrer Schmalseite an der Straße stehen und somit breite Öffnungen und Durchblicke auf das Grundstück zulassen.

Mit der Positionierung des neuen Baukörpers bekommt die Siedlung an ihrem End- bzw. Anfangspunkt im Kreuzungsbereich eine städtebauliche Betonung und einen logischen, optischen Ankerpunkt. Der im Inneren der Siedlungsstruktur befindliche Freibereich wird dadurch verstärkt umfasst, sodass die städtebauliche Situation nicht gestört sondern sinnvoll unterstützt wird. Der zur Straßenkreuzung ausgerichtete Freibereich vor dem bestehenden Gebäude bleibt weiterhin frei und lässt die Großzügigkeit der Straßengabelung bestehen.

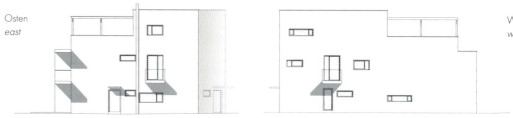

Osten / east

A small task with a big impact. The attic of the existing building situated at the crossroads of Moserstraße and Michael-Filz-Gasse in Maxglan, Salzburg, is extended by two apartments. Furthermore, a duplex house with a carport is to be constructed on the site. And it was precisely this new building which demanded well-considered planning and clever implementation from the architect, since the building was to be erected on a small spandrel of land and, as the pictures show, was.

Starting point for the draft was the well-structured surrounding residential area of the 1930s.
The buildings along Moserstraße are aligned laterally to the street and therefore create a dense front, while the buildings along the Glockengießerstraße, orientated towards the street, offer perspective and open vistas.

The positioning of the new building structure gives the settlement an urban emphasis and a logical visual anchor point. The open space in the interior of the settlement structure is thus more strongly encompassed, so that the urban situation is not disturbed but sensibly supported. The open space in front of the existing building facing the road junction remains vacant and allows the generosity of the road junction to continue.

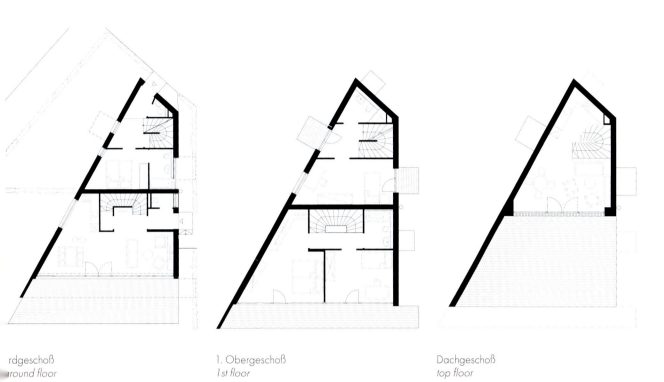

Erdgeschoß
ground floor

1. Obergeschoß
1st floor

Dachgeschoß
top floor

Neue Welt am Bahnhof | Salzburg

Mut kann man sich nicht kaufen. Leider. Es wäre die Chance gewesen, dem Umfeld des Salzburger Hauptbahnhofes neues Leben einzuhauchen. Neues städtisches Leben anstatt alter, devastierter Wohnblocks. Dem ankommenden Reisenden hätte sich ein positiv pulsierendes Leben als erster spontaner Eindruck geboten und nicht eine plumpe Architektur einzelner unzusammenhängender Häuser, die sich durch grässlichen Stilmix auszeichnen.

Für die Stadt Salzburg besitzt das Planungsgebiet Bahnhof-Nord eine zentrale Relevanz. Ziel der Stadtplanung müsste es sein, durch sinnvolle Weiterentwicklung und gelungene Bebauungsmaßnahmen das Bahnhofsquartier selbst wie auch die angrenzenden Quartiere aufzuwerten. Die Grundlage jeder Projektentwicklung sollte somit auf die innerstädtischen Funktionen abgestimmt sein.

Soweit die Theorie.

In diesem Projekt sollten die im Umfeld vorhandenen Einrichtungen (Handel und Institutionen) durch eine räumliche und emotionale Verdichtung in Richtung Norden zu einem leistungsfähigen Knotenpunkt ausgebildet werden.

Von großer Bedeutung ist dabei zum einen der Eintrag natürlichen Lichts in den Innenbereich und zum anderen die Durchlässigkeit nicht nur in Nord-Süd Richtung sondern ganz besonders auch in Ost-West Richtung. Die netzartige Verknüpfung der vielfältigen Einrichtungen im Umfeld bindet auch die Außenbereiche ein, die zum Teil in Form von Terrassen in Erscheinung treten.

An dem neuen Knotenpunkt der Fanny-von-Lehnert-Straße, der August-Gruber-Straße und des Engelbert-Weiß-Wegs sollte ein neuer Hochpunkt ausgebildet werden, der ausschließlich dem Bereich Wohnen gewidmet ist. Die Dachfläche des Sockelbereichs wird dabei zu einem genutzten Außenraum für die Wohnungen, die abgehoben von der Verkehrsebene auf Säulen ruhen.

„Wenn Du Gott zum Lachen bringen willst, erzähle ihm von deinen Plänen".

Blaise Pascal

"If you want to make God laugh, tell him about your plans".

Blaise Pascal

Erdgeschoß
ground floor

2. Obergeschoß
2nd floor

4. Obergeschoß
4th floor

You can't purchase courage. Unfortunately. It would have been a chance to breathe new life into the area around Salzburg's main train station. New urban life instead of old, devastated apartment blocks. The arriving traveller would have been presented with a positively pulsating life as a first spontaneous impression and not a clumsy architecture of individual disjointed houses characterised by a ghastly mix of styles.

The planning area of Train-Station-North is of central relevance for the city of Salzburg. Actually, it ought to be the goal of urban planning to enhance the station district itself as well as the neighbouring districts through sensible further development and successful building measures. The basis of any project development should therefore be aligned with the inner-city functions.

So much for the theory.

In this project, the existing facilities (trade and institutions) in the surrounding area were to be developed into an efficient junction by means of a spatial and emotional densification towards the north.

On the one hand the entry of natural light into the inner area, on the other hand permeability not only in a north-south direction but especially in an east-west direction are of great importance. The net-like linking of the diverse facilities in the surrounding area also integrates the outdoor areas, some of which appear in the form of terraces.

At the new junction of Fanny-von-Lehnert-Straße, August-Gruber-Straße and Engelbert-Weiß-Weg, a new high point should be formed, dedicated exclusively to the residential sector. The roof surface of the plinth area becomes an outdoor space for the flats, resting on pillars set apart from the traffic level.

Umgestaltung Cafe Uni:versum
Altstadt

Ein Café im Salzburger Festspielbezirk und in unmittelbarer Nähe zur Universität hätte ein neues Design bekommen sollen, das sowohl der aktuellen Espresso- und Barista-Kultur gerecht wird als auch, dem angrenzenden Kulturbetrieb Rechnung tragend, in ihrem Innenraum zeitgenössisches Schauspiel und Kunst aufnimmt.

A café in Salzburg's festival district and within the immediate vicinity of the university should have been given a new design doing justice to the current espresso- and barista-culture as well as, in keeping with the adjacent cultural establishment, accommodating contemporary drama and art in its interior.

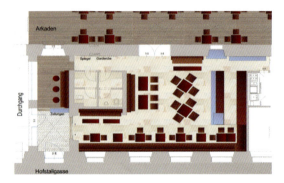

„Trennt ihr vom Inhalt die Form, so seid ihr nicht schaffende Künstler. Form ist vom Inhalt der Sinn, Inhalt das Wesen der Form."

Hugo von Hofmannsthal

"If you separate form from content, you are not creative artists. Form is the purpose of content, content the essence of form."

Hugo von Hofmannsthal

Wohnanlage „Glanufer"

Das landschaftlich reizvolle Glanufer ist ein wertvoller Erholungsraum für die Bewohner im bestehenden und zukünftigen Wohnbereich. Die Einbeziehung dieses Grünraumes ist grundlegend für das Konzept.

Die Baukörper besetzen das Grundstück auf Inseln. Diese Inseln ermöglichen attraktive Verbindungen des Glanufers zu den neuen und bestehenden Wohnfeldern. Die Glan ist nicht mehr kanalisierter Wasserlauf, sondern Freizeitbereich der Bewohner.

Die einzelnen Baukörper sind in der Höhe gestaffelt. Die Wohnungen sind so ausgerichtet, dass trotz erforderlicher Abschirmungen aufgrund der Lärmimmissionen Ausblick in alle Richtungen und Belichtung gegeben ist.

Die formale Schlichtheit der Gebäude vereinfacht die Instandhaltung und steht für eine langlebige, wartungs- und reinigungsfreundliche Konstruktion. Balkone/Loggien werden als Pufferzonen zu den Schallelementen eingesetzt.

Die Außenräume sind als hochwertige Rekreationsbereiche konzipiert. Sie bilden eine Staffelung vom öffentlichen Raum (Plätze, Uferpromenade) über die halböffentlichen (Wege, Zugänge) zu den privaten Bereichen (Terrassen, Balkone, Gärten). Diese Bereiche sind zwar von einander getrennt, wirken aber zusammen als Räume, ohne dass die Nutzenden sich gegenseitig beeinträchtigen. Es ist ein Spielplatz für Jugendliche im Bereich des Grünkorridors am südlichen Spitz des Grundstücks geplant, während die Kleinkinderspielplätze am Grundstück in den Nahbereich der Wohnungen, im Blick- und Hörbereich der Eltern, verteilt sind.

Die Bepflanzung wird mit einem einheitlichen Konzept für alle Bereiche mit dem Standort angepassten Pflanzsorten ausgeführt.

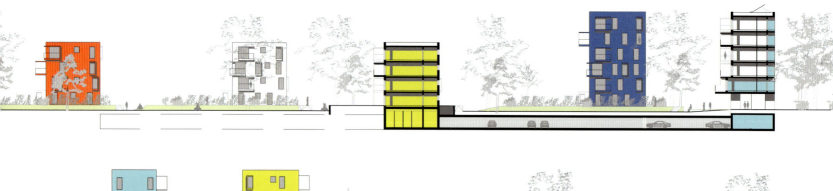

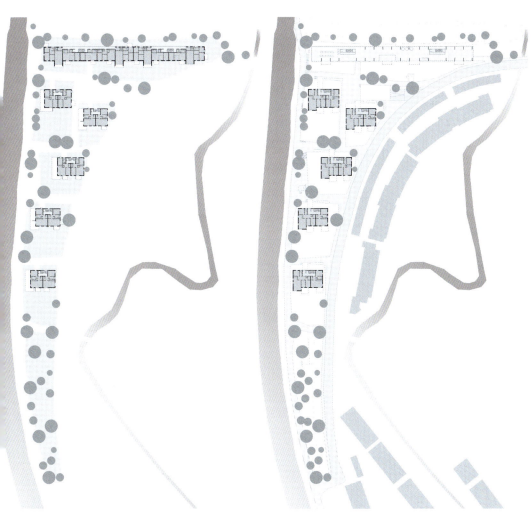

The scenic Glan riverbank is a valuable recreational space for residents in the existing and future residential area. Including this green area is fundamental to the concept.

The building structures occupy the site on islands which allow attractive connections of the Glan riverbank to the new and existing residential fields. The Glan is no longer a canalised watercourse but a leisure area for the residents.

The individual buildings are staggered in height. The flats are oriented in such a way that, despite the necessary noise protection, there is a view in all directions and light.

The formal plainness of the buildings simplifies maintenance and stands for a durable, maintenance- and cleaning- friendly construction. Balconies/loggias are used as buffer zones and noise barriers.

The outdoor spaces are designed as high-quality recreational areas. They form a graduation from the public (squares, waterfront) to the semi-public (paths, accesses) and finally to the private areas (terraces, balconies, gardens). While these areas are separated from each other, they nevertheless work together as spaces without the users interfering with each other. A playground for youngsters is planned in the area of the green corridor at the southern tip of the site, while the toddlers' playgrounds on the site are distributed in the vicinity of the flats, thus within the parents' view and hearing range.

Planting will be carried out in a homogeneous concept for all areas with plant varieties adapted to the location.

„Das Kino" und Wohnen am Loretobrunnen | Neustadt

Die städtebauliche Disposition legt zwei Aspekte nahe: Zum einen bildet das Filmkulturzentrum „Das Kino" eine öffentliche Einrichtung an einem Ort, der vom Rest der Stadtmauer hermetisch der Öffentlichkeit entzogen erscheint, zum anderen bildet die Vernetzung der Wege von der Paris-Lodron-Straße in die Bergstraße über den Innenhof die Chance, den Hof als öffentlichen Raum mit Aufenthaltsqualität wieder zu gewinnen.

Das Kino verschwindet nicht unter der Erde sondern wird als Landmark inszeniert. Es verbindet den Straßenraum mit dem Hofraum in einer Weise, dass der hermetische Charakter der Stadtmauer nicht beeinträchtigt wird. Die Stadtmauer wird von beiden Seiten zugänglich und erlebbar.

Dem Innenhof kommt eine wichtige Funktion zu. Er ist öffentlicher Raum, der die Kultureinrichtungen verbindet. Folgerichtig sind alle öffentlichen Einrichtungen wie das Kino und das Café an der Hauptbewegungsachse angeordnet. Über eine einladende Treppe wird der Niveauunterschied überwunden, wobei die Treppe zusätzlich als Sitzstufen für ein temporäres, romantisches „Kino unter den Sternen" genutzt werden kann.

Der Loretobrunnen an der Rückseite der Mauer des Loretoklosters liegt im ruhigeren Bereich des Hofs und ist durch eine feine Wasserader im Belag des Platzes markiert. Sitzbänke in einem Hain aus Felsenbirnen laden hier zum Verweilen und Entspannen ein.

Die Gestaltung des Innenhofs soll den Charakter als öffentlicher Raum unterstreichen. Der Vorbereich zu den Wohngebäuden ist ein wenig höher gelegt und bepflanzt, ist jedoch nicht als Gartenfläche für die Wohnung konzipiert. Alleine diese Höherlegung erwirkt Privatheit und Intimität, die es braucht, um behagliche Wohnatmosphäre erlebbar zu machen.

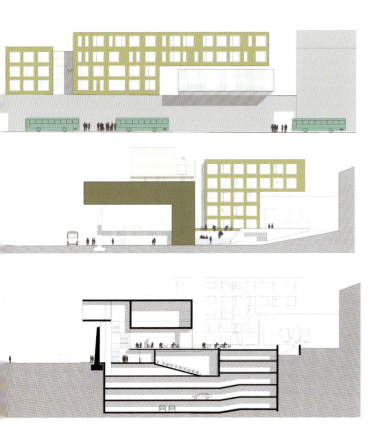
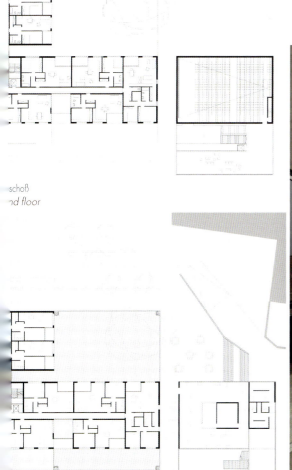

The urban planning task implies two aspects: on the one hand, the cultural centre for film "Das Kino" is a public institution in a place, which seems to be hermetically withdrawn from the public by the rest of the ancient city wall, on the other hand, the linking of the paths from Paris-Lodron-Straße to Bergstraße via the inner courtyard opens the opportunity to regain the courtyard as a public space, inviting users to stay.

The cinema does not disappear underground but is staged as a landmark. It connects the street space with the courtyard space in such a way that the hermetic character of the city wall is not impaired. The city wall becomes accessible and can be experienced from both sides.

The inner courtyard has an important function serving as public space connecting the cultural facilities. Consequently, all public facilities, such as the cinema and the café, are located along the main axis of movement. An inviting staircase, which can be additionally used as temporary seating steps for romantic events like "cinema underneath the stars", is used to overcome the level difference.

The Loreto Fountain at the back of the wall of the Loreto Monastery is located in the quieter area of the courtyard and is marked by a fine water vein in the paving of the square. Here visitors are invited to linger and relax on benches in a grove of shadbushes.

The design of the inner courtyard is intended to emphasise its character as a public space. The front area to the residential buildings is raised a little and planted, yet does not serve as a garden area for the flat. This elevation alone creates the privacy and intimacy needed to experience a comfortable living atmosphere.

Erweiterung Büro und Wohngebäude | Leopoldskron

Im Jahr 2004 entstand die Idee, das Büro- und Wohngebäude erneut einem architektonischen Eingriff zu unterziehen und das ursprüngliche Gesamtkonzept schrittweise zu vollenden. Die Bewilligungen hiefür dauerten Jahre.

2012 wurden schließlich folgende Maßnahmen umgesetzt: Die Unterkellerung des Parkplatzes mit Atrium und Lichthöfen zur Belichtung der Räume im Untergeschoß, der Zubau einer Aufzugsanlage für die rollstuhlgerechte Erreichbarkeit der einzelnen Ebenen. Ebenso sollte die Wohnung im zurückgesetzten Dachgeschoß durch eine straßenseitige Auskragung vergrößert sowie die Fassadenelemente in großflächige Schiebeelemente umgebaut werden, um so die großzügigen Terrassenflächen auch für ein Pflegebett befahrbar zu machen.

Die bestehende Formensprache, das Spiel der versetzten und verschobenen Kuben und Quader wurde in seiner Gesamtheit fortgeführt und weiterentwickelt und daher folgerichtig im Südosten um einen weiteren Quader ergänzt.

Das gesamte Gebäude wurde einem Farbwechsel unterzogen. Das schwarze Mauerwerk wurde weiß, die flankierenden weißen Skulpturenhöfe schwarz, um so einen Kontrapunkt zum Hauptgebäude zu setzen.

In 2004, the idea to once again redesign and expand the office and residential building and to gradually complete the original overall concept was born. The building permits for this enterprise took years.

In 2012, the following measures were finally implemented: building a basement underneath the car park with an atrium and light shafts for illuminating the rooms in the basement, the addition of a lift system to make the individual levels accessible for wheelchairs. The flat in the set-back attic was to be enlarged by a projection on the street side and the façade elements were to be converted into large sliding windows to make the generous terrace areas accessible for a nursing home bed.

The existing design language, the interplay of staggered and shifted cubes and ashlars, was continued and further developed in its entirety and therefore logically supplemented by another ashlar in the southeast.

The entire building underwent a colour change. The black brickwork turned white, the flanking white sculpture courtyards black, in order to thus create a counterpoint to the main building.

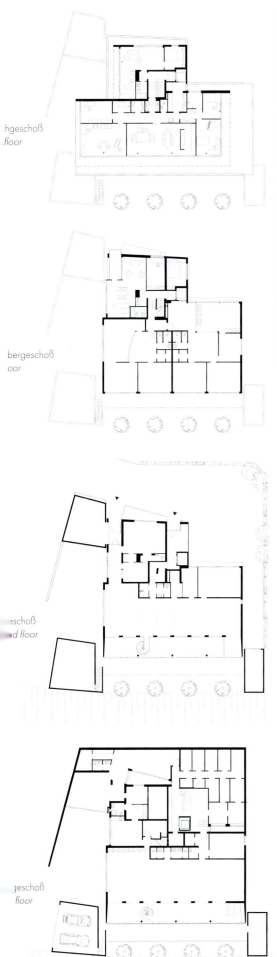

„Wege entstehen dadurch, dass man sie geht."
Antonio Machado

"Paths emerge from walking them."
Antonio Machado

"Frau und Mann" Skulpturen von Miloslav Chlupáč

"Female and Male" Sculptures by Miloslav Chlupáč

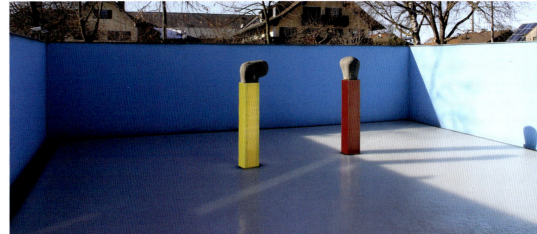

Wohnen im Hof und Dachgeschoß Neustadt

1876 wurde dieses Gebäude in der Haydnstraße, der damaligen Formensprache Rechnung tragend, von Baumeister Georg Eschlauer errichtet. In der Salzburger Schutzzone II liegend, verlangt dieses Haus eine besonders sensible Architektenhand, um es zu erweitern, es neu zu interpretieren. Und so ist es auch gelungen.

Die Aufstockung des Haupthauses wurde von der Straßenfassade leicht zurückgesetzt ausgeführt und bildet mit dem Bestand ein stimmiges Bild, unterstrichen durch das leichte elegante Vordach, welches das horizontale Straßenbild verstärkt.
Hofseitig jedoch setzt das Formenspiel der Körper im vierten Obergeschoß einen überaus spannenden und attraktiven Kontrapunkt zur Schlichtheit des Bestandes. Zusätzliche Dynamik erfährt die Hoffassade durch die aufregende Gestaltung des Liftes, der alle Geschoße des Haupthauses bedient. Kraft seiner Gestaltung ist dieser Liftturm nicht nur profaner Zweckbau, sondern zugleich Raum bestimmende Installation, welche Zwiesprache hält zwischen Form und Funktion.

Die Hofgebäude nehmen die Grundform der seinerzeit üblichen Hinterhofschuppen auf und zeigen uns, wie großartig intime Wohnsituationen entwickelt werden können. Die spielerische Verteilung der Baukörper lässt Platz zum Atmen, schafft heimelige Freiräume für die Wohnungen auf unterschiedlichen Niveaus.

The building in the Haydnstraße was originally erected in 1876 by master builder Georg Eschlauer, who stuck closely to the formal architectural language of the time. Located in Salzburg's conservation zone II, this house required a particularly sensitive architectural hand in order to expand it, to reinterpret it. And this has been achieved.

The extension of the main house was set back slightly from the street façade and forms a harmonious picture with the existing building, underlined by the light, ele‑gant canopy, which reinforces the horizontal street appearance. On the courtyard side, however, the interplay of forms on the fourth floor creates an extremely exciting and attractive counterpoint to the simplicity of the existing building.

The courtyard façade gains additional dynamics by the exciting design of the exterior lift, which serves all floors of the main building. By virtue of its design, this lift tower is not only a profane functional building but also a space-defining installation holding a dialogue between form and function.

The new courtyard buildings take up the basic form of the original backyard sheds common at the time and show, how grandly intimate living situations can be developed. The playful distribution of the building structures leaves room to breathe, creates homely open spaces for the apartments on different levels.

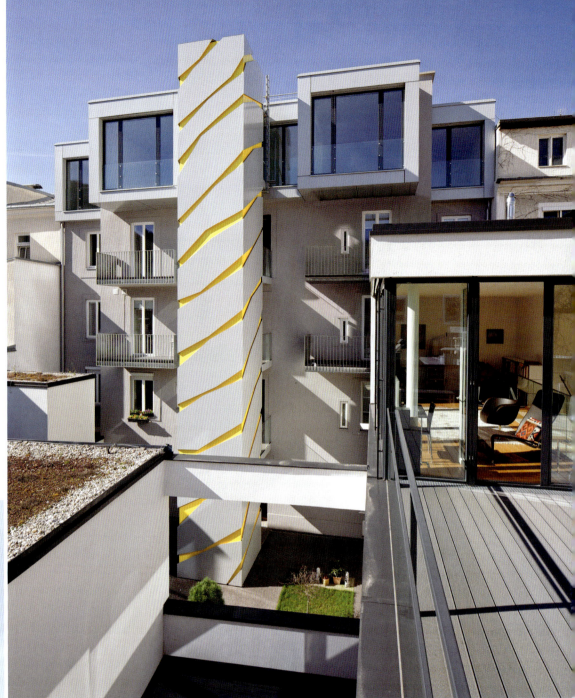

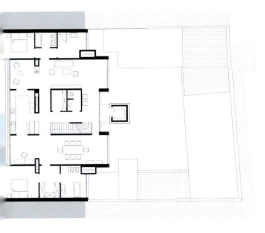
Dachgeschoß
top floor

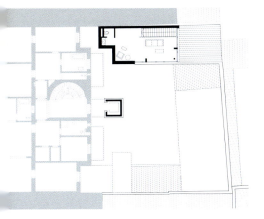
2. Obergeschoß
2nd floor

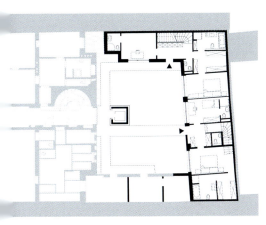
1. Obergeschoß
1st floor

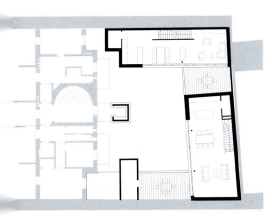
Erdgeschoß
ground floor

Zwillingstürme am Bahnhof

Für die Weiterentwicklung des Stadtbereiches Salzburg-Nord wurde unter Teilnahme aller relevanten Liegenschaftsbesitzer, Architekten und Stadtvertreter ein Workshop abgehalten. Als Ergebnis dieses Workshops sollen die im Umfeld bereits vorhandenen Einrichtungen des Handels und sonstiger Institutionen durch eine räumliche und emotionale Verdichtung Richtung Norden zu einem leistungsfähigen, städtebaulich interessanten und spannenden Knotenpunkt ausgebildet werden.

Von großer Bedeutung sind dabei die Durchwegung und Durchlässigkeit auf mehreren Ebenen. Die netzartige Verknüpfung der Einrichtungen im Umfeld bindet auch die Außenbereiche mit ein. Die Bebauung entlang der Fanny-von-Lehnert-Straße erstreckt sich vom Kino bis zur Trasse der Lokalbahn und wird in ihrer vertikalen Ausdehnung dem Bestand angepasst.

Am neuen Knotenpunkt von Fanny-von-Lehnert-Straße, August-Gruber-Straße und Engelbert-Weiß-Weg werden zwei neue Hochpunkte, die Zwillingstürme, ausgebildet. Die unregelmäßigen Fünfecke unterstreichen die Bedeutung des Ortes als Drehscheibe in die Stadt und erhalten die historischen Sichtachsen. Die beiden Türme sind ausschließlich dem Wohnen gewidmet. Abgehoben von der Sockelzone mit Büro und Gewerbeflächen ruhen die Türme auf Säulen und unterstreichen so deren Leichtigkeit.

For the further development of the urban area Salzburg-North, a workshop with the participation of all relevant property owners, architects, and city representatives took place. As a result of this workshop, the retail facilities and other institutions already present in the surrounding area should be developed into an efficient, interesting, and exciting urban hub by means of spatial and emotional densification to the north.

Passages and permeability are of great importance on several levels. The net-like linking of the facilities in the surrounding area also integrates the outdoor areas. The buildings along Fanny-von-Lehnert-Straße extend from the cinema to the local railway and are adapted vertically to the existing buildings.

At the new crossing of Fanny-von-Lehnert-Straße, August-Gruber-Straße, and Engelbert-Weiß-Weg two new highpoints, the Twin Towers, are formed. The irregular pentagons underline the importance of the site as a major gateway into the city while preserving the historic visual axes. The two towers are exclusively dedicated to residential use. Lifted from the base zone with office and commercial space, the towers rest on columns, emphasising their lightness.

Erdgeschoß | *ground floor*

4. Obergeschoß | *4th floor*

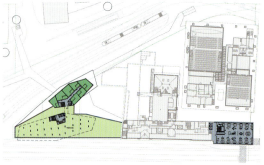

9. Obergeschoß | *9th floor*

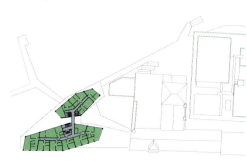

Nord
north

Süd
south

West
west

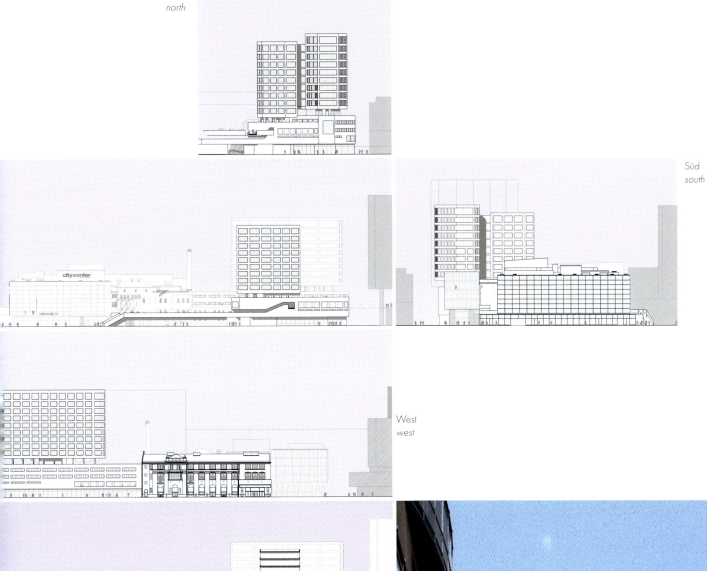

Badehaus Liepaja | Lettland

Der große Stadtpark an der Küste von Liepaja in Lettland erfreut sich als Erholungsgebiet großer Beliebtheit beim internationalen Publikum. Die langen Strände laden erholungssuchende Besucher zu ausgedehnten Spaziergängen ein, Cafés und Bars bieten Platz zum Verweilen.

In einem internationalen Wettbewerb wird aufgerufen, eine Vision für ein neues Wellness Resort unter Wahrung dieser einzigartigen Gegebenheiten zu entwerfen.
Dabei soll das unmittelbar an der Küste gelegene historische Badehaus, errichtet 1902 von Paul Max Berchi, revitalisiert und erweitert werden.

Das Konzept sieht vor, die Charakteristik und Geometrie dieses kultigen Badehauses unter Wahrung seines historischen Charakters zu renovieren und zu erhalten sowie durch einen architektonisch konträren Zubau zu erweitern. Der luftige, transparente Zubau wird mit einer organisch geformten Glasfassade ausgeführt und fügt sich mit einer respektvollen Fuge an den Bestand an. Darüber schwebt ein langgezogener Baukörper, das Boutique Hotel.

Zwischen dem „Damals" und dem „Heute" entwickelt sich ein sinnlich erfahrbares Wechselspiel, in dem Wohlbefinden und Freude die Hauptrolle spielen.

1. Obergeschoß
1st floor

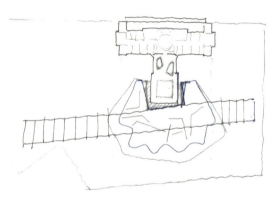

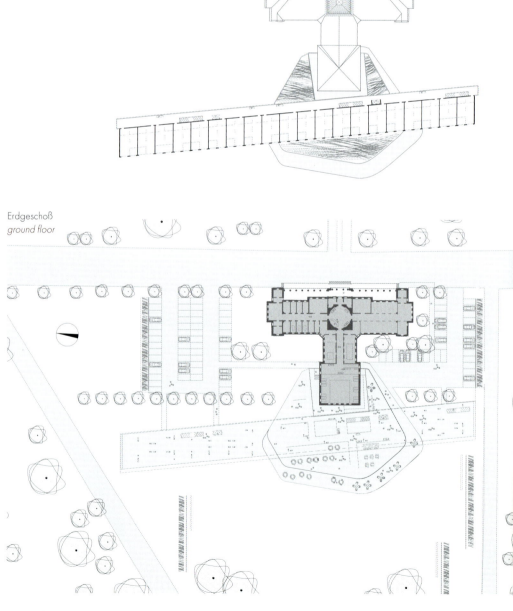

Erdgeschoß
ground floor

The large city park on the coast of Liepaja in Latvia is very popular as an international public recreational area. Sprawling beaches invite visitors seeking rest to take long walks, cafés and bars offer space to linger.

In an international competition a vision for a new spa resort, which respects these unique conditions, is to be developed.
The historic bathhouse, built in 1902 by Paul Max Berchi and located directly on the coast, is to be revitalised and expanded.

The concept is to renovate and preserve the characteristics and geometry of this iconic bath-house while preserving its historic character, and to extend it with an architecturally contrasting addition. The airy, transparent annex will be constructed with an organically shaped glass façade and will blend in with the existing building with a respectful joint. Above it floats an elongated building structure, the boutique hotel.

A sensual interplay develops between the "then" and the "now" with well-being and joy playing the leading role.

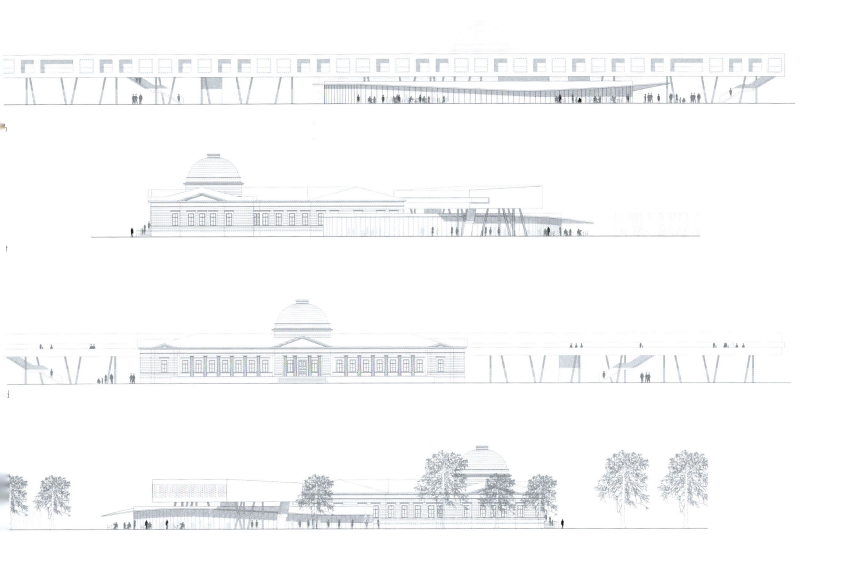

Tor am Bahnhof

Zur Findung der bestmöglichen städtebaulichen Neuordnung des nordwestlichen Hauptbahnhof-Areals in Salzburg fanden 2010 und 2011 Workshops statt. Stadtplanung, Grundstückseigentümer und Planer entwickelten dabei Visionen und Konzeptstudien, die als Basis für weitere Projektentwicklungen dienen sollen.

Das Grundstück der alten Brotfabrik, Fanny-von-Lehnert-Straße 6-8, ist Teil dieses Entwicklungsareals. Der Architekt entwickelt hier ein Projekt, das durch eine räumliche und emotionale Verdichtung in Richtung Norden zu einem markanten Knotenpunkt wird.

Das dreieckige Grundstück wird in den drei Sockelgeschoßen als Blockrandbebauung ausgebildet. Der höhenmäßige Anschluss an die Gesimshöhe der angrenzenden Brotfabrik wird im Wesentlichen durch den angrenzenden „Ballspielplatz", der durch seitliche Wandscheiben eingegrenzt ist, erreicht.

Über einem Luftgeschoß, quasi schwebend, erhebt sich der Wohnturm. In seiner Höhenausbildung orientiert sich der Baukörper entsprechend den Ergebnissen des Workshops an dem bereits bestehenden Gebäude der Gebietskrankenkasse. Im Grundriss ist er ein einfaches Rechteck mit einem umlaufenden Balkon in Form eines in sich verschobenen Sechseckes, leicht verdreht um eine Achse und scheinbar rotierend wie eine Drehscheibe. Die entstehende Bewegung reagiert auf den Kreuzungspunkt und unterstreicht dadurch die in die Stadt weisenden Sichtachsen.

Die Durchlässigkeit im Erdgeschoß in Nord-Süd Richtung aber auch in Ost-West Richtung, wird durch Vergrößerung des frei zugänglichen Innenhofes wesentlich verbessert. Das Motiv des grünen Innenhofes wird über weitere, terrassenförmige Freiflächen in den Obergeschoßen bis in das halböffentliche Luftgeschoß weitergeführt.

Das Luftgeschoß, die Dachebene der Sockelzone, steht den Bewohnern bzw. den Besuchern des Quartiers als Freiraum zur Verfügung. Hier finden sich Angebote wie ein Ballspielplatz, verschiedene Spielgeräte sowie Ruhe- und Sitzmöglichkeiten. Im Bereich unter dem Turm werden eine überdachte Boulderwand und Tischtennistische angedacht.

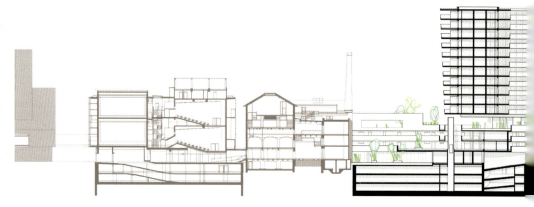

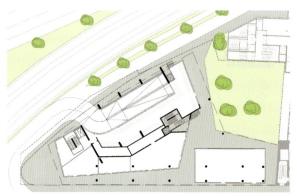
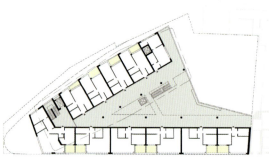
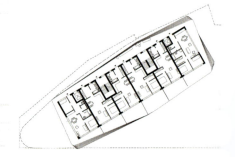

In 2010 and 2011, workshops were held to determine the best possible urban redevelopment of the northwestern main train station area in Salzburg. Members of the city planning council, property owners, and architects developed visions and concept studies bound to serve as a basis for further project developments.

The site of the old bread factory on Fanny-von-Lehnert-Straße 6-8 is part of this development area. By means of spatial and emotional densification towards the north, the architect evolves a project which creates a prominent new urban hub.

The triangular plot is designed as a perimeter block development in the three base storeys. The connection to the cornice height of the adjacent bread factory is essentially achieved by the adjacent "ball playground", which is bordered by lateral wall panels.

The residential tower rises above an aerial floor, virtually floating. In accordance with the results of the workshop, the height of the building orientates itself on the existing building of the health insurance company. The ground plan is a simple rectangle with a wrap-around balcony in the form of a hexagon, slightly twisted out of the axis and seemingly rotating like a turntable. The resulting movement reacts to the crossing and thus emphasises the visual axes pointing downtown.

Permeability on the ground floor in the north-south direction as well as in the east-west direction is considerably improved by enlarging the freely accessible inner courtyard. The motif of the green inner courtyard is continued via further terraced open spaces from the upper floors up to the semi-public aerial floor.

The aerial floor, the roof level of the base zone, is at the residents' and visitors of the neighbourhood's disposal as an open space. Here, facilities such as a ball playground, playground equipment of all sorts as well as resting and seating facilities are offered. In the area below the tower, a roofed bouldering wall and table tennis tables are being envisaged.

Wohnanlage Liefering

Die bestehende, kleinteilige Struktur an der Münchner Bundesstraße, die entlang der Hauptverkehrsstraße im Laufe der Jahrzehnte gewachsen ist, weicht einer der Bedeutung der Straße angemessenen Gebäudeform, die in ihrer geschlossenen Langgestrecktheit gleichzeitig die Lärmimmissionen der Straße auf die westlich gelegenen Siedlungsgebiete reduziert.

Die Anlage besteht aus zwei Elementen: einem langgestreckten Riegel entlang der Münchner Bundesstraße, der in Richtung Stadtausfahrt/Freilassing einen Höhenakzent erhält, und einem eleganten, spielerisch dem Glanbach folgenden Baukörper.
Der Riegel an der Münchner Bundesstraße reagiert auf die Situation der stark befahrenen Straße durch die Orientierung der Wohnungen ausschließlich nach Westen. Entlang der Straße ist die Laubengangerschließung, die sich mit ihren Fenstern und Erkern nach außen wendet, situiert. Der überlegt gestaltete Laubengang ist zugleich der perfekte Lärmschutz für die Wohnungen.

Den Geländesprung ausnützend wird die Garage so angeordnet, dass sie von der Ehrgottstraße direkt angefahren werden kann, an der Münchner Bundesstraße aber nur wenig über das Gehsteigniveau ragt. Der Höhenunterschied vom Gehsteig zum Erdgeschoß schafft gleichzeitig auch eine wesentliche, dem positiven Wohngefühl entsprechende Distanz für die Wohnungen im Erdgeschoß.
An der Gartenseite sind alle Wohnungen mit Balkonen ausgestattet, die gleichzeitig eine Gliederung und spielerische Strukturierung der Fassade bilden.
Der Bauteil am Glanbach weist durchgestreckte Wohnungstypen auf, die Eingangsseite jedoch erweckt durch die Art und Größe der Öffnungen einen geschlossenen Eindruck. Die oberste Ebene ist zurückgesetzt und schafft so Raum für großzügige Terrassen. Der Außenbereich auf dem Garagendach ist als „Landschaft" konzipiert, welche die Qualitäten des Glanbachufers in das Herz der Wohnanlage führt. Die allgemeinen Freiflächen sind durch einfache Gliederungselemente strukturiert. Die Bepflanzung erfolgt mit heimischen Gehölzen.

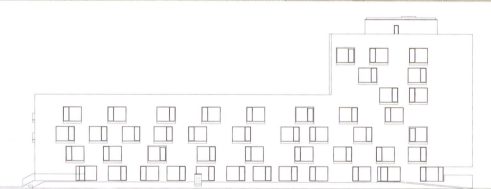

The existing, small-scale structure on the Münchner Bundesstraße, which has been growing along the main road over decades, gives way to a building structure appropriate to the importance of the road, its closed elongated form simultaneously reducing noise immissions on the residential areas to the west.

The complex consists of two elements: an elongated bar along the Münchner Bundesstraße, which receives a significant height accent in the direction of the city exit/Freilassing, and an elegant structure that playfully follows the Glan river.
The block along Münchner Bundesstraße responds to the situation of the busy road by orienting the flats exclusively towards the west. Following the street there is the arcade, its windows and bay windows facing outwards and skilfully offering perfect noise protection for the flats.

Taking advantage of the terrain, the garage is arranged in such a way that it can be approached directly from Ehrgottstraße, but only rises slightly above the pavement level on Münchner Bundesstraße, thus, in correspondence to a positive living experience, creating an essential distance for the flats on the ground floor.
On the garden side, all flats are equipped with balconies, which at the same time form a playful structuring of the façade.
The building on the Glanriver consists of stretched-out flat types, the entrance side however gives a closed impression due to the type and size of the openings. The top level is set back, creating space for generous terraces.
The outdoor area on the garage roof is conceived as a "landscape", which brings the qualities of the Glan riverbank into the heart of the residential complex. The general open spaces are structured by simple structuring elements. Planting is carried out by using native plants and trees.

Dachgeschoß
top floor

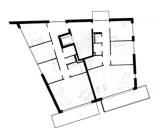

5. Obergeschoß
5th floor

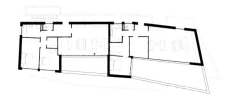

2. Obergeschoß
2nd floor

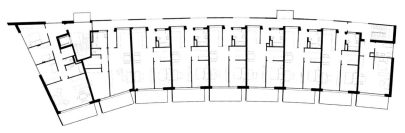

1. Obergeschoß
1st floor

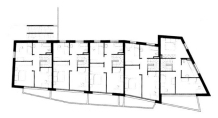

Erdgeschoß
ground floor

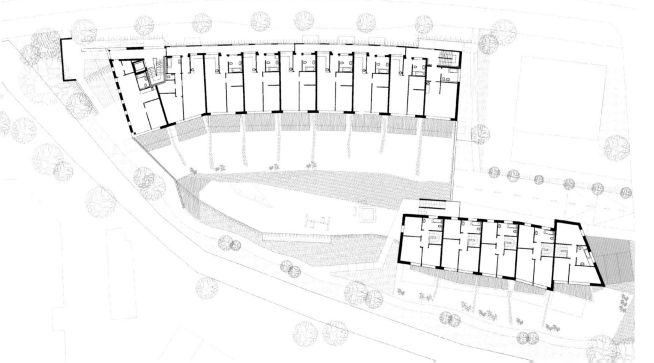

275

Schnitt
section

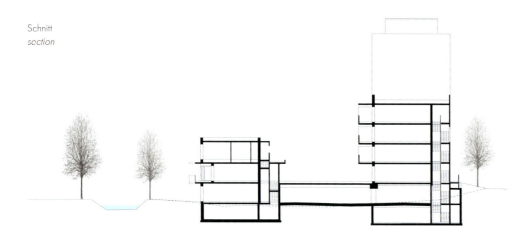

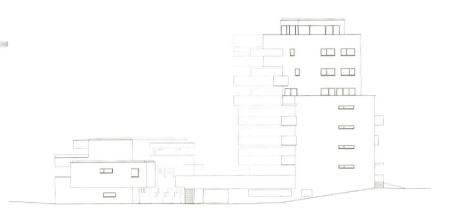

Wohnanlage am Winklerbahnhof Linz

Einblick, Ausblick, Durchblick – eine grüne Insel im vorstädtischen Umfeld. So ist es geplant. Eine Insel, die aus den unterschiedlichsten Richtungen gut erreichbar ist, sich zu den umliegenden Quartieren öffnet und einen geschützten Lebensraum garantiert.

Ein langgestreckter, zurückgesetzter Riegel schirmt die Bewohner vor der Raimundstraße ab und bildet einen klaren Abschluss zum öffentlichen Straßenraum. Dieser Baukörper nimmt die Straßenfluchtlinie des westlichen Nachbargebäudes auf.

Ein großzügiges Eingangsportal gewährt den Fußgängern und Radfahrern Zutritt zum Hof, zum Innenleben der Anlage, zum halböffentlichen Bereich. Im Bereich des Durchganges sind die großflächig verglasten Kommunikations- und Aufenthaltszonen, teils geschoßübergreifend, angeordnet.

Die beiden Bauteile nach Norden sind locker platziert und werden von den Freiflächen und dem angrenzenden Grünraum quasi „umspült". Eine weiche, fließende Böschungskante unterstreicht hier die Öffnung zur nördlich gelegenen „Grünen Mitte Linz" sowie zum westlich gelegenen Lenaupark.

Die Fassadengestaltung wird in einem freundlichen, sandigen Farbton gehalten. Die Wohnobjekte sind jeweils barrierefrei vom Inselrand sowie vom Hof zugängig.

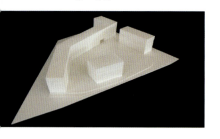

Insight, view, perspective – a green island in a suburban environment, that is how it is planned. An island which is easily accessible from different directions, opening up to the surrounding neighbourhoods and guaranteeing a protected living space.

An elongated, set-back block shields the residents from Raimundstraße and forms a clear closure to the public street space taking up the street line of the neighbouring building to the west.

A generous entrance portal gives pedestrians and cyclists access to the courtyard, to the interior of the complex, to the semi-public area. In the area of the passageway, the large glazed communication and recreation zones are arranged, partly across the floors.

The two buildings to the north are loosely placed, the open spaces and the adjacent green area virtually "washing around" them. A soft, flowing edge of the slope emphasises the opening to the "Grüne Mitte Linz" in the north and to the Lenaupark in the west.

The façade design is kept in a friendly, sandy colour. From the edge of the island and from the courtyard the residential buildings are accessible without barriers.

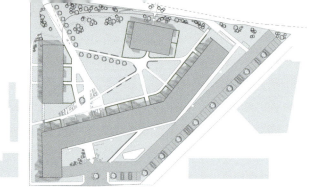

Regelgeschoß
standard floor

Erdgeschoß
ground floor

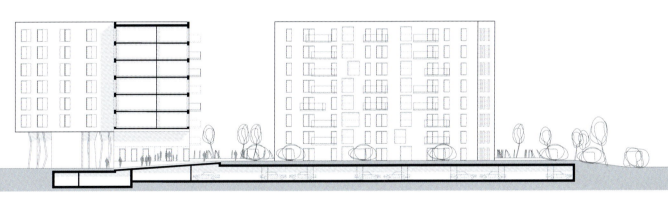
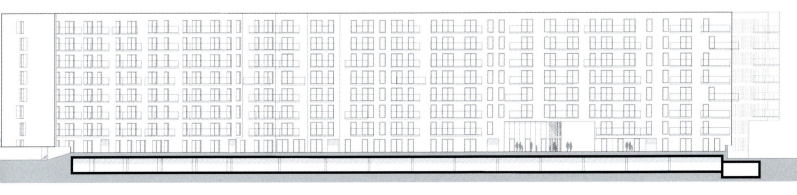

Dachausbau Maislinger
Altstadt

Das Objekt liegt in der Schutzzone II der Stadt Salzburg und ist Teil eines gründerzeitlichen Stadterweiterungsgebietes, das durch die stadträumliche Struktur und die Bauten des Historismus geprägt ist. Das Gebäude ist der südöstlichste Teil einer geschlossenen, gründerzeitlichen, aus drei Häusern bestehenden Verbauung, deren Fassaden sich ursprünglich – die Hausgrenzen negierend – durch einen die gesamte Hauszeile umfassenden künstlerisch einheitlichen Entwurf ausgezeichnet haben.

Die Objekte im Kreuzungsbereich Lasserstraße/Stelzhamerstraße weisen in etwa gleich hohe Trauf- und Firsthöhen auf und sind an der Lasserstraße in gekuppelter Bauweise errichtet. Alle Ecken der vier im Kreuzungsbereich befindlichen Objekte sind mit Fasen abgeschrägt, sodass jeweils einachsige, in Dialog zueinander tretende Fassaden entstehen.

Das bestehende Dach wurde zur Unterbringung einer Wohnung und einer Terrasse umgeplant. Vorgesehen ist auch ein Aufzug, dessen Überfahrt nur minimal über der Dachhaut hervortritt und die Dachlandschaft in keiner Weise beeinträchtigt. Die walmdachähnliche Grundform des bestehenden Daches bleibt so im Wesentlichen erhalten.

Die sensible Planung zeigt die bestehende Dachlandschaft, welche mit einer in die Dachlandschaft eingebetteten Glasstruktur von unten her durchdrungen wird. Durch das Hervortreten dieser neuen Kubaturen, die sich als nahezu umlaufendes Band im bestehenden Dach zeigen, entsteht eine Balance zwischen tradiertem Formengut im Stadtbereich und den neuen Bauelementen.

Mit der geschickten Umsetzung architektonischer Ideen wird hier eine außergewöhnliche Wohnsituation geschaffen.

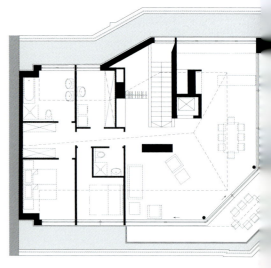

The object is located in the protection zone II of the city of Salzburg and is part of an urban expansion area of the Gründerzeit, which is characterized by the urban structure and the buildings of Historicism. The building is the most southeastern part of a closed, Wilhelminian-style development consisting of three houses, the facades of which – negating the house boundaries – originally were standing out due to their artistically uniform design of the entire row of houses.

The buildings at the intersection of Lasserstraße and Stelzhamerstraße have eaves and ridges of approximately the same height and are built on Lasserstraße in a coupled construction. All corners of the four properties located in the intersection area are slanted with chamfers, creating uniaxial facades communicating with each other.

The existing roof was redesigned to accommodate an apartment and a terrace. An elevator was also planned, the crossing of which protrudes only minimally above the roof cladding and does not interfere with the rooftop landscape in any way. The basic form of the existing hip roof is thus essentially preserved.

The sensitive planning shows the existing roofscape, which is penetrated from below with a glass structure embedded in it. These new cubatures, which appear as an almost circular band in the existing roof, create a balance between traditional forms in the urban area and the new building elements.

Here, with the skilful implementation of architectural ideas a living situation of an extraordinary kind is being created.

Dachgeschoß
Top floor

Gartenstadt Aigen Erweiterung

Das Bauvorhaben sieht eine Erweiterung der bereits bestehenden Gartenstadt Aigen vor und soll in Anlehnung an die bereits realisierten, qualitativ hochwertigen Strukturen und das Qualitätsmerkmal „Gartenstadt" erfolgen.

Das Rückgrat der Erweiterung bildet ein langgezogener, geknickter, drei- bis viergeschoßiger Riegel entlang der Aignerstraße. Dieser rigide Bauteil stellt seine Funktion als „Schallschutzmauer" zu Straße und Bahn auch in seinem Erscheinungsbild dar und reagiert mit seinem Gebäudevolumen bzw. seiner Höhenentwicklung auf die angrenzenden Bauteile.

Im Süden, hin in Richtung zur bestehenden Gartenstadt, bildet eine zweigeschoßige Auskragung das Eingangsportal zum grünen Innenhof und lädt so durch diese monumentale Eingangssituation ein, im grünen Innenhof seine Mußestunden zu verbringen.

Am nördlichen Ende wird das Gebäude um ein Geschoß reduziert, um die beinah spielerische Leichtigkeit des eleganten, schmalen Baukörpers zusätzlich zu unterstreichen, und um so seiner schwungvollen Bewegung gerecht zu werden.

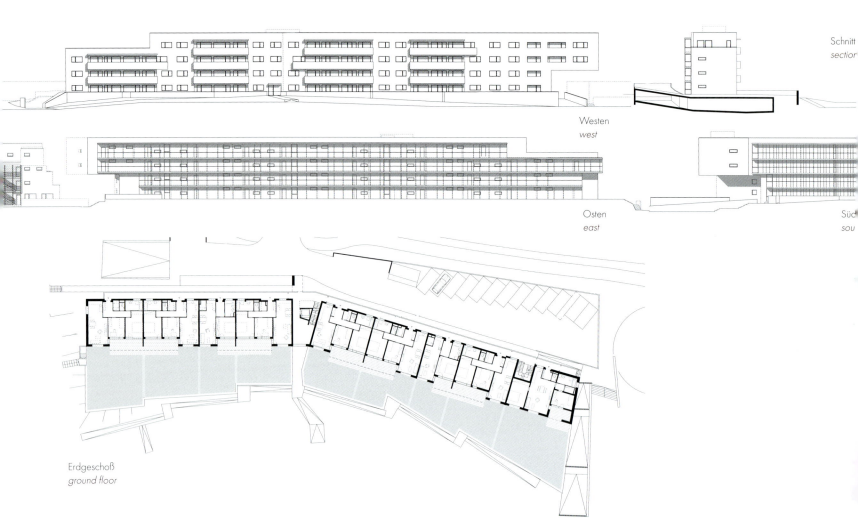

Schnitt / section

Westen / west

Osten / east

Süd / sou[th]

Erdgeschoß / ground floor

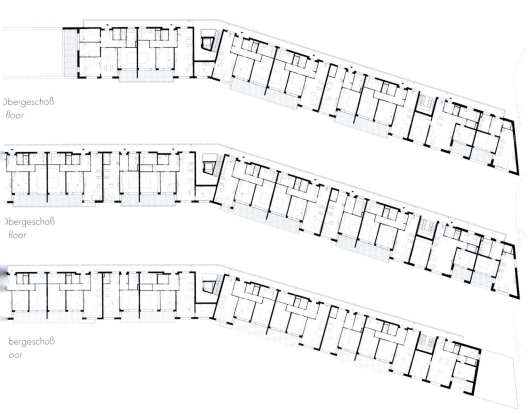

The project asks for an extension of the already existing "Gartenstadt Aigen" and is to follow the already realised, high-quality structures and features of a "garden city".

The backbone of the extension is formed by an elongated, bent, three-to-four-storey block along Aignerstraße. This rigid building component also works as a "noise barrier" to the street and railway in its appearance and reacts to the adjacent building components with its building volume and height development.

In the south, towards the existing garden city, a two-storey projection forms the entrance portal to the green inner courtyard and thus, through this monumental entrance situation, is inviting to spend idle hours in the green inner courtyard.

At the northern end, the building is reduced by one storey to further emphasise the almost playful lightness of the elegant, narrow structure, and to do justice to its sweeping movement.

Wohnhaus Ludwig | Leopoldskron

Das ehemalige landwirtschaftliche Stallgebäude abseits der Moosstraße wurde für Wohnzwecke umgewidmet, umgebaut und erweitert. Die Erweiterung wurde in der Flucht des bestehenden Gebäudes geplant. Die Außenwände des Stallgebäudes blieben erhalten, die Erweiterung nach Süden erfolgte in Stahlbeton. Das Dach wurde als Satteldach mit Blecheindeckung ausgeführt.

Das vormalige Stallgebäude transformierte sich, auch dank der eleganten Farbgebung und der sensiblen Auswahl der verwendeten Materialien, zu einem modernen Wohnhaus im Grünen.
Die Bewohner erleben das Zusammenspiel der Funktionen der Räume und deren Größenverhältnisse als alltägliche Freude.

vor und nach dem Umbau
before and after the conversion

The former agricultural stable building off Moosstraße was rededicated, converted, and extended for residential purposes. The extension was planned in line with the existing building. The outer walls of the stable building were retained, the extension to the south was made of reinforced concrete. The roof was constructed as a gable roof with sheet metal covering.

Thanks to the elegant colour scheme and the sensitive selection of the materials used, the former stable building was transformed into a modern residential building in a green setting.
The residents experience the interplay of the functions of the rooms and their proportions as an everyday pleasure.

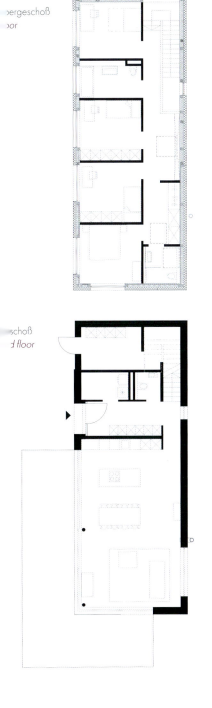

Kommunikationsforum Altstadt

Ein kleines Geschäft für Trachtenmode in einem der ältesten Häuser in der Kaigasse in Salzburg suchte neue Mieter. Dieses Haus steht auf den Grundmauern eines römischen Äskulaptempels, was der Liegenschaft, und besonders den im Erdgeschoß gelegenen Räumen, natürlich einen außergewöhnlichen Reiz, ein vermeintlich noch immer spürbares Fluidum verleiht.
Die Küche blieb, mit einigen technischen Verbesserungen, die Küche, praktisch und übersichtlich. Aus dem Ladenbereich wurde ein Raum der Geselligkeit, aus dem ursprünglichen Lager der Vortragsraum. Ein Umbau, der die neuen Mieter und die Hausbesitzer erfreut.

A small shop for traditional Austrian dresses in one of the oldest houses in the Kaigasse in Salzburg was looking for new tenants. Built on the foundation walls of a Roman temple of Asclepius, the property, and especially the rooms located on the ground floor, dwell on an extraordinary charm, a supposedly still palpable fluidity.
The kitchen, with some technical improvements, remained the kitchen. Practical and clearly laid out. The shop area has turned into a room of conviviality, the original warehouse into a lecture room. A Conversion the new tenants as well as the homeowners are delighted with.

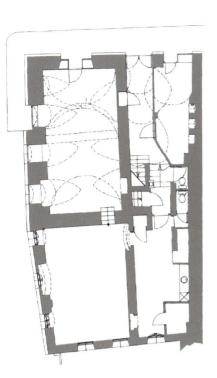

Erdgeschoß
ground floor

Hotel am Bahnhof

Das „Fanny am Eck" bildet den letzten Baustein im städtebaulichen Ensemble.
In mehreren Entwicklungsvarianten zeigt sich der Baukörper als schlichter, eigenständiger Bau und setzt sich von der unruhigen Umgebung ab, bildet einen visuellen Ankerpunkt, bringt Ruhe in das Konglomerat der unterschiedlichen architektonischen Formensprachen.

Durch „konvex-gerundete Auskragungen" im Kreuzungsbereich wird im Wesentlichen der autonome Charakter des neuen Gebäudes geprägt. Der Baukörper weist aber zudem einerseits formale Beziehungen zu den Relikten der angrenzenden Brot- und Marmeladenfabrik, andererseits aber auch zum auskragenden Baukörper des Cineplexx-Kinos auf.
Die Fluchttreppen des Cineplexx werden integriert und somit neu interpretiert. Sie dienen auch als Aufenthaltsbereich, als Sitzgelegenheit.

Durch den Rücksprung im Bereich der Erdgeschoßzone entsteht ein „öffentlicher" Ort. Das 1. Obergeschoß bildet den „halböffentlichen" Raum. Durch die Gestaltung des Freiraumes – Bepflanzung, Begrünung, Möblierung und Plattformen – kommt es zu einer Belebung des ursprünglichen, sehr unansehnlichen „Nichtortes".

Die Zimmer (Zwei- bis Mehrbettzimmer und Appartements) mit großzügigen Fensterelementen sind vom 2. bis 11. Geschoß untergebracht. Das 12. Obergeschoß, mit dem Frühstücks- und Barbereich, bildet den Abschluss. Ein durchgehendes Glasband von der Ost- zur Westseite bietet einen wunderschönen Ausblick auf Salzburg und die imposanten Stadtberge mit der Festung als optischem Höhepunkt.

„Ja, mach nur einen Plan
Sei nur ein großes Licht
Und mach dann noch 'nen zweiten Plan
Geh'n tun sie beide nicht!"

Bertolt Brecht

Lageplan
site plan

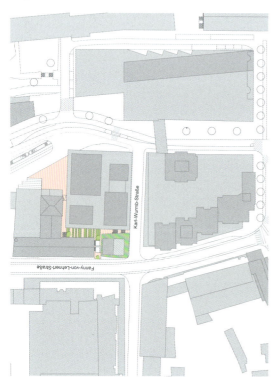

*"Yes, just make a plan
Just be a big light
And then do make another plan
They both will be a failure then!"*

Bertolt Brecht

The "Fanny am Eck" forms the last building block in the urban ensemble.
In several development variants, the structure shows itself as a simple, independent building and sets itself apart from the restless surroundings, forming a visual anchor point and bringing calmness to the conglomerate of different architectural design languages.

The autonomous character of the new building is essentially shaped by "convex-rounded projections" in the crossing area. However, the structure on the one hand shows formal relationships to the relics of the adjacent bread and jam factory and to the cantilevered structure of the Cineplexx cinema on the other hand. The emergency staircase of the Cineplexx is integrated and thus reinterpreted, also serving as a lounge area, a seating facility.

The setback in the ground floor zone creates a "public" place. The 1st floor forms the "semi-public" space. The design of the open space – planting, greenery, furniture, and platforms – successfully revitalise the original, very unsightly "non-place".

The rooms (from two-bed to multi-bed rooms and apartments) with spacious window elements are located from the 2nd to the 11th floor. The 12th floor, with the breakfast and bar area, forms the conclusion. A continuous glass band from the east to the west side offers a wonderful view of Salzburg and the impressive city mountains with the fortress as a visual highlight.

Erdgeschoß
ground floor

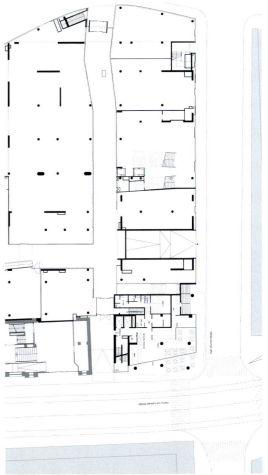

Und last but not least wollen wir die letztgültige Variante von „Fanny am Eck" auf die Bühne bitten, welche im Mittelteil durch elegante, schlanke, vertikale Maueröffnungen dem Turm eine markante, weltgewandte Note verleiht. In den Funktionen, wie oben beschrieben, gleich jedoch im Erscheinungsbild konträr zu dem vorangegangenen Entwurf. Die optisch bestimmenden vertikalen Fensterbänder unterstreichen das aufragende, himmelwärts gerichtete, leichte Erscheinungsbild des Baukörpers.

And last but not least, we would like to invite the final version of "Fanny am Eck" onto the stage, which gives the tower a striking, worldly touch in the middle section through elegant, slender, vertical wall openings. Quite similar concerning the functions described above but contrary to the previous design in its appearance. The visually defining vertical window bands emphasise the towering, skyward, light appearance of the structure.

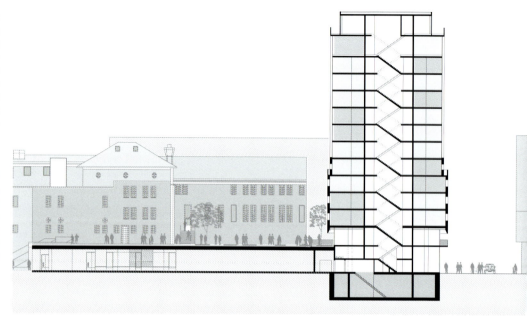

Schnitt
section

Erdgeschoß
ground floor

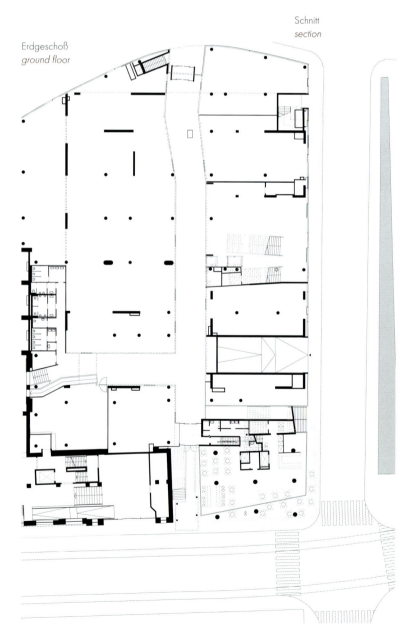

4. Obergeschoß
4th floor

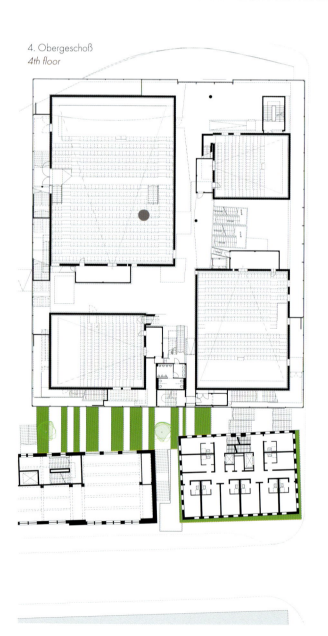

"...er Ort verlangt nach einem Turmgebäude, nicht ...ch einem Eckgebäude."

...st Beneder

"...e location calls for a tower building, not for a ...ner building."

...st Beneder

"...Schwierigkeit liegt nicht so sehr darin, neue Ideen ...nden, sondern den alten zu entfliehen."

...Maynard Keynes

"...difficulty lies not so much in developing new ...s as in escaping from old ones."

...Maynard Keynes

Haus für Musik | Kunst | Literatur im Innviertel

Am Land. Mitten unter Bäumen, abgeschirmt vom Lärm, vom geschäftigen Treiben und auch vom Unverstand der Zeit traf man auf ein Wohnhaus mit Hallenbad und mehreren Nebengebäuden, welche sich zu einer funktionierenden Gesamtheit formen.

Das Wohnhaus wurde innen neu gestaltet, manche Räume bekamen auf dem Weg hin zu mehr Wohnkomfort neue Funktionen, neue logische Charakterbilder.

Aus dem Hallenbad, welches wirklich aus der Zeit gefallen war, wurde ein Tonstudio. Nein, vielmehr ein Salon, ein Atelier, welches sowohl den musikalischen Ambitionen als auch kreativen Interessen der Bewohner Rechnung trägt. Dieser stilvolle Raum wird periodisch auch für Ausstellungen genutzt und verleiht der ganzen Liegenschaft eine besondere Schwingung. Die Leidenschaft für schöne Dinge schwebt beinah oszillierend, fühlbar durch den Raum.

Die geistige Stimmung des Raumes überträgt sich auf die Besucher, kaum dass sie das Gebäudeensemble betreten und ein paar Schritte getan haben.

Lageplan
site plan

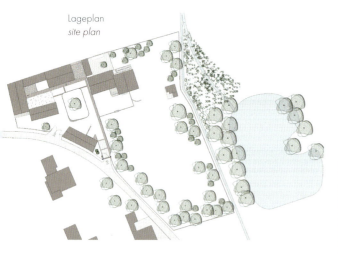

In the countryside. In the middle of trees, shielded from the noise, from the hustle and bustle, and also from the ignorance of time, one came across a residential house with an indoor swimming pool and several outbuildings, all of which forming a functioning whole.

The interior of the house was redesigned, some rooms were given new functions, new logical character images on the way to more living comfort.

The indoor swimming pool, which really had been out of time, turned into a recording studio. Or better said a saloon, an atelier, which pays tribute to both the musicality and the creativity of the residents. This classy room is also periodically used for exhibitions and gives the whole property a special vibrancy. The passion for beautiful things almost oscillatingly, tangibly floats through the room.

Visitors are captured by the spiritual mood of the room as soon as they have entered the building ensemble and taken a few steps.

"Wenn du etwas träumen kannst, kannst du es auch schaffen."
Walt Disney

"If you can dream it, you can do it."
Walt Disney

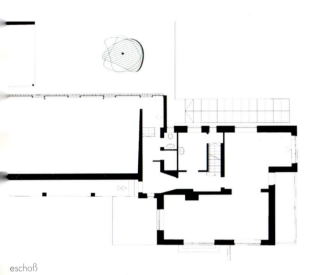

Erdgeschoß
Ground floor

"eine typische erscheinung des beginnenden 20. jahrhunderts ist es, dass architekten nicht nur häuser bauen [...] und sich mit den problemen der umwelt befassen. sie bauen auch möbel. [...] es war [...] auch der anreiz und ist es noch heute, einen plastischen gegenstand zu gestalten, der in sich geschlossen ein selbständiges plastisches element im raum ist und diesen raum mitbestimmt"

Max Bill, 1977

"it is a typical phenomenon of the beginning 20th century that architects do not only build houses [...] and deal with environmental problems. they also build furniture. [...] the incentive was, and still is, to design a sculptural object which is an independent sculptural element in the room itself and co-determines this room".

Max Bill, 1977

Möbeldesign 1985 – 2022

Interior Design 1985 – 2022

Vom Biedermeier zur Postmoderne
Esstisch 1985

für Karin und Axel

Dieser Entwurf steht beispielhaft für eine kreative S these von Historie und Gegenwart in der Möbel staltung. Der Esstisch wurde 1985 mit dem Ziel, bestehendes Ensemble von Biedermeierstühlen komplettieren, entworfen. Das Unikat ist konst tiv zweigeteilt und besteht aus einer elliptisc Glasplatte auf einer tragenden Basis aus Birnenh Die beiden Teile werden lediglich durch drei S mentklammern im Sockelbereich miteinander verb den. Die Tischplatte, mit den großzügigen Maßen 180 x 110 cm, erlaubt es, die ästhetische Verbind zwischen den Stühlen und dem Tisch aus jeder spektive uneingeschränkt zu erleben. Insbesond das Muster der Sitzflächen bildet eine fasziniere Interaktion mit den feinen schwarzen Rundstäbe Inneren des Tisches. Diese gestalterische Entsc dung schafft ein reizvolles Zusammenspiel zwis den Möbelstücken: Das Design verknüpft die dek tive Eleganz der Biedermeierstühle geschickt mit e postmodernen Ästhetik.

From Biedermeier to Postmodern
Dining Table 1985

for Karin und Axel

This design serves as an exemplary fusion of his cal and contemporary elements in furniture de The dining table was crafted in 1985 with the ai completing an existing set of Biedermeier chairs. unique piece is structurally divided and consis an elliptical glass top on a supporting base mac pearwood. The two parts are connected by three ment clamps in the pedestal area only. With its ge ous dimensions of 180 x 110 cm, the tabletop al for an unrestricted aesthetic connection betwee chairs and the table from every perspective. In par lar, the pattern of the chair seats creates a captiv interaction with the delicate black round rods i the table. This design decision fosters an engagin terplay between the furniture pieces: The decor elegance of the Biedermeier chairs is skillfully me with a postmodern aesthetic.

...t am Kopf
1984

...das Bett 1984 auszeichnet, ist das künstlerische ... und Formenspiel, das sein Kopfteil ziert: Auf ... weißen Kreissegment fügen sich verschiedene ...elemente in Blau, Gelb und Grau zu einer gelun-... Komposition zusammen. Aus Vollholz gefertigt, ...cm breit und 121 cm hoch, mündet es links und ... nahtlos in dreieckige, weiße Ablagen, die nicht ...ur visuellen Ausgewogenheit beitragen, sondern ... praktisch sind. Die wichtigsten Utensilien für den ...d können zudem links, auf dem blauen, „männ-...n" Element, Platz finden. Gespiegelt bietet rechts ...hellgraues Element, das Weiblichkeit symboli-...eine weitere Ablagefläche. Mittig am höchsten ... sitzt der vertikal gespaltene Beobachter in Blau. ...acht über den Schlaf, während auf der weißen ...fläche die zwei gelben Richtungsanzeiger ruhen.

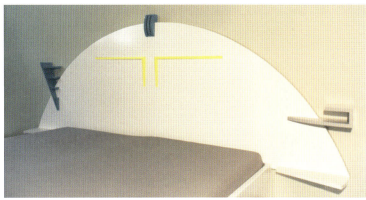

...try at the Head
1984

...t makes Bed 1984 stand out is the artistic inter-... of colours and shapes that adorns its headboard. ...he white circular segment, various wooden ele-...s in blue, yellow, and grey come together to form ... monious composition. Crafted from solid wood, ...uring 180 cm in width and 121 cm in height, it ...lessly transitions on both sides into triangular ... shelves that not only contribute to visual balance ...lso serve a practical purpose. Additionally, the ...tial items for the evening can find a place on the ... "masculine" element on the left. Mirrored on the ... a light grey element symbolising femininity offers ...her storage surface. The vertically split observer ...e sits at the highest point in the centre, watching ... your sleep, while the two yellow directional indi-...s rest on the white surface.

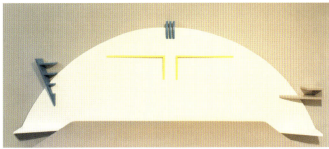

Die goldenen Gedanken der Nacht
Bett 2022

Das Bett 2022 misst 140 x 200 cm und besteht aus einem stabilen Korpus aus schwarz gebeizter Esche. Dieser beheimatet eine von beiden Längsseiten zugängliche Unterbettschublade, die reichlich Stauraum bietet, da sie sich über die gesamte Breite erstreckt.
Das zentrale Element dieses Entwurfs stellt aber zweifellos das kunstvoll gestaltete Kopfteil dar: Hergestellt aus grob gewebtem, schwarzen Leinenstoff, verziert mit einem auffälligen Golddruck. Dieses goldene Muster fügt dem Bett ein einzigartiges Element hinzu; von einem neuronalen Netzwerk inspiriert, verweist es gleichermaßen auf die Komplexität des menschlichen Gehirns wie auf die oft wirren Gedanken der Nacht. Es ist, als ob das Bett selbst als Leinwand dient, auf der die Träume seines Bewohners zu einem faszinierenden Gewirr verwoben sind.

Golden Thoughts at Night
Bed 2022

Bed 2022 measures 140 x 200 cm and consists of a sturdy frame made of black-stained ash. This frame houses an under-bed drawer accessible from both long sides, providing ample storage space as it spans over the entire width. However, the centrepiece of this design is undoubtedly the artistically crafted headboard: made of coarse-woven black linen fabric adorned with striking gold printing. This golden pattern adds a unique element to the bed, inspired by a neural network, it alludes to both the complexity of the human brain and the often scattered thoughts of the night. It seems as if the bed itself serves as a canvas, on which the dreams of its inhabitant are intricately woven into a fascinating tapestry.

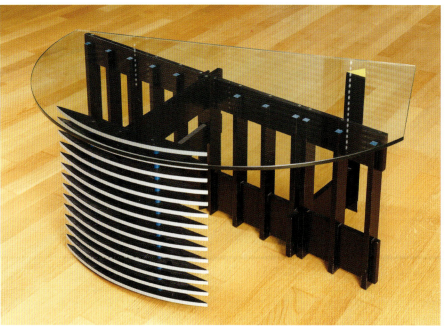

Wiederholung und Variation
Couchtisch 1986

Durch seine Glasplatte gibt der Couchtisch mi
Maßen 101 x 64,5 cm den Blick auf seine Trag
struktion frei: Diese mutet sowohl konstruktivistisc
auch dekonstruktivistisch an. Je nach Betracht
winkel weckt sie Assoziationen an ein Gebäude
architektonisches Ensemble, ein Schiff oder ein
mechanisches Innenleben, das sich jede Sekun
Bewegung setzen könnte. Die Tragkonstruktion
schwarz gebeizter Esche scheint dem Thema „
derholung und Variation" zu folgen, wobei i
sondere die farbigen Hirn- oder Stirnseiten in u
schiedlichen geometrischen Formen ins Auge spr
und die Gesamterscheinung auflockern ohne ver
zu wirken. Wie ein Skyscraper ragt, nahe dem
winkeligen Eck der Glasplatte, ein Dreieck i
Höhe und integriert sich mit einem starken Gelb
Tischplatte. Über die Längsachse reihen sich 13 b
Quadrate unterbrochen durch die Verbindung zu
in die Breitseite ragenden Flügel, der sein Vol
durch eine beachtliche Anzahl an schwebend g
pelten Kreissegmenten bildet. Wie ein Kamm b
die an der Stirnseite hellgrau lackierten Segr
eine gebogene Fassade, die der Linie der Glas
folgt. Der Entwurf aus dem Jahr 1986 besticht
geometrische Asymmetrie ebenso wie zeitlose
ganz und lässt sich ausgezeichnet mit Möbeln i
der klassischen Moderne kombinieren.

Repetition and Variation
Coffee Table 1986

With its glass top, the coffee table meas
101 x 64.5 cm reveals its structural framev
which can be interpreted as both construc
and deconstructivist. Depending on the vie
angle, it evokes associations with a building
architectural ensemble, a ship, or a mecha
interior that could spring into motion at any
ment. The structural framework, made from b
stained ash, appears to adhere to the them
"repetition and variation," with particular
phasis on the coloured front- or top sides, w
stand out in different geometric shapes, ad
a touch of playfulness to the overall appeare
without being overly playful. Like a skyscrap
triangle rises near the right-angled corner c
glass top, integrating itself into the tabletop
a vibrant yellow. Along the longitudinal axi
blue squares are arranged, interrupted by
connection to the wing protruding into the b
side, which gains its volume through a signif
number of floating stacked circular segments
segments, painted light gray on the front
form a curved facade like a comb, following
line of the glass top. The design from 1986
tivates with its geometric asymmetry and tim
elegance, making it an excellent compleme
furniture in the style of classical modernism.

Funktional und maßgeschneidert
Garderobe 1992

Zwei Quader im rechten Winkel ineinander verschoben: Der horizontale bildet die Basis und bietet Stauraum für Hüte, Taschen und Kleinkram. Der vertikale ragt vor und wird von einem Stahlrohr durchquert, sodass hier Mäntel und Jacken hängend verstaut werden können. Die durchlaufende, verchromte Kleiderstange verbindet die Garderobe mit der Rück- und Seitenwand und bietet ausreichend Platz für weitere Jacken und Mäntel.

Da es sich bei dieser Garderobe um eine Maßanfertigung handelt, konnte der Raum optimal genutzt werden. Die Quader wurden aus schwarz gebeiztem Buchenholz gefertigt, die vorspringenden Elemente und Fronten in Blau lackiert. Der horizontale Schrank misst 160 x 200 x 40 cm, der Kleiderschrank 38 x 170 x 55 cm. Durch seine klaren Linien und harmonischen Proportionen strahlt dieses Entwurf aus dem Jahr 1992 zeitlose Funktionalität aus.

Functional and Custom-Made
Wardrobe 1992

Two cuboids interlocked into each other in a right angle: the horizontal one forms the base and provides storage for hats, bags, and small items. The vertical one juts forward and is pierced by a steel rod, allowing coats and jackets to be hung here. This continuous chrome clothes rail connects the wardrobe to the back and side walls, offering ample space for additional jackets and coats. As this wardrobe is a custom-made piece, the available space was used optimally. The cubes were crafted from black-stained beechwood, with the protruding elements and fronts painted in blue. The horizontal cabinet measures 160 x 200 x 40 cm, while the wardrobe measures 38 x 170 x 55 cm. With its clean lines and harmonious proportions, this 1992 design exudes timeless functionality.

Die Dinge zeigen sich
Vitrine 1998

für Elfi und Harald

In der schnelllebigen Welt des Interior Designs, in der sich die Trends unaufhörlich wandeln, erweist sich diese Vitrine als ein Möbelstück, das die Moden überdauert und bis heute das Haus seiner anspruchsvollen Bewohner schmückt. Es ist für eine, im Esszimmer direkt neben der Küche gelegene, Nische maßgefertigt und besteht aus Holz und Glas. Die Seitenwände des lackierten Holzkorpus sind mit einer Oberfläche aus Glas versehen, das im Zusammenspiel mit den ebenfalls gläsernen Regalböden und versetzt angeordneten Fronten eine transparente Anmutung erzeugt. Die Vitrine wird zu einer Bühne, auf der jeder ausgestellte Gegenstand optimal zur Geltung kommt. Egal, ob feines Porzellan, Sammler- oder Erbstück, es ist das liebevoll arrangierte Innenleben, das bei diesem Möbel im Mittelpunkt steht.

Revealing the Beauty Within
Display Cabinet 1996

for Elfi and Harald

In the fast-paced world of interior design, where trends constantly evolve, this display cabinet stands as a piece of furniture that transcends fashion and continues to adorn the home of its discerning residents to this day. Custom-made to fit a niche located in the dining room adjacent to the kitchen, it is constructed from wood and glass. The lacquered wooden sides have a glass surface, which, in harmony with the glass shelves and staggered fronts, create a transparent appearance. The display cabinet becomes a stage on which every showcased item shines in full splendor. Whether it is delicate porcelain, collectibles, or heirlooms, it is the lovingly arranged objects that take center stage in this furniture piece.

Sichtbar und verborgen
Sideboard für Geschirr 1995

Bei diesem Sideboard handelt es sich um ein m
kantes Möbelstück, das mit den Maßen 1800 x 9
x 45 cm viel Stauraum bietet, Holz- und Glaseleme
kombiniert und durch sein asymmetrisches Des
auffällt. Dieses Gestaltungsprinzip verleiht dem M
belstück Bewegung und Energie.
Es besteht aus einer Holzbasis, auf der ein Gla
bus sitzt. Im unteren Bereich befinden sich drei fla
Schubladen mit elegant hellgrauen Fronten. Den
telteil bilden vier großzügig dimensionierte Lac
deren Fronten beinahe quadratisch und in Anthr
lackiert sind. Öffnet man eine dieser Laden, stec
die gelben Innenböden ins Auge. Der Glasku
ganz oben teilt sich wieder in drei Laden; das Rot
Holzböden blitzt durch die transluzenten Fronten
vor, während das Geschirr im Inneren schemenho
Erscheinung tritt. Die Laden sind bewusst versetzt
geordnet; durch diese Asymmetrie entsteht eine
namische und optisch anregende Komposition. In
Seitenansicht zeigt sich der Unterschrank in schw
gebeiztem Buchenholz, der darauf sitzende Glasku
zweigeteilt. Hier ist der vordere Bereich aus trans
entem Glas und der hintere aus gelb lackiertem G
gefertigt. So ergibt sich in jeder Ansicht ein charmo
Wechselspiel aus Sichtbarkeit und Verborgenheit.

Visible and Concealed
Dish Sideboard 1995

This sideboard is a striking piece of furniture, measu
1800 x 935 x 45 cm, offering ample storage sp
combining wood and glass elements, and stan
out with its asymmetrical design. This design princ
imparts movement and energy to the piece. It co
of a wooden base with a glass cube sitting on top
In the lower section, there are three low drawers
elegantly light grey fronts. The central part comp
four generously sized drawers, nearly square in sh
and painted in anthracite. When opening one of t
drawers, the yellow interiors are catching one's
The glass cube at the top is divided into three dra
again; the red of the wooden bottoms gleams thr
the translucent fronts, while the dishes inside ap
in a shadowy silhouette. The drawers are intentio
arranged in an offset manner; this asymmetry cre
a dynamic and visually stimulating compositio
the side view the lower cabinet reveals black-sto
beechwood, while the glass cube on top is div
into two parts. The front area is made of transp
glass, and the rear is crafted from yellow-pa
glass. This results in a charming interplay of vis
and concealment from every angle.

etisch modern
rinenschrank 1996

ser Vitrinenschrank kombiniert eine klare, moderne
mensprache mit einer poetischen Ausstrahlung. Die
derseite besteht vollständig aus säuregeätztem
s und verbirgt hinter sich drei Ebenen, die Platz
Geschirr und andere schöne Dinge bieten. Hinter
transluzenten Glas erscheinen die darin platzierten
ekte in einer zarten Verschwommenheit – wie in einem
chenhaften Traum. Die Regalflächen im Inneren
an den Vorderseiten weiß lackiert, was einen
ganten Kontrast zum Glas schafft und dem Mö-
tück einen filigranen, luftigen und aufgeräumten
rme verleiht.

Deckplatte wie auch die Seiten bestehen aus
sparentem Glas, das mit Elementen aus rot und
lackiertem Glas kombiniert wird. Dieser kreative
gang mit Material und Farbe verleiht der Vitrine
lebendig-fröhliche Note. Die Glastüren sind naht-
m rechten Winkel miteinander verbunden und mit
menlosen, verchromten Glastürscharnieren befes-
Diese subtile, aber entscheidende Designentschei-
g trägt zur Klarheit und Eleganz des Möbelstücks
Ein wahrer Blickfang in jedem modernen Interieur.

tically Modern
lay cabinet 1996

display cabinet merges a clear, modern design
uage with a poetic aura. Its front consists entirely
cid-etched glass, concealing three levels that pro-
space for dishes and other beautiful items. Behind
anslucent glass, the objects placed within appear
delicate blur – as if in a fairy-tale dream. The shelf
ces are white-painted on the front sides, creat-
an elegant contrast to the glass and lending the
of furniture a delicate, airy, and tidy charm. Both
op surface and the sides are made of transpar-
lass, combined with elements of red and yellow-
ed glass. This creative use of material and colour
a lively and cheerful touch to the display cabinet.
glass doors are seamlessly connected at right an-
and secured with frameless, chrome-plated glass
hinges. This subtle but crucial design decision
ibutes to the clarity and elegance of the furniture.
e eye-catcher in any modern interior.

Praktisch und schön – auch ohne Telefon
Telefonschrank 1994

Der Telefonschrank aus dem Jahr 1994 hat auch heute, in Zeiten, in denen ein Festnetztelefon in den meisten Haushalten der Vergangenheit angehört, noch nicht ausgedient. Das schmale Schränkchen aus schwarz gebeizter Buche präsentiert den Telefonapparat wie auf eine Stele in 115 cm Höhe. Bleibt der Platz obenauf aber leer, so wirkt das Möbelstück trotzdem nicht unvollständig. Elegant fügt es sich mit seiner quadratischen Grundfläche und einer Seitenlänge von nur 26 cm auch in kleine Räume oder Nischen gut ein. Die Front der Schranktüre ist blau, die kleine Lade darüber hellgrau lackiert. Dazwischen befindet sich ein schmuckes und praktisches Detail. Leicht nach rechts versetzt, erscheint ein ausziehbares Holzelement, das sich hervorragend als Schreibunterlage eignet.

Practical and Beautiful - Even without a Phone
Telephone Cabinet 1994

The telephone cabinet from 1994 has not become obsolete even nowadays, when landline phones are a thing of the past in most households. This slender cabinet made of black-stained beechwood presents the telephone set as if on a stele 115 cm of height. However, even if the top space remains empty, the piece of furniture doesn't appear incomplete. It elegantly fits into small spaces or nooks with its square base and a side length of just 26 cm. The front of the cabinet door is blue, and the small drawer above it is painted light grey. In between lies a charming and practical detail. Slightly offset to the right, there is a retractable wooden element that serves excellently as a desk pad.

Die Schönheit der Schmucklosigkeit
Sideboard für CDs 2005

für Ursula und Dietmar

Dieses Sideboard ist mehr als nur ein Aufbev
rungsmöbel für eine umfangreiche CD-Samml
Es ist ein Statement des modernen Designs, das
Prinzipien der Einfachheit und Funktionalität auf
drucksvolle Weise verkörpert. Jeder Aspekt des
belstücks wurde mit Bedacht gestaltet, um sowoh
thetisch ansprechend als auch funktional zu sein.
Die Schubladen bestehen aus Holz, das auf Geh
geschnitten wurde. Dadurch kann eine äußere O
fläche entstehen, die vollständig aus einem einz
Material besteht; alle Flächen und Kanten sind
Glas. Die Farbgebung des Glases ist ein wei
Aspekt, der dieses Möbelstücks zu einem wo
Hingucker macht: Es wurden ausschließlich Bauh
farben gewählt. Das leuchtende, beinahe pop
Zusammenspiel von Rot, Blau und Gelb setzt e
gelungenen Kontrast zur schlichten Formgebung –
das Ergebnis ist ein Sideboard, das wie ein mode
Kunstwerk mitten im Wohnzimmer wirkt.

The Beauty of Simplicity
CD Storage Sideboard 2005

for Ursula and Dietmar

This sideboard is more than just a storage piece f
extensive CD collection. It is a statement of mo
design that embodies the principles of simplicity
functionality in an impressive manner. Every a
of this piece of furniture has been thoughtfully cr
to be both aesthetically pleasing and practica
drawers are made of wood cut to meter, allo
for an exterior surface that consists entirely of a s
material; all surfaces and edges are made of
The color scheme of the glass is another aspec
makes this piece of furniture a true standout: Ba
colours were chosen exclusively. The vibrant, c
pop interplay of red, blue, and yellow creates c
ing contrast with the minimalist design, resulting
sideboard that feels like a modern artwork right
middle of the living room.

Eine Linie aus Licht
Leuchte 2015

Die Langfeldleuchte aus dem Jahr 2015 erscheint beinahe immateriell: Eine feine Linie aus Licht, die schwerelos im Raum schwebt. Durch ihr minimalistisch-ätherisches Design fügt sie sich in eine Vielzahl unterschiedlicher Umgebungen ein. Die Pendelleuchte überzeugt jedoch nicht nur mit ihrem Aussehen, sondern stellt auch eine praktische Lösung zur optimalen Anpassung der Lichtsituation in jedem Raum dar. Als Leuchtmittel der Linienleuchte fungiert eine LED-Lichtleiste, die mit individueller Dimm- und Schaltmöglichkeit ausgestattet ist. Dies ermöglicht den Nutzern perfekte Kontrolle über die Lichtintensität und -richtung. Egal, ob ein sanfter Schein nach unten strahlen, eine nach oben gerichtete Lichtstimmung geschaffen oder beide Ausrichtungen harmonisch kombiniert werden sollen, diese Leuchte kann an die Anforderungen der Situation perfekt angepasst werden.

„Aber über allem: Das Licht!"

Luigi Snozzi

"But above all: The Light!"

Luigi Snozzi

A Line made of Light
Luminaire 2015

This linear light fixture from 2015 appears almost ethereal: a fine line of light hovering weightlessly in the room. With its minimalist and etheric design it seamlessly integrates into a variety of different environments. However, this pendant light not only impresses with its appearance but also offers a practical solution for optimal lighting in any space. An LED light strip equipped with individual dimming and switching capabilities serves as light source. This allows users to have precise control over both the intensity and direction of the light. Whether you need a soft glow shining downward, wish to create an upward-focused lighting ambiance, or desire a harmonious combination of both orientations, this fixture can be perfectly tailored to meet the demands of the situation.

Eine gefräßige Tausendfüsslerschnecke
Wohnzimmerschrank 2004

für Elfi und Harald

Bei diesem Entwurf wurde die Aufgabe gestellt, einen offenen Wohnzimmerschrank zu gestalten, der eine Vielzahl von Gegenständen in sich aufzunehmen und gleichzeitig seine Umgebung ästhetisch zu bereichern vermag.
Das Ergebnis ist ein Regalschrank, der nicht nur als Aufbewahrungslösung dient, sondern zu einem Kunstwerk im Wohnzimmer wird.
Inspiriert von der Natur, entschied der Architekt sich dafür, Prinzipien des Tausendfüßlers mit denen einer Schnecke zu kombinieren: Viele Füße tragen das „Haus" wie einen Setzkasten.
Der Entwurf spielt mit quadratischen Öffnungen in unterschiedlicher Größe, die von klein nach groß geschichtet und mit Regalböden gefüllt wurden. Die unterschiedlichen Größen der Öffnungen ermöglichen die Aufbewahrung von Gegenständen verschiedener Dimensionen, während die starken Farben das Möbelstück lebendig und erfrischend wirken lassen.

A Voracious Centipedesnail
Living Room Cabinet 2004

for Elfi und Harald

In this design challenge, the task was to create an open cabinet which is capable of accommodating a variety of things while simultaneously enhancing its surroundings aesthetically. The result is a shelving unit not only serving as a storage solution but also becoming a work of art in the living room.
Inspired by nature, the architect chose to combine the principles of a centipede with those of a snail: many legs carry the "house" like a display case. The design plays with square openings of varying sizes, stacked from small to large and filled with colourful shelves. The different sizes of the openings allow for the storage of items of various dimensions, while the vibrant colours give the cabinet a lively and appealing appearance.

Werkverzeichnis
Catalogue of Works

2. Obergeschoß
2nd floor

1. Obergeschoß
1st floor

Erdgeschoß
ground floor

1 Casino Bad Ischl
Bad Ischl
1982

2 Haus für Kinder
Leopoldskron
Salzburg
1982

3 „Lupoturm" Anbau
Aigen | Salzburg
1982

4 Anton-Neumayer-Platz
Salzburg | mit H. Schmidt
1982

5 Kino und Veranstaltungshaus
Salzburg | mit Uli Staebner
1984

6 Umbau und Innenraumgestaltung Kovarbasic
Rennbahnstraße | Salzburg
1985

7 Wohnanlage Moos
Salzburg
1986

8 Um- und Ausbau Innerer Stein
Salzburg
1987

9 Revitalisierung Altstadthaus
Imbergstraße 8, Salzburg
1987

10 Bürogebäude Porschehof
Salzburg
1987

11 An- und Umbau und Innenraumgestaltung
Membergerstraße | Salzburg
1988

12 Einfahrtsgebäude Saline
Hallein
1988

13 Büro und Lagergebäude
Wals
1989

14 Holzwohnbau
Seekirchen
1989

15 Wohnen im Innenhof
Andräviertel Salzburg
1990

16 Büro und Lagerhallen
Gnigl | Salzburg
1990

17 Wohnhaus Meikl
An- und Umbau
Salzburg
1991

18 Pressezentrum
Salzburg
1991

19 Wohngebäude Aigen
Salzburg
1991

20 Revitalisierung Altstadthaus
Andräviertel | Salzburg
1991

21 Revitalisierung und Dachgeschoßausbau
Andräviertel | Salzburg
1992

22 Wohnanlage Aigen
Salzburg
1992

23 Hotel Kobenzl
Umbau und Erweiterung
Salzburg
1992

24 Sanatorium am Rainberg
Privatkrankenhaus
Salzburg
1992

25 Dachgeschoßausbau
Revitalisierung Altstadthaus
Nonntal | Salzburg
1992

26 Porschezentrum
Itzling | Salzburg
1992

27 Österreichisches
Kulturinstitut
New York
1992

28 Bebauung am Auditor
Ingolstadt
1993

47

38

48

39

49

51

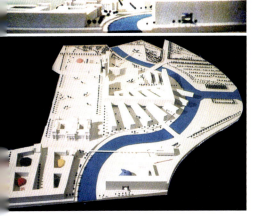

40

41

ohnanlage Maxglan
urg

bauung am
nheimerplatz
urg
1994

ohnanlage Schallmoos
urg

lzburger Sparkasse
latz
urg

33 Regierungsviertel
Spreebogen
Berlin
1993

34 Bürohaus Koller
Seekirchen
1994

35 Blumenhof Salzburg
Salzburg
1994

36 Wohnhaus Koller
Seekirchen
1994

37 Wohnbebauung Liefering
Salzburg
1994

38 Umbau Gebetsroither
Gneis | Salzburg
1994

39 Einkaufszentrum Taxham
Salzburg
1994

40 Sanatorium Sterneckstraße
Salzburg
1994

41 Therme Obermoos
Salzburg
1994

42 Landesdirektion Interunfall
Andräviertel | Salzburg
1995

43 Wohnanlage
Grazer Bundesstraße
Salzburg
1995

44 Wohn- und Bürohaus K.
Aigen | Salzburg
1995

45 Klinikum Buch
Interventionszentrum
Berlin
1995

46 Fachhochschule Ingolstadt
Ingolstadt
1995

47 Fachhochschule
Deggendorf
1995

48 Universitätsklinikum
Jena
1995

49 Justizvollzugsanstalt
Kempten
1995

50 Wohn- u. Geschäftshaus
Andräviertel | Salzburg
1995

51 Auf- und Umbau
Amtsgebäude Weiserstraße
Salzburg
1995

52 Wohnanlage Aiglhof
Salzburg
1996

61

62

71

64

67

75

76

65
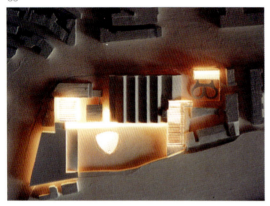

69

79

70

53 Wohnhaus im Himmelreich
Salzburg
1996

54 „Kino Europa"
Elisabeth-Vorstadt | Salzburg
1996

55 Bank Umbau
Maxglan | Salzburg
1996

56 Wohnanlage am
Alterbach
Salzburg
1996

57 Umbau Büro und
Wohngebäude
Leopoldskron | Salzburg
1997

58 Museum Leipzig
Leipzig
1997

59 „Karl am Sterneck"
Büro und Geschäftshaus
Schallmoos | Salzburg
1997

60 Seniorenresidenz „Mirabell"
und Innenraumgestaltung
Andräviertel | Salzburg
1997

61 Altenheim
Blankenburg
1997

62 Hauptbahnhof
Linz
1997

63 Fachhochschule
Weihenstephan
1997

64 Museum Buenos Aires
Argentinien
1997

65 Industriemuseum
Chemnitz
1997

66 Moorbad Leopoldskron
Salzburg
1997

67 Post
Bonn
1997

68 Wohnbebauung
Plainstraße
Itzling | Salzburg
1997

69 Schule
Linz
1997

70 Volksschule
Wien
1997

71 Institut für Physik
Berlin
1997

72 Helios Klinik
Gotha
1997

73 Salzachstadion
Salzburg
mit Erich Schroffner
1998

74 Landestheater im Berg
Linz
1998

75 Klinikum
Halle
1998

76 Stadion
Innsbruck
mit Erich Schroffner
1998

77 Bahnhof Pappestraße
Berlin
1998

78 Bahnhof
St. Anton
1998

79 Musiktheater
Graz
1998

akartsteg
urg

chnische Universität

lksschule

ohnbebauung Herrnau
urg

84 „Camerata Academica"
Konzerthaus
Leopoldskron | Salzburg
1999

85 Stadion Wals
Wals
1999

86 Hauptbahnhof Salzburg
Salzburg
1999

87 Bürogebäude der
österr. Bundesforste
Wien
1999

88 Justizzentrum
Magdeburg
1999

89 Kindergarten
Leopoldskron
Salzburg
1999

90 Bebauung am Postareal
Bahnhof
Salzburg
1999

91 Volksschule
Oberndorf
1999

92 Schwanseebad
Weimar
1999

93 Wohngebäude Parsch
Salzburg
2000

94 Wohngebäude
„Max an der Glan"
Maxglan | Salzburg
2000

95 Projekt S-Bahn
Salzburg
2000

96 Wohnturm Maxglan
Salzburg
2000

97 Schloss Gartenau
Grödig
2000

98 Multifunktionshalle
Ausstellungszentrum
Salzburg
2000

99 Zubau BRG und BORG
Salzburg
2000

100 Hochschule
für Bildende Kunst
Hamburg
2000

101 Museum Stadt Hagen
Hagen
2000

102 "Haus für Mozart"
Festspielhaus
Altstadt | Salzburg
mit Hermann & Valentiny
2001

103 Wohn- u. Bürohaus Kurz
Freisaal | Salzburg
2001

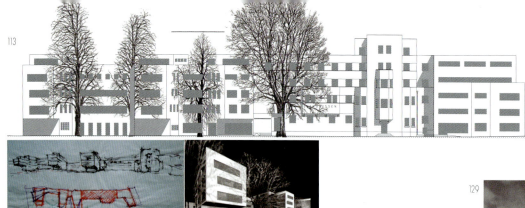
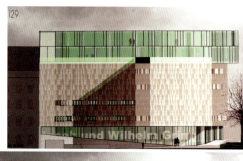

104 **Wohnanlage Aigen**
Salzburg
2001

105 **Wielandschule**
Weimar
2001

106 **Wohnhaus Schalchen**
Innviertel
2001

107 **Drachenschlössl Revitalisierung**
Grödig
2001

108 **Wohnhaus S.**
Liefering
Salzburg
2002

109 **Postareal Bahnhof**
Salzburg
2002

110 **Einkaufsmarkt**
Windischgarsten
2002

111 **Wohngebäude Maxglan**
Salzburg
2002

112 **Wohn u Geschäftshaus**
Neustadt | Salzburg
2002

113 **Diakoniewerk Salzburg Gesundheitszentrum**
Salzburg
2002

114 **Leube Konferenzzentrum Umbau**
Teufelsinsel | Grödig
2003

115 **Leube Verwaltung Erweiterung**
Grödig
2003

116 **Wohngemeinschaft FK**
Innviertel
2003

117 **Hallenbad im Grünland**
Aigen | Salzburg
2004

118 **Wohnanlage Roßleithen**
Windischgarsten
2004

119 **Gartenstadt Aigen**
Salzburg
2004

120 **Multifunktionshalle Halle an der Saale**
Halle a.d. Saale
2004

121 **Fabers Wintergarten und Außenraum**
Aigen | Salzburg
2004

122 **Kursanatorium Leopoldskron**
Salzburg
2004

123 **Neonatologie Salzburg**
Salzburg
2004

124 **Osterweiterung Klinikum Nord**
Nürnberg
2004

125 **Theater Danzig**
Danzig
2004

126 **Büro und Geschäftshaus**
Mülln | Salzburg
2004

127 **Dubai Eingangsportal**
Dubai
2004

128 **Alterspsychiatrie**
Pfäfers
2004

129 **Jakob und Wilhelm Grimm Zentrum**
Berlin
2004

130 **Seniorenheim Hellbr**
Salzburg
2004

131 **Wohnhaus H.**
Mondsee
2005

132 **Hochregallager Mil**
Salzburg
2005

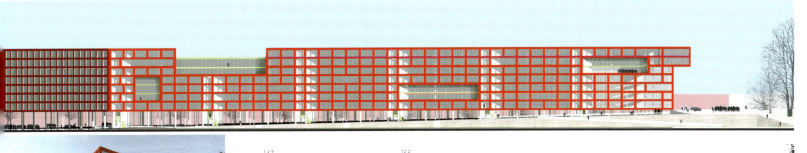

147

155

156

157

Wohnanlage am Tivoli uck	138 Unipark Nonntal Salzburg 2005	143 City Library Stockholm Stockholm 2006	148 Wohnanlage Lanserhof-wiese Riedenburg | Salzburg 2007	152 Dachgeschoßausbau Alpensiedlung Salzburg 2007	157 Wohnbebauung Mauracherstraße Salzburg 2008
Wohnanlage Schallmoos urg	139 Volkshochschule Wien 2005	144 Innenministerium Berlin 2006	149 Wohnhaus K. An und Umbau Henndorf 2007	153 Ordination Neustadt | Salzburg 2007	158 Spängler Bank Neustadt | Salzburg 2009
otel und Büros am Tivoli uck ch Schroffner	140 Wohnhaus Spitzer Fürstenbrunn 2005	145 Wohnanlage Aribonenstraße Salzburg 2006	150 Wohnanlage am Stadtpark Linz 2007	154 Wohnanlage Thalgau 2007	159 Wohngebäude Aiglhof Salzburg 2009
andestheater	141 „Haus der Natur" Museum Salzburg 2006	146 Universität Innsbruck 2006	151 Nahversorgungszentrum Itzling Salzburg 2007	155 Neue Energietechnik Salzburg 2007	160 Dachgeschoßausbau Neustadt Salzburg 2009
mtshaus heim	142 Nationalbibliothek Prag Prag 2006	147 Innenraumgestaltung Elixhausen 2006		156 Wohngebäude Mülln Salzburg 2008	

161  167

166   177

174  172  190

188

161 Olympisches Dorf
Innsbruck
2009

162 Dachgeschoßausbau
Riedenburg
Salzburg
2010

163 Doppelwohnhaus
Maxglan
Salzburg
2010

164 Geschäftsanbau
Riedenburg
Salzburg
2010

165 Dachgeschoßausbau
Mülln für K.
Salzburg
2010

166 Kopf-Klinik
Salzburg
2010

167 Erweiterung
Bundesgymnasium
Seekirchen
2010

168 Neue Welt am Bahnhof
Salzburg
2011

169 Umgestaltung
Cafe Uni:versum
Altstadt | Salzburg
2011

170 Wohnanlage „Glanufer"
Salzburg
2011

171 Dachgeschoßausbau
Mülln für Go.Ki.
Salzburg
2011

172 Asfinag Autobahnmeisterei
Salzburg
2011

173 Akademisches
Gymnasium
Salzburg
2011

174 Wohn und
Geschäftsbebauung
Rehrlplatz | Salzburg
2011

175 „Das Kino" und Wohnen
am Loretobrunnen
Neustadt | Salzburg
2012

176 Christian Doppler
Gymnasium
Salzburg
2012

177 Kleinkraftwerk
Maria Alm
2012

178 Erweiterung Büro und
Wohngebäude
Leopoldskron | Salzburg
2013

179 Wohnen im Hof und
Dachgeschoß
Neustadt | Salzburg
2013

180 Zwillingstürme am Bahnhof
Salzburg
2013

181 Aufstockung Lanserhofwiese
Riedenburg | Salzburg
2013

182 Badehaus Liepaja
Lettland
2014

183 Tor am Bahnhof
Salzburg
2014

184 Landespflegezentrum
Mürzzuschlag
2014

185 Wohnanlage Liefering
Salzburg
2015

186 Wohnanlage
am Winklerbahnhof
Linz
2015

204

209

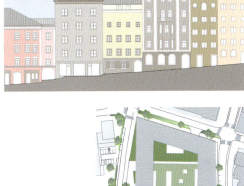

206

210

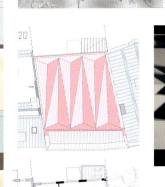

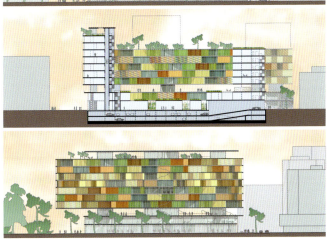

212

hopdesign Oliv-o-Thek
ping ARENA
urg

achgeschoßausbau
traße
dt | Salzburg

ospiz
Tirol

ohnanlage Kleinmünchen

thaus
dorf

192 Schule Sillgasse
Innsbruck
2015

193 Dachausbau Maislinger
Altstadt | Salzburg
2016

194 Wohnbau Kaplanhof
Linz
2016

195 Berufsschule
Wals
2016

196 Gartenstadt Aigen
Erweiterung
Salzburg
2017

197 Wohnhaus Ludwig
Leopoldskron | Salzburg
2017

198 Wohnen am Borromäum
Salzburg
2017

199 Dachgeschoßausbauten
Andräviertel
Altstadt | Salzburg
2017

200 Kommunikationsforum
Altstadt
Salzburg
2018

201 Hotel am Bahnhof
Salzburg
2018

202 Haus für
Musik | Kunst | Literatur
im Innviertel
2019

203 PKW Ausstellungshalle
Wals
2019

204 Dachgeschoßausbau
Mülln II
Salzburg
2019

205 Pension Moos Sanierung
Salzburg
2019

206 Landesdienstleistungs-
zentrum
Salzburg
mit Albert Wimmer
2020

207 Euro Bank System
Salzburg
2020

208 Raiffeisen Verband
Salzburg
2020

209 Wohnanlage „Weiler
Wanghausen"
Hochburg - Ach
2021

210 Haus der Industrie
Salzburg
2022

211 Umbau Wohnhaus
Gneis | Salzburg
2022

212 Revitalisierung und
Dachgeschoßausbau
Nonntal | Salzburg
2022

Studienreisen | Study Travels

Albanien | Belgien | Bosnien-Herzegowina | Bulgarien | Dänemark | Deutschland | England | Estland | Frankreich | Gibraltar | Griechenland | Island | Israel | Italien | Kroatien | Lettland | Liechtenstein | Litauen | Luxemburg | Moldawien | Monaco | Montenegro | Niederlande | Norwegen | Österreich | Portugal | Rumänien | Schweden | Schweiz | Serbien | Slowakei | Slowenien | Spanien | Transnistrien | Türkei | Tschechien | Ungarn | USA | Vatikan | Zypern |

Publikationen – Auszug | Publications – in Extracts

Planen für Salzburg 1987 – 1991, Paulhans Peters | Architektur.aktuell Nr.158, 207, 5.2005 | Architektur & Bauforum Nr. 189, 222, 05/2007 | „Leonard Magazin für Architektur | „Krankenhäuser in Berlin" – Städtebau und Architektur – Bericht 36, 1996 | Zement + Beton – 1995 / 1997 / 2007 | „Neue Archit in Ingolstadt - Dokumentation einer Ausstellung | Kunstpreis Berlin 1995 – Akademie der Künste, Berlin | „L'industria italiana del Cemento" N. 737, 1998 | archit – Fachmagazin 3/01 | Die Presse „Spectrum" u.a. 16.05.1997, 10.11.2001 | Der Standard u.a. 21.08.1997 | Architekturjournal Wettbewerbe 119/120, 127/ 159/160, 181/182/183, 239/240 | A3 Bau 2003 | Bau + Immobilienreport 05/2007 | Österreichische bau.zeitung 2007 | Betonmarketing Deutschland b org 08/2007 + 03/2008 | Zeitschrift „Architektur" 04/2008 | Salzburger Monat „Architektur findet Stadt" 11/2008 | [ark] „Stadtansichten Salzburg" 01/20 | Online-Architekturführer der Stadt Salzburg www.archtour-stadt-salzburg.at 09/2014 | Salzburger Nachrichten „Bahnhofsviertel bekommt ein weiteres Hoch 15.9.2016 | Salzburger Fenster „Salzburg: Der Dom als letzte Schönheit? Die barocke Stadt braucht kühnes Neues, sagen Vorreiter" 16.5.2017 |

Ausstellungen – Auszug | Exhibitions – in Extracts

„80-90 Architektur" in Salzburg | „Österreichisches Kulturinstitut New York" in New York | „Architektur zeigen" in Wien | „Neue Architektur in Ingolstadt" in Ingo stadt | „Umbau Kleines Festspielhaus Salzburg" in Wien, A zW | „In-Aus-Nach Salzburg" Wien und Bozen | Bauten und Projekte - kunstraumM37 – Salzburg

Mitarbeiter ab 1985 | Team since 1985

Aigner Michael | Alexandrescu Irina | Arbeithuber Claudia | Barczi Jan | Bauer Thomas | Behn Karl-Heinz | Bichler Carina | Bodzak Pawel | Braitenthaller Dagmar | Bratka Christian | Brüderl Josef | Büchsner Nicola | Danesh Manahz | Demel Günther | Dolliner Manuela | Dornstauder Manuel | Drücker Dani Eckl Judith | Eder Gerhard | Einböck Sonja | Feichtenschlager Ingrid | Flieher Mia | Frauenlob Monika | Frischenschlager Gerda | Fuchs Annette | Gappm Helmut | Gasteiger Ulrike | Gildemeister Dirk | Grissl Herbert | Grossinger Ilse | Hacksteiner Gerlinde | Hahn Thomas | Haupolter Martin | Hayer Ingo | Thomas | Jurgutiene Rima | Kalteis Martha | Kaltschmid Magdalena | Keßeler Kerstin | Knittel Birgit | Kopfinger Martina | Kögl Thomas | Köstler Ursula | K Jasna | Künast Roland | Lagrava Alejandra | Landrichinger Josef | Lechner Magda | Lixl Daniela | Lodek Martina | Loibichler Annemarie | Ludwig Michael Moser Georg | Nussbaumer Thomas | Oberascher Martin | Oberholzer Werner | Pacher Katrin | Pfeffer Johannes | Pimmingstorfer Margarete | Pitrow M fred | Radlinger Andreas | Reichelt Katrin | Reischl Irmgard | Schaffer Angelika | Schattauer Bernhard | Schmitzberger Axel | Schroffner Erich | Schweizer | Seidl Rosemarie | Seitlinger Alexander | Sieberer Johanna | Spielberger Doris | Stadler Daniela | Stöllinger Birgit | Svazas Matas | Thaler-Plank Ramon | Theisen Marlen | Tieze Alexander | Tischler Harald | Thonhauser Tina | Waldmann Petra | Walkner Ernst | Wanghofer Julia | Weidele Melanie | Wenge Angelika | Wimmer Elke | Wimmer Konstanze | Wimmer-Schaffer Reinhard | Wimmer Ria | Winkler Simone | Witzko Christian | Zaic Michael | Yenertürk

...bert Wimmer

geboren 1954 in Salzburg

Architekturstudium an der Akademie der bildenden Künste in Wien
Meisterklasse Professor Gustav Peichl

81	Abschluss des Studiums
89	Wüstenrot Möbeldesignpreis
95	Belobigung für „vorbildliches Bauen in der Salzburger Altstadt"
95 –	Mitglied der Ziviltechniker Prüfungskommission
95	Akademie der Künste Berlin, Kunstpreis Baukunst
04	Architekturpreis des Landes Salzburg – Anerkennung, Gartenstadt Aigen
08	Architekturpreis des Landes Salzburg – Anerkennung, Wohnanlage Lanserhofwiese
95 – 2000	Mitglied des Gestaltungsbeirates der Stadt Oberndorf bei Salzburg
06 – 2010	Mitglied der Sachverständigenkommission für Altstadterhaltung in der Stadt Salzburg
15 – 2021	Mitglied des Gestaltungsbeirates der Stadt Saalfelden

...bert Wimmer

born in Salzburg 1954

Architectural studies at the Academy of Fine Arts in Vienna
Master class of Professor Gustav Peichl

1	Graduation
9	Wüstenrot Furniture Design Award
5	Commendation for outstandingly designing and merging the old historic building fabric with modern architecture in Salzburg
5 –	Member of the Austrian Examination Board of Architects and Civil Engineers
5	Academy of Arts Berlin, Art Award Architecture
4	Architecture Award of the Government of Salzburg – Honourable mention, Garden City Aigen
8	Architecture Award of the Government of Salzburg – Honourable mention, Residential Estate Lanserhofwiese
5 – 2000	Member of the Architectural Committee of the city of Oberndorf near Salzburg
6 – 2010	Member of Expert Commission for the Preservation of the Old Town of Salzburg
5 – 2021	Member of the architectural committee of the city of Saalfelden near Salzburg

Karl-Markus Gauß
1954 Salzburg, studierte Geschichte und Germanistik, ist Schriftsteller und war mehr als 30 Jahre lang Herausgeber und Chefredakteur der Zeitschrift *Literatur und Kritik*.
Seine Bücher wurden in viele Sprachen übersetzt und oftmals ausgezeichnet, darunter mit dem Prix Charles Veillon, dem Österreichischen Kunstpreis für Literatur, dem Johann-Heinrich-Merck-Preis, dem Jean-Améry-Preis und dem Leipziger Buchpreis zur Europäischen Verständigung 2022. Bei Zsolnay erschienen zuletzt *Zwanzig Lewa oder tot* (2017) *Abenteuerliche Reise durch mein Zimmer* (2019), *Die unaufhörliche Wanderung* (2020) und *Die Jahreszeiten der Ewigkeit* (2022).
Karl-Markus Gauß wurde 2019 mit dem Österreichischen Ehrenkreuz für Wissenschaft und Kunst I. Klasse ausgezeichnet.

Christoph Hackelsberger
1931 Freiburg/Breisgau - 2012 Neufraunhofen | war deutscher Architekt und Publizist | beriet in Architekturgremien wie den Gestaltungsbeiräten in Berlin, Ingolstadt und Salzburg (1987-1991) | schrieb über fast drei Jahrzehnte Architekturkritiken für die Süddeutsche Zeitung, die Frankfurter Allgemeine und die Welt am Sonntag und war dabei erfolgreicher verbaler Brückenbauer zwischen Fachwissen und Laienverständnis | 1992 Honorarprofessor an der Akademie der Bildenden Künste in München sowie Mitglied der Europäischen Akademie der Wissenschaften und Künste | 1980 BDA Preis für Architekturkritik (Bund Deutscher Architekten und Architektinnen), Ehrenmitglied des BDA Bayern.

Max Bill
1908 Winterthur – 1994 Berlin | war Schweizer Architekt, Künstler und Maler | studierte am Bauhaus in Dessau | Mitglied der Künstlerbewegung Abstraction-Création in Paris, Mitglied des Congrès International d'Architecture Moderne, Vertreter der Zürcher Schule der Konkreten | Arbeit als Architekt, z.B. Bauten für die Expo 64 in Lausanne oder Ulmer Hochschule für Gestaltung | Lehrtätigkeit, z.B. an der Hochschule für bildende Künste in Hamburg | gründete den Allianz-Verlag und verfasste zahlreiche Bücher, insbesondere über Le Corbusier, Kandinsky und Mies van der Rohe | Design-Werke wie z.B. der Ulmer Hocker und betont schlichte Ziffernblätter für Junghans Uhren.

Hans Kammerer
1922 Frankfurt/Main – 2000 Stuttgart | war deutscher Architekt und Hochschullehrer an TH Stuttgart sowie Universität Stuttgart | Gastprofessuren an der Kingston School of Art in London, der University of California in Berkeley und der Arizona State University in Tempe | Mitglied der Sektion Baukunst der Akademie der Künste in Berlin und mehrfacher Preisträger | Bauten seines Architekturbüros z.B. das Gerling-Haus oder die Architektenwohnhäuser in Stetten im Remstal.

Johanna Wimmer
studierte Germanistik und Theater-, Film- und Medienwissenschaften in Salzburg, Wien und Pisa, ist ausgebildete Deutsch-als-Fremdsprache-Lehrerin und unterrichtete am *Convitto Nazionale Cicognini* in Prato, Italien. Sie absolvierte den Universitätslehrgang *Kuratieren in den Szenischen Künsten* an der Universität Salzburg und ist seit 2023 wissenschaftliche Mitarbeiterin am *Stefan Zweig Zentrum*, arbeitet bei *subnet – Salzburger Plattform für Medienkunst und experimentelle Technologien* und *Theater ecce* in Salzburg.

Adolph Stiller
* 1956 Wien | Architekt und Autor | Studium der Architektur Wien und Paris | Lehr- und Forschungstätigkeit in Paris, G Zürich und Mailand | seit 1998 Kurator von Architektu Ringturm, Wien | Monografie „Oswald Haerdtl - Architekt Designer" | zahlreiche Ausstellungen, u.a. Le Corbusier / C tre Georges Pompiou, Paris (mit Jean-Louis Cohen und Br Reichlin); Carlo Mollino baut in den Bergen / Basel, Wien Zürich (mit Bruno Reichlin); Österreichische Architektur im Jh. / Arch. Museum Frankfurt (mit Otto Kapfinger und Die Steiner) | Forschungsbeiträge für Ausstellung und Publiko Heinrich Tessenow / Theatro dell'architettura Mendrisio, weiz | mehrere internationale Gastprofessuren.

Herbert Landertinger
1948 Salzburg | arbeitete in Österreich, Deutschla Niederlanden und Frankreich als Grafikdesigner schreibt, zeichnet, malt und pendelt zwischen Österr und Kanada.

Konstanze Wimmer
verbindet in ihrer Arbeit theoretische Reflexion mit künstleris Praxis. Nach Abschluss des interdisziplinären Design Stud an der Bauhaus Universität Weimar arbeitete sie in untersch chen gestalterischen Bereichen in Berlin – u.a. als Online-zepterin, Illustratorin und Grafikdesignerin – bevor sie ar Kunstuniversität Linz ein Masterstudium in Medienkultur Kunsttheorien absolvierte. 2017/18 lehrte sie an der Kun versität Linz. 2020/21 forschte sie am European Center c Design and Media based Research der Hochschule für G tung und Kunst Basel (FHNW). Seit 2021 ist sie Design Lead bei Medmastery und lebt im Innviertel, wo sie sic Natur-Diskursen beschäftigt, zeichnet, malt und manchmal schreibt.

Karl-Markus Gauß
1954 Salzburg, studied history and German, is a writer and was publisher and editor-in-chief of the magazine *Literatur und Kritik* for more than 30 years.
His books have been translated into plenty of languages and have won multiple awards, including the Prix Charles Veillon, the Austrian Art Award for Literature, the Johann Heinrich Merck Award, the Jean-Améry-Award, and the Leipzig Book Award for European Understanding 2022.
Most recently Zsolnay has published *Zwanzig Lewa oder tot* (2017) *Abenteuerliche Reise durch mein Zimmer* (2019), *Die unaufhörliche Wanderung* (2020), and *Die Jahreszeiten der Ewigkeit* (2022).
Karl-Markus Gauß was awarded the Austrian Cross of Honour for Science and Art, Ist Class, in 2019.

Christoph Hackelsberger
1931 Freiburg/Breisgau - 2012 Neufraunhofen | was a German architect and publicist | advised expert committees such as the architectural advisory boards in Berlin, Ingolstadt and Salzburg (1987-1991) | wrote architectural criticism for the Süddeutsche Zeitung, the Frankfurter Allgemeine and the Welt am Sonntag successfully building verbal bridges between specialist knowledge and lay understanding | 1992 honorary professor at the Academy of Fine Arts in Munich and a member of the European Academy of Sciences and Arts | 1980 BDA (Federation of German Architects) prize for architecture criticism, honorary member of the BDA Bavaria.

Max Bill
1908 Winterthur – 1994 Berlin, was a Swiss architect, artist, and painter | studied at the Bauhaus in Dessau | member of the artist movement Abstraction-Création in Paris, member of the Congrès International d'Architecture Moderne, representative of the Zurich School of the Concrete | working as an architect, f.ex. buildings for the Expo 64 in Lausanne or the College for Design in Ulm | lecturer, f.ex. at the College of Fine Arts in Hamburg | founded the Allianz-publishing house and wrote a fine number of books on f. ex. Le Corbusier, Kandinsky, and Mies van der Rohe | design-works, f.ex. the "Ulmer Stool" and exceptionally plain dials of Junghans watches.

Hans Kammerer
1922 Frankfurt/Main – 2000 Stuttgart. | was a German architect and university lecturer at the Technical College Stuttgart and University of Stuttgart | guest professorships at the Kingston School of Art in London, the University of California in Berkeley, and the Arizona State University in Tempe | member of the building art section of the Academy of Arts in Berlin, multiple award winner | buildings by his architect's office f.ex. Gerling-House or the architect's residences in Stetten im Remstal.

Johanna Wimmer
studied German language and literature as well as theater, film and media studies in Salzburg, Vienna and Pisa, is a trained German as a foreign language teacher and taught at the *Convitto Nazionale Cicognini* in Prato, Italy. She completed the *university course Curating in the Scenic Arts* at the University of Salzburg and has been a research assistant at the *Stefan Zweig Center* since 2023, works at *subnet - Salzburg Platform for Media Art and Experimental Technologies* and *Theater ecce* in Salzburg.

Adolph Stiller
* 1956 Vienna | architect and author | studied architecture enna and Paris | lecturing and research work in Paris, Genev rich, and Milano | since 1998 curator of the series architect the Ringturm, Vienna | monograph on "Oswald Haerdtl - Arc and Designer" | numerous architectural exhibitions, includi Corbusier / Centre Georges Pompiou, Paris (with Jean-Loui hen und Bruno Reichlin); Carlo Mollino baut in den Bergen / sel, Vienna and Zurich (with Bruno Reichlin); Austrian Archite in the 20th century / Arch. Museum Frankfurt (with Otto Kap and Dietmar Steiner) | research contributions for exhibitio publication Heinrich Tessenow / Theatro dell'architettura M sio, Switzerland | several international guest professorships.

Herbert Landertinger
1948 Salzburg | has been working as a graphic desig Austria, Germany, the Netherlands, and France | he draws, and paints while travelling back and forth bet Austria and Canada.

Konstanze Wimmer
In her work she combines theoretical reflection with practice. After completing her interdisciplinary design stud the Bauhaus University Weimar, she worked in various areas in Berlin – e.g. as an illustrator, ux- and graphic de – before obtaining a master's degree in media cultur art theories at the Linz University of Art. In 2017/18 she at the Linz University of Art. In 2020/21 she was resea at the European Center of Art, Design and Media base search at the Basel University of Art and Design (FHNW has been Design Team Lead at Medmastery since 202 currently lives in the Austrian Innviertel where she enga nature discourse, draws, paints, and sometimes also writ

Quellenverzeichnis | List of References

...leitner, Friedrich. Gutachten zur Einreichplanung Auerspergstraße 14. Wien, 1990.

...leitner, Friedrich. 2003. In: Mayr, Norbert. stadtbühne und talschluss. S. 74.

...eder, Ernst. Stellungnahme zur 214. Sitzung des Gestaltungsbeirates. Salzburg, 12.09.2018.

...Max, u.a. "Aus der Begründung der Jury". Akademie der Künste, Kunstpreis 1995, Jubiläumsstiftung 1848/1948. Berlin: Hermann Schlesener, 1995, S 14-15

...Max. "warum bauen architekten auch möbel?" Referat 2.6.1977 in: Buchsteiner Thomas und Otto Letze

...cher, Max. Private Weihnachtskarte, 2008.

...cht, Bertolt. Die Dreigroschenoper: Berlin, Felix Bloch Erben: 1928

...ch, Günter und Lieselotte von Reinken, Hrsg. Paula Modersohn-Becker in ...n und Tagebüchern. S. Fischer Verlag, 2007.

...lyle, Thomas. Schottischer Essayist, 1795-1881.

...niff, Ray. Amerikanischer Komponist, 1916-2002.

...ojewskij, Fjodor Michailowitsch. Der Spieler. München: Wilhelm Goldmann Verlag.

...ey, Walter Elias, genannt "Walt". US-Amerikanischer Trickfilmzeichner, 1901-1966.

...gerhuth, Carl. "Plötzlich alles anders". Der Standard, 7.12.2002: S 2.

...nemeyer, Herbert. "Dort und hier." Mensch. London: Grönland Records, 2002

...evara, Ernesto, genannt "Che". Argentinischer Revolutionär, Arzt und Autor, 1928-1967

...ckelsberger, Christoph. Privater Brief, 8.4.1993.

...ckelsberger, Christoph. "Frontverlauf". Baumeister, 09/1977.

...enheim, Theophrastus von. genannt Paracelsus, Schweizer Arzt und Naturphilosoph, 1493-1541

...mannsthal, Hugo von. Die Gedichte 1891-1898. http://www. ...rg/nid/20005087449, 16.10.2023.

...bacher, Roman. Gutachten zur Planung Auerspergstraße 16. Salzburg: 1992.

...mer, Peter. "What it is". Der Standard, 7.12.2002: S. 2.

...merer, Hans. "Wechselnde Standpunkte". München: Vortrag, 1977.

...nes, John Maynard. The General Theory of Employment, Interest and Money. 1935.

...on, John. "Imagine". Imagine. London: Apple Records, 1971.

...chado, Antonio. Campos de Castilla, 1912.

...yr, Norbert. "Kleines Festspielhaus: Zurück an den Start". https://www.nextroom.at, 4.4.2003.

...yr, Norbert. stadtbühne und talschluss: baukultur in stadt und land salzburg. ...g: Otto Müller Verlag, 2006.

...tesquieu, Charles-Louis de. Französischer Schriftsteller, 1689-1755.

...k, Herbert. Autor, Kunsthistoriker, Prof. an der Akademie der bildenden Künste Wien, 1924-2008.

...al, Blaise. Französischer Mathematiker, 1623-1662.

...aden, Heinz. Privater Brief, 1.2.1995.

...zzi, Luigi. Progetti e architetture 1957-1984. Milano: Electa Editrice, 1984.

...echter-Böhm, Liesbeth. "Robert Wimmer, Rot und Schwarz". Architek- ...ll 207, 1997: S. 92-105.

...echter-Böhm, Liesbeth. "Nur ein Arbeitstisch, that's it". Die Presse, 16.5.1998.

...echter-Böhm, Liesbeth. "Wie wär's mit lockerlassen?". Die Presse, 10.11.2001.

...ron, Ute. "Ein Balkon ward geboren". Der Standard, 7.12.2002: S. 1-2

...okke, Walter. "Salzburger Blumenhof, Kendlerstraße, Salzburg". Archi- ...eigen. Hg. Zentralvereinigung der Architekten. Wien, 1994.

...nachweise und Sonstiges | Photo Credits and Other

...otonachweise, Visualisierungen und Rechte bei Archi- ...obert Wimmer mit Ausnahme von:

...hoto credits, visualisations, and rights with Architect ...rt Wimmer with the exception of:

...herita Spiluttini: Seite(n)/page(s) 114mi+u | 115-117 | 118-121

...w Phelps: Seite(n)/page(s) 222 | 223 | 225-227 | 252o | 253- ...255o+u | 256-258 | 260-261 | 262o+mi+liu | 263-265 | 272-276 ...| 284 | 285u | 287 | 300 | 302 | 304 o+liu+reu | 305 | 306 ...| 307 reo+lio

...Ott: Seite(n)/page(s) 285o+mi | 286

...ar & Sengmüller: Seite(n)/page(s) 90-94 | 100o+mi+u | 101 | 104-105 | 107u | 110-113

...el Zaic: Seite(n)/page(s) 43liu | 58-63 | 102o+u | 106 | 107o | 126-127 | 146o | 147o | 150-151 | 154o | 155 | 156liu | 211o | 222mi | 228o | 229 | 230o | 231 | 240-241 und Büropartner- ...office partnership 1997 – 06.2013 |

...r Luttenberger: Seite(n)/page(s) 68-80 | 74-77 | 86mi+u | 87u ...89lio | 96-97

...rd Wimmer-Schaffer: Seite(n)/page(s) 134-135 | 136-137 | ...u | 147ru | 164-169

...Ortner & Ertl: Seite(n)/page(s) 139 | 292-293 | 295 | 315#203

...h Gappmayer: Seite(n)/page(s) 262ru

...ert Schwingenschlögel: Seite(n)/page(s) 98+99

---

ich danke meinen kindern johanna, konstanze und reinhard für eure unterstützung in der entstehung dieses buches,

claudia für dein umfassendes engagement und können bei lektorat und übersetzungen sowie deine ausgleichende kraft,

rima für dein scharfes auge und deine ausdauer,

brigitte und kurt für euren professionellen rat,

michi, heli, rainer und erich sowie elfi und harald für die gemeinsamen architekturreisen,

hildegund für die anregenden, kompetenten gespräche,

herbert für deine großzügige grafische unterstützung und freundschaftlichen rat,

adolph für den langjährigen architektur-inspirierten austausch,

dorli für die radausflüge und die kulturelle freizeitgestaltung,

last but not least danke ich maresi für dein gestalterisches und architektonisches interesse und engagement,

und ganz besonders danke ich dir, karl-markus, für die begleitung dieses projekts von der ersten idee bis zum fertigen buch, deine schönen worte und deine langjährige freundschaft.

i thank my children johanna, konstanze, and reinhard for your support in the development of this book,

claudia for your extensive commitment and skills in copy editing and translating as well as your balancing power,

rima for your keen eye and perseverance,

brigitte and kurt for your professional advice,

michi, heli, rainer, and erich as well as elfi and harald for our common architectural trips,

hildegund for the stimulating, competent discussions,

herbert for your generous graphic support and amicable advice,

adolph for the many years of inspired exchange on architecture,

dorli for the cycling tours and cultural leisure activities,

last but not least, thank you maresi for your creative and architectural interest and commitment,

and i especially thank you, karl-markus, for accompanying this project from the first idea to the finished book, your beautiful words, and your friendship for so many years.

„Ich schließ' die Augen und denk' an dich
Ist jemand da, wenn dein Flügel bricht?
Der ihn für dich schient, der dich beschützt
Der für dich wacht, dich auf Wolken trägt
Für dich die Sterne zählt, wenn du schläfst?"

„Dort und hier", Herbert Grönemeyer

"I close my eyes and think of you
Is someone there for you, if your wing breaks?
Someone who splints it for you, who protects you
Who stays awake for you, who carries you on clouds
Who counts the stars for you, while you're asleep?"

"There and here", Herbert Grönemeyer